ようこそ地方財政

日々の仕事に役立つ
地方財政入門

長谷川淳二［著］

第一法規

はしがき

本書は、好評の「ようこそ」シリーズに新しく加わる、地方財政の“超”入門書です。この春新しく自治体に入られた方、人事異動で初めて財政や税、財務の仕事に就くことになられた方、今まで興味がなかったが地方財政の勉強をしてみたいと思われた方など、全くといっていいほど自治体のお金や予算や歳入・歳出などに興味も関心もなかった方を対象にした、まさに地方財政のわかりやすい入門書です。

読者の皆さんは意識されたことがないかと思いますが、自治体に“体”という字がついていることからわかるように、皆さんが毎日仕事をされている県や市町村などの「自治体」は生きる生命体です。呼吸もすればご飯も食べる、健康な時もあれば風邪をひくこともあります。自治体は、日々変化する生き物なのです。

地方自治の基本法である地方自治法は、その第１条の２第１項で「地方公共団体は、住民の福祉の増進を図ることを基本として、地域における行政を自主的かつ総合的に実施する役割を広く担う」と規定しています。そのような住民からの負託に応え、住民が日々健康を維持しながら、幸福にかつ安全に生活するための支えとなり母体となるのが、自治体であるといっても過言ではありません。本書の読者の皆さんの毎日の頑張りが、一人ひとりの住民の明日の幸福を作り上げているのです。

そのような自治体の血や肉や骨となっているのが「地方財政」です。自治体の財政状況が健全で安定し、住民の福祉の向上のために、まさに「最少の経費で最大の効果を挙げる」（地方自治法２条14項）ことが自治体の仕事です。したがいまして、お金のことは、財政課のよく分かっている職員に任せればいいやとか、自分は素人なのだから財政のことなど分からなくても気にしないとか、地方財政を他人事として遠ざけるなどといった姿勢は自治体職員としては許されないことなのです。本書は、地方財政に少しでも興味を持っていただくための“道具”として皆さんにお送りするものです。

本書は、Part Ⅰで、「自治体のおさいふ――地方財政とは」として地方財政の基本的な考え方を学び、Part Ⅱで、「自治体のお給料――収入のはなし」として、自治体の収入の種類、地方税、地方交付税、国庫支出金などについて学び、Part Ⅲで、「自治体の家計簿――支出のはなし」として、目的別・性質別にみた自治体の支出や財政構造の弾力性について学び、Part Ⅳで、「自治体のやりくり」として、自治体の借金（地方債）や財政の健全化について学び、Part Ⅴで、「あなたのまちの財政診断」として、財政分析や新しい公会計制度について学びます。

本書で気をつけたことは、大きく２点あります。１点目は「マクロ」と「ミクロ」の視点です。地方財政は、国の財政のように単一団体の財政ではなく、都道府県、市区町村、一部事務組合などさまざまな自治体があります。横浜市のような人口300万人を超える市がある一方、人口数百人の過疎の村もあり、その自然的・歴史的条件、産業構造、人口・財政規模などが異なっているため、その活動は極めて多様性に富むものとなっています。その中で、全国どの地域にあっても行政サービスを確保するため、マクロの面では、地方税、地方交付税などの財源の確保と財政力格差の是正にきめ細かく対処するとともに、ミクロの面では、個々の自治体の財政需要に応じて交付税を適正に算定することが求められる大変難しい仕事です。その際、常に頭にあったのは、現場の最前線で財政運営に当たっておられる自治体の皆さんの苦労です。私が勤務した県の財政課長時代には、県財政が危機的な状況に陥り、財政健全化のプランを策定し、県議会や県民の皆様にご理解をいただく努力や、給与カットなど身を切る努力もしました。そこで得た経験や現場の皆さんの声が私の財産となっています。本書では、そうした地方財政のマクロの視点と個々の自治体の財政運営のミクロの視点に気をつけて解説しています。

２点目は、「時間軸」の視点です。自治体が生命体であるという意味は、過去から現在そして未来へと時代の流れの中で生きているということです。平成の30年間は、バブル経済の絶頂期から崩壊、長引く経済の低迷、少子高齢化の進展など大きく変動した時代でありました。地方財政はその中で、巨額の財源不足を抱え、三位一体の改革の影響によって厳しい運営を余儀なくされました。

一方で、地方分権の改革が進み、地方消費税の創設・充実など地方税財源の確保の歩みが進みました。平成から令和へと時代は引き継がれましたが、新たな時代に私たちが直面することとなるのが、人口減少の加速などの課題です。私たちの世代は、こうした課題に最前線で立ち向かっていかなければなりません。地域に向き合う自治体が力をあわせて課題を乗り越え、地方でも実感の持てる経済の再生、地域の活性化を成し遂げていくことが、これから先、日本全体が直面する課題を解決する原動力になると思います。本書では、これまでの地方財政の歩みを振り返るため、主に平成からの30年間の地方財政の流れをグラフなどで分かりやすく示すよう努めました。新たな時代の地方財政を展望し、よりよい自治体運営を目指すうえでヒントとなれば幸いです。

本書は、初めて地方財政の本を読まれる読者を想定していますので、細かな財政の仕組みや複雑な制度については極力記述を避けるようにしました。さらに詳しく地方財政を勉強されたいと思われる方は、しっかりした大部の書籍もありますので、そちらの方に進級してください。

なお、本書を上梓するにあたり、筆者の総務省時代の仲間である、進龍太郎氏（佐賀県総務部長）をはじめ、市川康雄（総務省自治税務局企画課税務企画官）、志賀真幸（同自治財政局財政課財政企画官）、大田圭（同自治財政局調整課理事官）、髙野一樹（同自治財政局交付税課理事官）、山本周（同自治財政局地方債課理事官）、橋本直明（同自治財政局財務調査課理事官）、五月女有良（同自治財政局公営企業課課長補佐）の各氏に校正段階でご協力をいただきました。ここに心からお礼申し上げます。ただ申し上げるまでもないことですが、本書の内容については、すべて筆者に責任があることを申し添えます。また、第一法規の木村文男さん、大庭政人さんには、本書の完成まで辛抱強くお付き合いいただきました。最後になりましたが、休日や深夜に必死の形相でパソコンに向かい続ける筆者を温かく見守ってくれた妻の麻里子、長女の未緒、長男の慶一郎にも感謝いたします。

2020年１月吉日

筆　　者

■目次■

装丁：山口真理子
カバー装画：たまきち

Part. I
自治体のおさいふ——地方財政とは

Chap. 1
地方財政の考え方

1　私たちの暮らしと地方財政

⑴　はじめに

私たちの日常生活は、さまざまな**行政サービス**によって支えられています。幼い頃には保育所などに入り、成長するにつれ小中学校や高等学校で教育を受けます。日々の暮らしの中では、ゴミ処理、上下水道などのサービスの提供を受けています。消防や警察は暮らしの安全・安心の確保を担っています。このほか、道路や河川をはじめとする社会資本の整備、医療・介護のサービスの確保なども行政の仕事です。

これらの行政サービスのほとんどは、**市町村**や**都道府県**などが担っています。**地方財政**は、地方財政法第１条において、「地方公共団体の財政をいう」と定められていますが、地方財政は個々の自治体の財政活動の集合であり、国の財政と密接な関係を保ちながら、国民経済や国民生活上大きな役割を担っています。

⑵　国民経済と地方財政

国民経済において地方政府が果たしている役割を国内総生産（支出ベース、名目。以下同じ）に占める割合でみると、平成29年度の国内総生産547.4兆円における支出主体別の構成比は、家計部門が57.6％、公的部門が24.7％、企業部門が16.8％となっており、公的部門のうち、地方政府は10.8％、中央政府が4.0％となっており、地方政府の構成比は中央政府の約2.7倍となっています（**図表1-1**）。また、公的支出に占める地方政府の割合は43.6％となっており、また、政府最終消費支出と公的総資本形成に占める地方政府の割合をみると、政府最終消費支出においては42.2％、公的総資本形成においては48.9％となっています（**図表1-2**）。

自治体は、住民のニーズに対応して、福祉、教育、衛生、警察、消防などのサービスや、生活・産業を支える基盤となる道路、上下水道などの社会資本の整備など、住民生活に密接に関連する行政サービスを提供しています。また、国の歳出の中には、地方交付税や国庫支出金など、国から自治体に向けて支出されるものがかなり含まれています。これらは、最終的には自治体から民間部門に向けて支出されることになります。このため、自治体は、国を上回る最終支出主体となっており、国民経済上、大きな役割を担っています。

(3) 多様な自治体の活動

地方財政は、国の財政のように単一団体の財政ではなく、都道府県、市区町

図表1-1　国内総生産に占める地方財政の割合

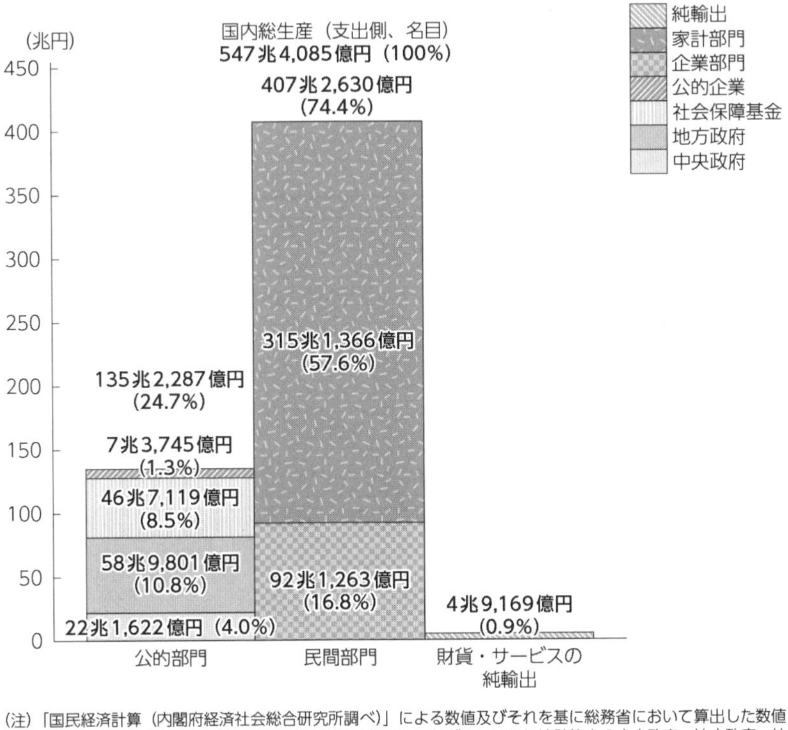

(注)「国民経済計算（内閣府経済社会総合研究所調べ）」による数値及びそれを基に総務省において算出した数値である。なお、「平成29年度国民経済計算年次推計」に基づき、国民経済計算上の中央政府、地方政府、社会保障基金及び公的企業を「公的部門」としている。

村、一部事務組合及び広域連合などの財政を総称したものです。地方公共団体には、47都道府県、1,718市町村、23特別区、1,207一部事務組合及び113広域連合（以下一部事務組合及び広域連合を「一部事務組合等」といいます）があり、その自然的・歴史的条件、産業構造、人口・財政規模などが異なっているため、その活動は極めて多様性に富むものとなっています。地方財政は、これらの多様な自治体の「財布」の総和となります。したがって、マクロで把握される地方財政の数値からだけでは、自治体の財政について十分に論じることができないことに留意する必要があります。

図表1-2　公的支出の状況

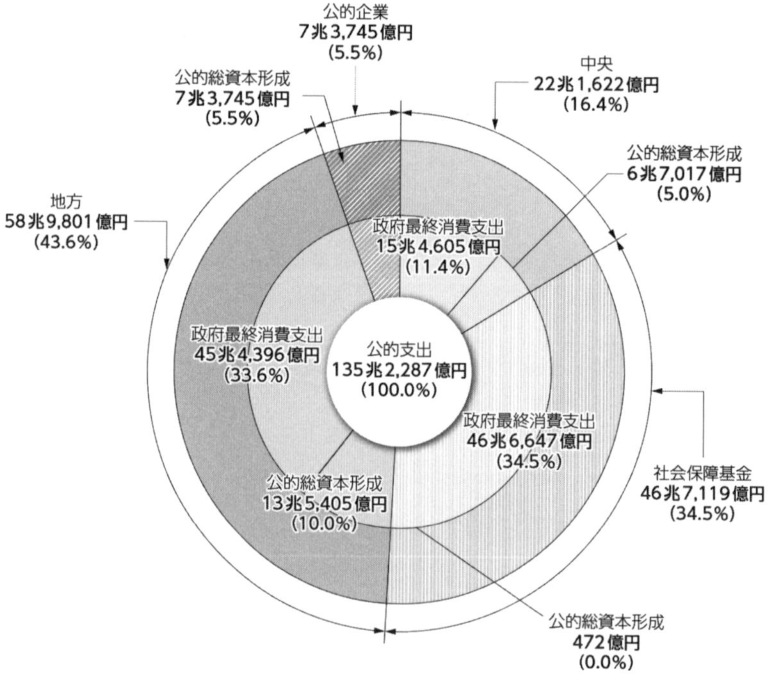

2 国と地方の財政関係

(1) 国と地方の役割分担

地方自治法第1条において、国は、国際社会における国家としての存立にかかる事務（外交、防衛、司法など）、全国的に統一して定めることが望ましい国民の諸活動もしくは地方自治に関する基本的な準則に関する事務（契約ルール、労働基準、生活保護、自治体の組織・運営の基本的枠組みなどの設定）、全国的な規模でもしくは全国的な視点に立って行わなければならない施策・事業の実施（公的年金の運営、高速自動車道などの骨格的な交通基盤の整備）を受け持っているのに対して、**自治体**は、国民の日常生活に密着した分野の行政を幅広く担っています。

具体的に国と地方の行政事務の分担を例示したものが**図表1-3**になります。広域自治体である都道府県は、国が直接管理するものを除く道路・河川などの整備、高等学校の運営、児童福祉・生活保護（町村部）・保健所、警察などを担い、基礎自治体である市町村は、まちづくりや上下水道の整備、小中学校の運営、生活保護（市部）・国民健康保険・介護保険・ごみ処理、消防などを担っています。

この結果、国（一般会計と交付税及び譲与税配付金、公共事業関係等の6特別会計の純計）と地方（普通会計）の財政支出の合計から重複分を除いた歳出純計額168兆3,865億円を、お金を出す主体に着目して国と地方とに分けてみると、国が71兆523億円（全体の42.2%）、地方が97兆3,342億円（同57.8%）となっています（**図表1-4**）。国・地方を通じた財政支出では国4対地方6と、地方のウェイトが大きくなっています。

また、国・地方を通じた財政支出を目的別に示しますと、地方は、**社会保障関係費**では、年金関係を除く民生費（児童福祉、老人福祉、生活保護等）で69%、教育費では、学校教育費（小・中学校、幼稚園等）で87%、社会教育費（公民館、図書館、博物館等）で78%、衛生費（保健所、ごみ処理等）で99%、司法警察消防費で78%を担っています。特に、社会保障における地方の役割については、国の社会保障関係費が、年金・医療・介護など制度化された「現金の給付」を指

コラム1-1　国と地方の協議の場

地方自治体の連合体は、全国知事会、全国市長会、全国町村会、全国都道府県議会議長会、全国市議会議長会、全国町村議会議長会があり、地方６団体と呼ばれています。国と地方６団体の間では、相互の意思疎通を図るため、協議や会合など様々な場が設けられています。

伝統的な会議として、政府主催の全国都道府県知事会議があります。政府と地方公共団体との密接な連絡を図るため、毎年度秋を目途に47都道府県知事を集めて総理官邸にて開催されます。政府主催全国知事会議は、明治憲法の制定を受け、内務省が官選知事を招集した「地方長官会議」にルーツがあり、民選知事になった戦後は、政府が開催日時を閣議決定する（平成16年以降は閣議了解）という伝統ある会議です。さらに、総理と都道府県議長との懇談会も毎年度開催されています。

さらに、地方分権改革の一環として、平成23年に成立した「国と地方の協議の場に関する法律」に基づき、地方自治に影響を及ぼす国の政策の企画・立案・実施について、国と地方が協議を行う「国と地方の協議の場」が開催されています。国・地方協議の議長は官房長官、副議長は、地方六団体の代表者であり、毎年度、「経済財政運営と改革の基本方針」（骨太の方針）が閣議決定される６月頃に第１回、政府予算の概算要求とりまとめ後の10月頃に第２回、政府予算案の閣議決定前の12月頃に第３回の会合が開催されるのが通例となっています。

政府主催全国都道府県知事会
（令和元年11月11日）

「国と地方の協議の場」では、国と地方が対等の立場で、地方財源の確保・充実や地方分権改革の推進に関して協議を行い、協議の結果は尊重しなければならないと定められています。その議事録はすべて内閣官房のホームページ上で公開されています。平成23年には、税と社会保障の一体改革分科会において丁々発止の協議の結果、地方消費税の充実が実現しています。地方分権の進展に伴い、「国と地方の協議の場」の役割はますます高まっていくでしょう。

国と地方の協議の場（令和元年10月31日）

図表1-3　国と地方との行政事務の分担

分野		公共資本	教育	福祉	その他
国		○高速自動車道 ○国道 ○一級河川	○大学 ○私学助成（大学）	○社会保険 ○医師等免許 ○医薬品許可免許	○防衛 ○外交 ○通過
地方	都道府県	○国道（国管理以外） ○都道府県道 ○一級河川(国管理以外) ○二級河川 ○港湾 ○公営住宅 ○市街化区域、調整区域決定	○高等学校・特別支援学校 ○小・中学校教員の給与・人事 ○私学助成(幼～高) ○公立大学(特定の県)	○生活保護(町村の区域) ○児童福祉 ○保健所	○警察 ○職業訓練
地方	市町村	○都市計画等（用途地域、都市施設） ○市町村道 ○準用河川 ○港湾 ○公営住宅 ○下水道	○小・中学校 ○幼稚園	○生活保護(市の区域) ○児童福祉 ○国民健康保険 ○介護保険 ○上水道 ○ごみ・し尿処理 ○保健所（特定の市）	○戸籍 ○住民基本台帳 ○消防

図表1-4　国と地方の税財源配分と地方歳入の状況

(1)　国・地方間の税財源配分（平成28年度）

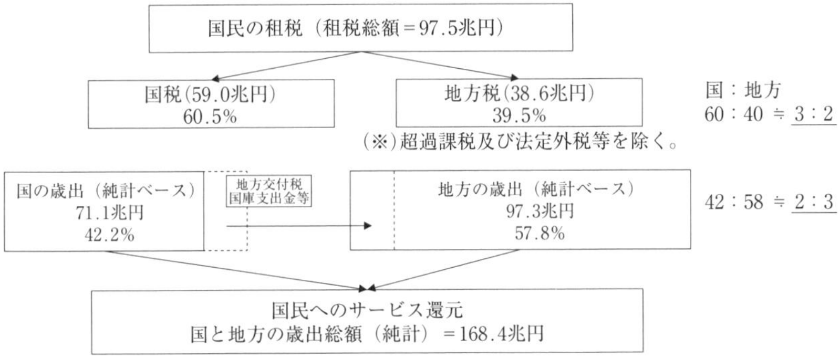

(2)　地方歳入決算の内訳（平成28年度）

地方税	地方譲与税 地方特例交付金 地方交付税	国庫支出金	地方債	その他
393,924億円 (38.8%)	197,025億円 (19.4%)	156,291億円 (15.4%)	103,873億円 (10.2%)	163,485億円 (16.2%)

←　地方歳入101兆4,598億円　→

(注) 国庫支出金には、国有提供施設等所在市町村助成交付金を含み、交通安全対策特別交付金は除く。

す狭い意味で使われることが多いのに対して、地方の社会保障関係費は、救急医療・へき地医療に係る病院事業会計への繰出金や乳幼児や障害児に対する医療費助成など、現金の給付から人的・物的サービスの提供まで、幅広く多様なサービスを担っていることが特徴です。

⑵　国と地方の税源配分とマクロの財源保障

国民への行政サービス提供に要する経費を賄う財源は、国民・住民の納める**税金**が中心になります。**図表1-4**に戻りますと、国民から収められた租税総額は、平成28年度で97.5兆円で、このうち国税は59.0兆円（60.5%）、地方税は38.6兆円（39.5%）となっています。歳出面においては、国と地方の支出割合が４対６であるのに対して、歳入面においては、国税と地方税の割合は６対４と、地方に配分される租税収入が小さく、歳出と逆転しています。これは、地方間に税源の偏在があることや、特定の行政分野においては全国的な見地に立って地方に財源を配分することが政策目的達成のために必要なものがあるからです。このため、地方の歳出規模と租税収入とのギャップを是正し、地方が必要としている財源を移転させることが必要となります。その主たる役割を果たしているのが**地方交付税**と**国庫補助負担金**です。

もちろん、国と自治体が独立した関係であれば、国から地方への財源移転は不要です。しかし、我が国では、国が法令により自治体の事務事業の実施やその水準の維持を求める一方、法令により義務づける場合には、国は自治体に対して必要な財源を保障しなければならないとの原則が法律で定められています。例えば、義務教育や生活保護など憲法で国民に保障されている行政サービスについては、どの地域に住む住民に対しても一定の水準を確保しなければなりません。歳入総額が歳出総額を下回る場合には、財源不足額に対して国として必要な対策を講じないと、国として実施を義務づけ、あるいは実施を期待している行政サービスが確保できなくなります。このため、国において**地方財源を保障**するための対策が必要となるのです。

国から地方へ財源移転を行い、財源を保障する役割を担っているのは**地方財政計画**です。国は、毎年度地方財政計画を策定し、自治体が標準的な行政を自主的に執行しうるよう、地方税収入等だけでは不足する部分については、地方交付税総額などを確保し、自治体の財源保障がなされています。また、今日では、地方分権や地方創生を推進するため、地域の実情に応じた個性ある地域づくりがすべての自治体を通じて要請されており、地域の実情に応じた行政施策を展開するために必要な地方単独事業が計上され、自治体の財政運営に支障が生じないように配慮されています。地方財政計画の策定を通じて、自治体が実施する行政サービスにかかる財源が総額として確保されることにより、国と地方の歳入の割合はほぼ4対6となり、ここではじめて地方の役割と責任に応じた財源保障がなされることとなります。

⑶　地域による税源の偏在とミクロの財源保障

地方税は、自治体がこのような行政サービスに要する経費に充てる財源を調達するために徴収するものであり、住民などが広く共同して負担しあうもの**（地域社会の会費）**としての性格を有しています。

住民生活に密着した地方財政が、自治体とその住民の責任において円滑に行われ、住民の負託に応えられるようにするためには、納税者が身近なところで税を納め、それがどう使われているのかを監視していくことが重要です。このことが、住民の行政に対する理解と関心を高め、また受益と負担の意識を高めることとなります。こうした意味において、**地方税は地方自治を支える基盤**であり、自治体が自らの権限・責任・財源により、その役割を果たしていけるよう、地方税を充実強化していくことが不可欠です。その際、税源が全国の自治体に普遍的に存在すること、景気変動の影響を受けにくく税収の安定性を備えていること、受益に対する負担として対応関係を住民が意識できることなどの性格を備えたものであることが望ましいと考えられます。

一方、資本主義経済の下では、企業の本社が立地し所得水準が比較的高い人が多く住む都市部に税収が偏り、自治体の財政力に格差が生じます。地方税収について、全国平均を100として、都道府県別に人口一人当たり税収額を比較してみると、平成25年度から平成29年度までの5年間の平均で、東京都が163.4で最も大きく、次いで愛知県が117.8である一方、沖縄県が68.6で最も小さく、次いで長崎県の69.9となっています。東京都と沖縄県で比較すると、約2.4倍の格差となっています。また、税目ごとに比較してみると、個人住民税

コラム1-2　国と地方のプライマリーバランス

プライマリー・バランスは、基礎的財政収支と呼ばれ、税収・税外収入と公債費を除く歳出との収支を表し、公債費を除く政策的経費を新たな借金に頼らずに、その年度の税収などで賄えているかどうかを示す指標です。内閣府による「中長期の経済財政に関する試算」における「地方普通会計における基礎的財政収支」は、歳出総額から公債費と積立金を控除した額を、税収等（歳入総額から地方債、積立金取崩し額、繰越金を控除したもの）から控除した額としています。プライマリーが均衡している場合には、経済成長率が長期金利を下回らない限り、経済規模に対する債務残高の比率は増加しないため、国家財政の財政健全化に関して「基礎的な」指標とされています。

平成30年６月に閣議決定された「新経済・財政再生計画」では、財政健全化目標について、経済再生と財政健全化に着実に取り組み、2025年度の国・地方を合わせたPB黒字化を目指すと同時に、債務残高対GDP比の安定的な引下げを目指すことを堅持するとされています。

プライマリーバランスを国と地方の分けると、平成30年度では国が17.0％の赤字であるのに対して地方0.8％の黒字となっています。これをもって、地方財政は国よりも余裕があるのではないかとの指摘がなされることはあります。

地方のプライマリー・バランスが黒字であるのは、国が赤字国債を発行して財源不足を補うような権能が個々の自治体に認められていないこと、地方の借金（地方債）の償還年限は国債に比べて短くなっていることなどの構造的な要因に加えて、市町村合併や人件費抑制などの厳しい行革努力によるもので、これをもって地方財政に余裕があるとすることは適当ではありません。また、プライマリー・バランスが黒字であるとして地方の財源を削減することとなれば、地方の改革意欲を削ぐことになりかねません。さらに、自治体において公共施設の老朽化対策など必要な投資を控えれば基礎的財政収支も黒字になりうるものですが、プライマリーバランスが自治体の財政の健全計を判断する指標として適切かどうかという議論もあります。

いずれにしても、国と地方が赤字を押しつけ合っても、国・地方をあわせたトータルのプライマリーバランスは改善しません。重要なことは、国と地方が歩調を合わせながら、経済の再生と財政の健全化を推進し、国・地方合わせてのプライマリーバランスの黒字化につなげていくことです。そのためにも、自治体が予見可能性を持ちながら計画的な財政運営を行うことができるよう、地方一般財源総額を適切に確保するとともに、赤字地方債である臨時財政対策債に頼らない財務体質を目指していくことが求められます。

については、最も大きい東京都が161.6、最も小さい沖縄県が61.9で、約2.6倍の格差、法人関係二税については、最も大きい東京都が250.7、最も小さい奈良県が41.6で、約6.0倍の格差、地方消費税（清算後）については、最も大きい東京都が110.5、最も小さい奈良県が86.9で、約1.3倍の格差、固定資産税については、最も大きい東京都が157.2、最も小さい長崎県が67.8で、約2.3倍の格差となっています。各税目とも都道府県ごとに偏在していますが、その度合いについては、法人関係二税の格差が特に大きく、地方消費税の偏在性は比較的小さくなっています。

このため、地方税源の充実強化に当たっては、偏在性が小さく税収が安定的な地方消費税の充実を柱とするとともに、自治体間においてなお残る財政力の格差に対しては、財政調整制度を設け、標準的な行政サービスを確保するために必要な財源を調整し、かつ、保障することが不可欠となります。その役割を担っているのが**地方交付税制度**です。

3　地方財政の全体像

(1)　マクロの財源保障――地方財政計画

(ア)　概要

地方財政計画は、地方交付税法に基づいて作成される自治体の歳入歳出総額の見込みに関する書類です。

自治体間における財政力の格差是正は、最終的には地方交付税制度を通じて行われますが、地方交付税の総額が全国における自治体の財源不足額を下回るようであれば、地方交付税制度による財政力の格差是正は不可能になります。そこで、地方財政全体の歳入と歳出を一定の方法で積算し、その収支の状況を明らかにすることによって、自治体が法令によって義務づけられた事務事業その他地域住民の福祉を増進するための行政を標準的な水準で実施できるか否かを見極め、地方財源を全体として保障する機能を果たしているのが地方財政計画です。

地方財政は、バブル経済の崩壊による経済成長率の低下に伴う歳入の減少と、景気回復を重視した経済対策の実施や、少子高齢化に伴う福祉関係経費の増大等に起因して、歳入と歳出に構造的なギャップが生じ、大幅な財源不足が生じています。このため、毎年度の国の予算編成に先立って行われる**地方財政対策**によって、財源不足を補てんするための対策が講じられています。

地方の財源不足は、本来は地方税の拡充や交付税率の引上げによって補てんされるべきもので、国から地方への税源移譲や交付税率の引上げを含む地方税財源の安定確保が強く望まれるところです。しかしながら、国・地方を通じて極めて厳しい財政状況にあって、財源不足の原因やその規模などにより様々な手法を組み合わせて財源不足を補てんせざるをえないのが原状となっています。平成13年度以降は、交付税特別会計の借入金に代わり、建設地方債（財源対策債）の増発などを除いた残余を国と地方が折半し、国負担分については国の一般会計加算、地方負担分については臨時財政対策債を発行して補てん措置を講じています。

(イ)　地方財政計画の役割（図表1-5）

(a)　地方財源の保障

地方財政計画の役割の第一は、自治体が実施する事務事業に係る財源をマクロで保障することにあります。すなわち、地方財政計画の策定は、その過程において、地方財政全体の収支を見込んだ上で、財源の過不足額を算定し、財源不足額に対しては、地方税制の改正、地方交付税総額の確保等の措置を講じることにより、総体としての**地方財源の保障**を行うという役割を果たしています。その結果、自治体は、法令等に基づく事業を着実に実施することができます。

平成30年度においては、社会保障関係費の自然増が見込まれることなどにより、約6.2兆円の財源不足額が生じることとなったため、財源不足のうち建設地方債（財源対策債）の増発などにより対処することとした残りについて、国と地方が折半して補填することとし、国負担分については、国の一般会計からの加算（臨時財政対策特例加算）により、地方負担分については、臨時財政対策債により補てん措置を講じることとしています**（図表1-6）**。

(b)　自治体の財政運営の指針

地方財政計画の役割の第二は、個々の自治体の予算編成等に当たっての**指針**となることにあります。すなわち、地方財政計画では、経済動向を踏まえ、毎

図表1-5　地方財政計画の役割

> 地方交付税法（昭和25年法律第211号）
> （歳入歳出総額の見込額の提出及び公表の義務）
> 第七条　内閣は、毎年度左に掲げる事項を記載した翌年度の地方団体の歳入歳出総額の見込額に関する書類を作成し、これを国会に提出するとともに、一般に公表しなければならない。
> 一　地方団体の歳入総額の見込額及び左の各号に掲げるその内訳
> 　イ　各税目ごとの課税標準額、税率、調定見込額及び徴収見込額
> 　ロ　使用料及び手数料
> 　ハ　起債額
> 　ニ　国庫支出金
> 　ホ　雑収入
> 二　地方団体の歳出総額の見込額及び左の各号に掲げるその内訳
> 　イ　歳出の種類ごとの総額及び前年度に対する増減額
> 　ロ　国庫支出金に基く経費の総額
> 　ハ　地方債の利子及び元金償還金

【地方財政計画の役割】

① 地方団体が標準的な行政水準を確保できるよう地方財源を保障
② 国家財政・国民経済等との整合性の確保
→国の毎年度の予算編成を受けて、予算に盛られた施策を具体化するとともに、地方財政との調整を図る。
③ 地方団体の毎年度の財政運営の指針

したがって、次に掲げるような経費は地方財政計画には計上していない。
○歳入：超過課税、法定外普通税、法定外目的税
○歳出：国家公務員の給与水準を超えて支給される給与

図表1-6　平成30年度財源不足の補てん措置

（単位：億円）

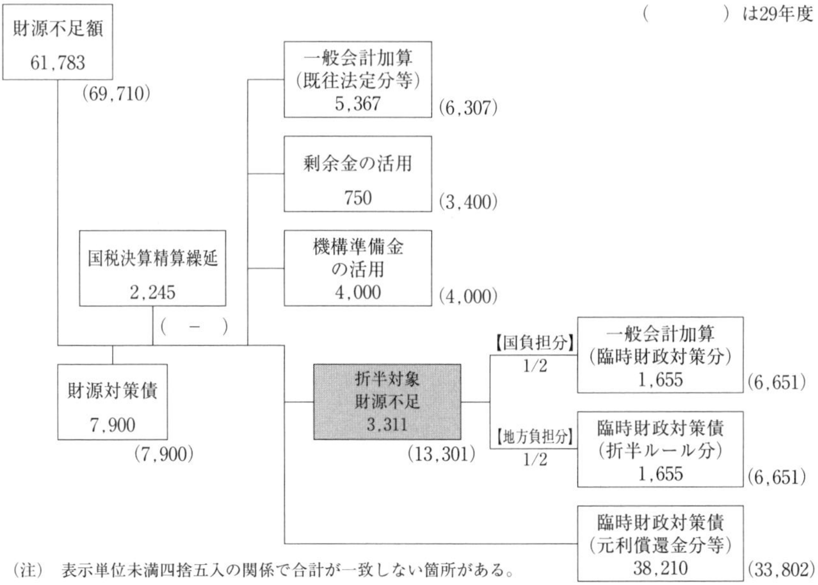

（注）表示単位未満四捨五入の関係で合計が一致しない箇所がある。

年度の税制改正を踏まえた税収が見積もられており、各団体で税収を見込む際の参考指標となり、地方交付税の額を見込む場合にも、地方財政計画の数値やその対前年度の伸び率が重要な指標となります。

(c)　国の財政等との整合性確保

地方財政計画の役割の第三は、国の行う施策に係る財源保障を通じて、**国の財政等**との整合性を確保することです。すなわち、国庫補助負担金に係る事務事業に対応する財源が確保されているということを担保し、国と地方との財源的関係を総合的に調整する橋渡しの役割を果たすものです。国の予算と地方財政計画の関係を示したものが**図表1-7**です。

(ウ)　地方財政計画の構造

地方財政計画は、自治体において通常想定される水準により行政サービスを実施した場合における必要な経費と収入を計上するものです。その対象範囲は、普通会計ベースの歳入・歳出です。普通会計は、一般会計のほか、公営企業会計を除く各種の特別会計を含むもので、自治体の一般的な行政活動を賄うものです。なお、公営企業会計は普通会計からの繰出金のみが地方財政計画の対象となります。また、地方財政計画の歳入歳出は、国の予算や税制との整合性を図りつつ、客観的に積み上げられます。例えば、歳入面では、税収については、標準税率による税収入とされる一方で、超過課税は算定対象外です。また、歳出面では、国家公務員の給与水準を上回る給与費は算定から除外されます。

図表1-8は、平成30年度の地方財政計画に計上された歳出約86.9兆円の内訳を示したものです。給与関係経費20.3兆円（全体の23.4%）、一般行政経費37.1兆円（全体の42.6%）、投資的経費11.6兆円（全体の13.4%）、公債費12.2兆円（全体の14.0%）、公営企業繰出金2.6兆円（全体の2.9%）などとなっています。歳出の大部分は、補助・単独事業ともに、国の法令や制度などに基づく経費となっています。このうち、給与関係経費については、義務教育教職員、高校教職員、警察官、消防職員は法令などで配置基準が定められており、各自治体は、義務教育教職員については公立義務教育諸学校の学級編成及び教職員定数の標準に関する法律、警察官については警察官の定数に関する政令に従って職員を配置しなければなりません。また、一般行政経費については、生活保護や介護

保険など国費による負担があるものはもとより、地方単独経費であっても、予防接種、乳幼児健診、戸籍・住民基本台帳など、一定の事務の実施が法令により義務づけられている経費が多くを占めています。

図表1-9は、平成に入ってからの地方財政計画の歳出の推移を示したグラフです。地方の歳出規模は、バブル崩壊後の平成３年以降に景気対策などにより拡大し、平成13年度がピークとなり、その後、構造改革路線の下、三位一体の改革や市町村合併の推進により減少に転じ、リーマンショック後の平成20年度以降は、景気対策や社会保障関係費の増により再び増加傾向にありますが、平成を通じてみれば、高齢化の進展などにより社会保障関係費が増加する一方で、給与関係経費や投資的経費が減少し、全体としては抑制基調であったといえます。

地方歳出の主な内訳をみると、給与関係経費については、三位一体の改革時において定員削減や給与の見直しを実施し、また、平成の大合併により合併市町村では組織のスリム化等を行った結果、平成10年代前半の頃の24兆円をピークに減少し、現在は20兆円程度となっていますが、最近では技術系職員の不足の問題が指摘されています。また、投資的経費については、平成15年度以降毎年度５％～10％のマイナスシーリングが続けられた結果、現在はピーク時の３分の１の水準にまで減少していますが、公共施設やインフラの老朽化対策が重要な課題となってくる中で、こうした老朽化対策に係る財政需要を適切に見込んでいく必要があります。一方、社会保障関係費等の一般行政経費は、高齢化に伴う自然増や少子化対策の充実等により増加の一途にあり、現在は平成元年度の約３倍に増加しています。医療・介護分野は法令により一律に基準が定められており、地方が独自に見直しを行う余地は限られています。

⑵　ミクロの財源保障――地方交付税

我が国では、内政の大半を自治体が担っており、国が法令や国庫補助負担金等を通じて全国的に一定の行政水準の確保を求めている一方で、地域間には大きな税源偏在があり、税収のみによっては自治体がその責任を果たすことができません。このため、自治体間における財政力格差を調整しつつ、自治体が標準的な行政水準を維持するのに必要な財源を保障する仕組みとして**地方交付税**

図表1-7 国の予算と地方財政計画（通常収支分）との関係（平成30年度当初）

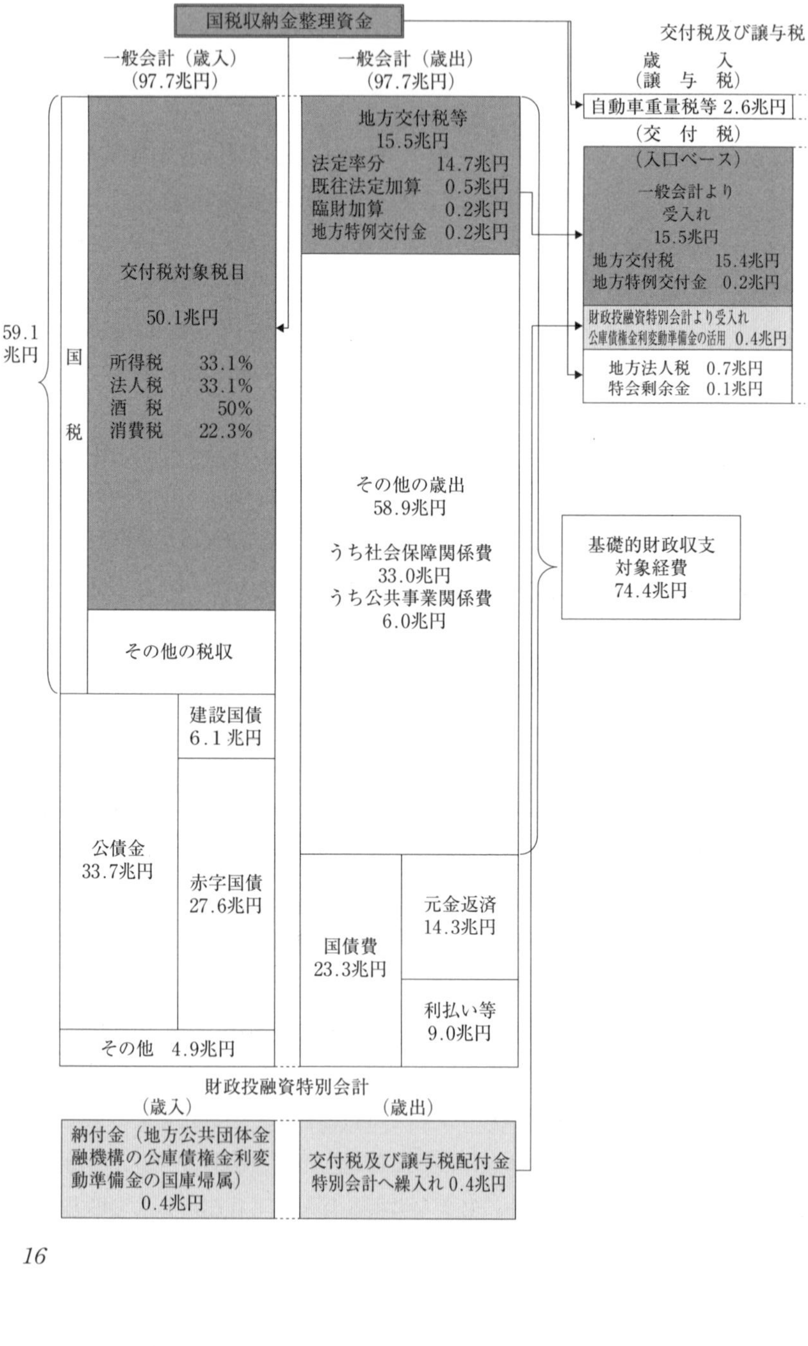
国税収納金整理資金
一般会計（歳入）
(97.7兆円)
一般会計（歳出）
(97.7兆円)
交付税及び譲与税
歳入
(譲与税)
自動車重量税等 2.6兆円
(交付税)
(入口ベース)
一般会計より
受入れ
15.5兆円
地方交付税 15.4兆円
地方特例交付金 0.2兆円
財政投融資特別会計より受入れ
公庫債権金利変動準備金の活用 0.4兆円
地方法人税 0.7兆円
特会剰余金 0.1兆円
地方交付税等
15.5兆円
法定率分 14.7兆円
既往法定加算 0.5兆円
臨財加算 0.2兆円
地方特例交付金 0.2兆円
59.1
兆円
国
税
交付税対象税目
50.1兆円
所得税 33.1%
法人税 33.1%
酒 税 50%
消費税 22.3%
その他の税収
その他の歳出
58.9兆円
うち社会保障関係費
33.0兆円
うち公共事業関係費
6.0兆円
基礎的財政収支
対象経費
74.4兆円
建設国債
6.1 兆円
公債金
33.7兆円
赤字国債
27.6兆円
その他 4.9兆円
国債費
23.3兆円
元金返済
14.3兆円
利払い等
9.0兆円
財政投融資特別会計
(歳入)
(歳出)
納付金（地方公共団体金融機構の公庫債権金利変動準備金の国庫帰属）
0.4兆円
交付税及び譲与税配付金特別会計へ繰入れ 0.4兆円

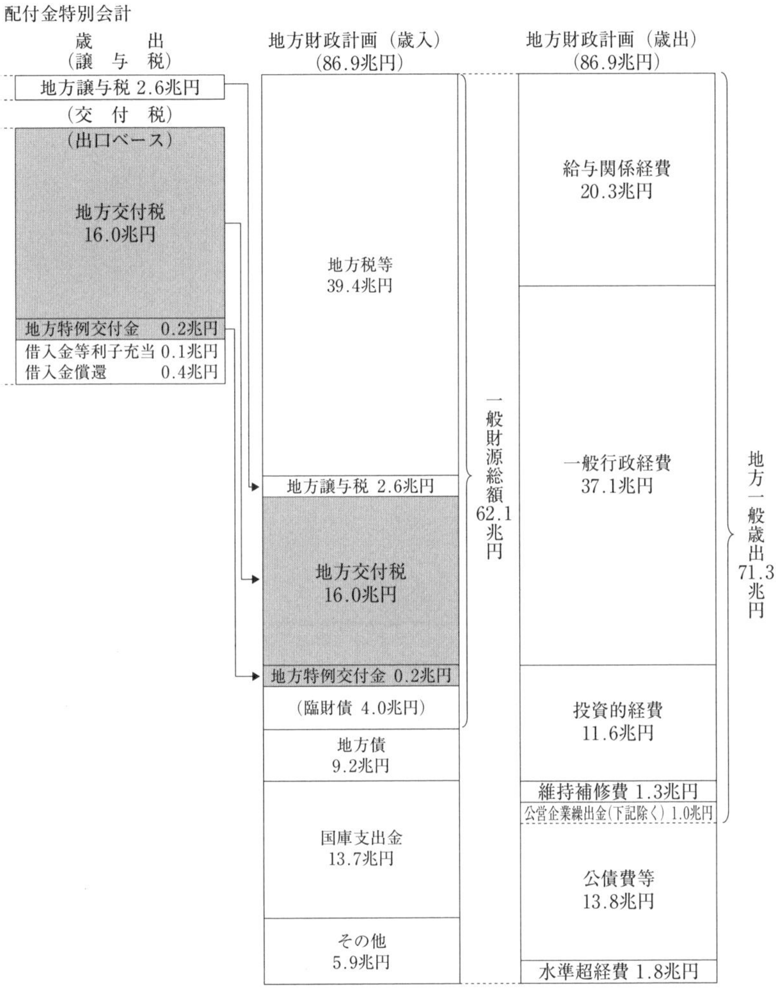

（注）　表示未満四捨五入の関係で、合計が一致しない箇所がある。

図表1-8　地方財政計画（通常収支分）の歳出の分析

地方財政計画（平成30年度）【86兆8,973億円】　（単位：億円）

区分	内訳	財源	金額	備考
給与関係経費 203,144	補助 56,528	国費	15,499	小中学校教職員等
		地方費	41,029	
	地方単独 146,616	地方費	50,637	地方警察官 21,298／消防職員 12,313／高校教職員 17,026
		地方費	95,979	ケースワーカー、公立保育所保育士等の福祉関係職員 等
一般行政経費 370,522（補助等 58.7%、単独 41.3%）	補助 202,356	国費	89,135	生活保護、介護保険（老人ホーム、ホームヘルパー等）、後期高齢者医療、障害者自立支援 等
		地方費	113,221	
	地方単独 140,614	国の事業団等への出資金等	1,664	
		地方費	138,950	予防接種、乳幼児健診、ごみ処理、警察・消防の運営費、道路・河川・公園等の維持管理費、義務教育諸学校運営費、私学助成、戸籍・住民基本台帳 など
	国保・後期高齢者 15,052	地方費		都道府県繰入金、保険基盤安定制度（保険料軽減分）、国保財政安定化支援事業等
	まち・ひと・しごと創生事業費 10,000	地方費		
	重点課題対応分 2,500	地方費		
投資的経費 116,180（直轄事業負担金 4.8%、補助 45.2%、単独 50.0%）	直轄・補助（公共事業等） 58,104	直轄事業負担金	5,612	
		国費	26,994	
		地方費	25,498	
	地方単独 58,076	地方費		清掃、農林水産業、道路橋りょう、河川海岸、都市計画、公立高校など
公債費 122,064		地方費		
公営企業繰出金 25,584		企業債の元利償還に係るもの	15,864	上下水道、病院（高度医療）等
		上記以外	9,738	
その他 31,479		地方費		

地方公務員約238万人のうち約77%は国が定員に関する基準を幅広く定めている教育・警察・消防・福祉関係職員
※ 公営企業等会計部門職員除く

一般行政経費（単独）は社会保障など住民に身近な地方の様々な取組に対応

（注）小・中学校、ごみ処理施設、社会福祉施設、道路等の事業で、いわゆる国庫補助事業の継ぎ足し単独や補助事業を補完する事業等、国庫補助と密接に関係する事業も含まれる。

図表1-9　地方財政計画の歳出の推移

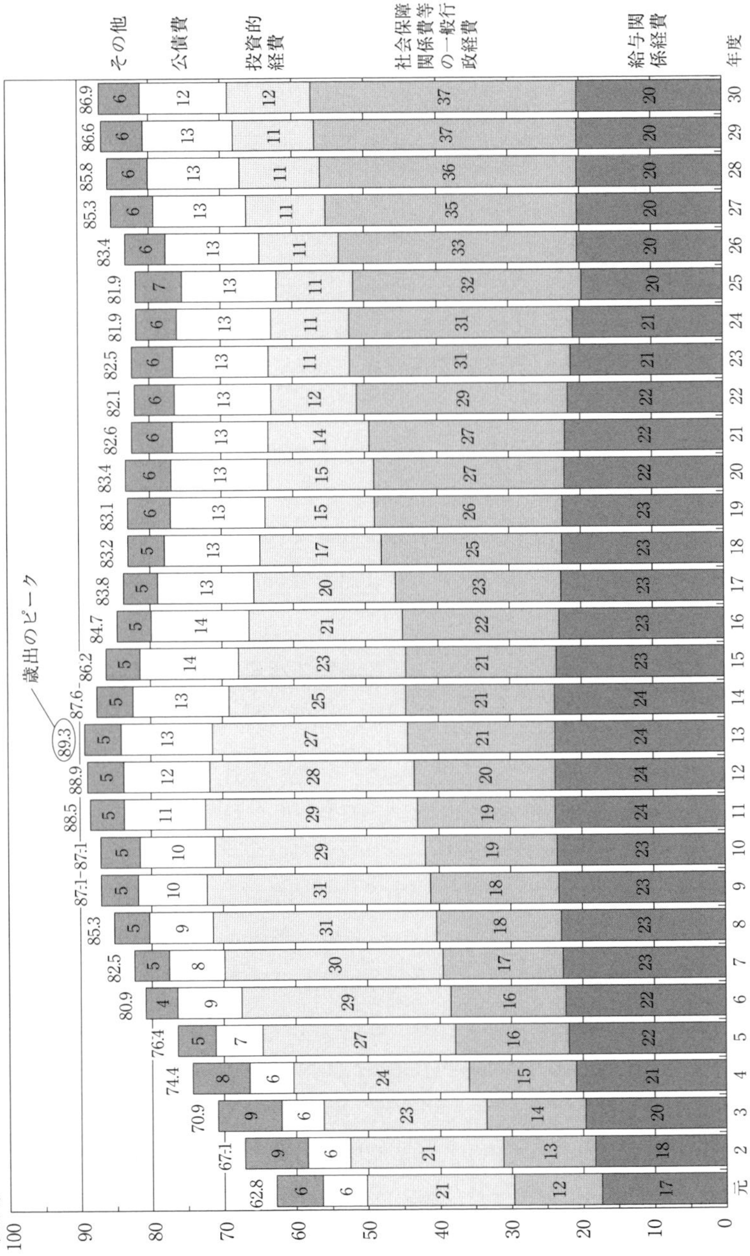

制度が設けられています。地方交付税の財源保障機能と財源調整機能は密接不可分の関係にあり、そして、地方交付税の財源保障機能を確保していくためには、地方財政計画の適正な策定が不可欠です。

図表1-10は、地方交付税による財源保障・財源調整の状況（平成28年度都道府県分・一般財源ベース）を示したものです。多くの団体が地方税収入だけでは経費を十分に賄えない中で、地方交付税の財源保障・財源調整機能によって、都道府県ごとの一般財源（地方税＋地方交付税＋地方譲与税）の構成割合が大差ないものとなっています。

(3)　地方財政の姿――平成29年度決算

(ア)　会計区分

総務省は、各自治体の決算を毎年度「地方財政状況調査」として調査し、その結果を取りまとめ、「**地方財政白書**」として国会に報告しています。地方財政状況調査は、都道府県や市町村など各地方公共団体の決算に関する統計調査であり、予算の執行を通じて地方公共団体がどのように行政運営を行ったかを見るための基礎となるものです。

自治体の財務会計においては、**一般会計**と**特別会計**が設けられています。一般会計には基本的な経理が計上されるとともに、特別会計は、特定の歳入をもって特定の歳出に充てるために一般会計と区分して経理する必要がある場合に設けられますが、各自治体によって一般会計の範囲に差が生じています。このため、地方財政状況調査では、これらの会計を一般行政部門と企業活動（水道、交通、病院など）に区分し、前者を「**普通会計**」、後者を「**地方公営事業会計**」に区分しています（**図表1-11**）。さらに、普通会計については、平成23年度から、通常収支分と東日本大震災分に区分して整理しています。

(イ)　普通会計決算の状況

平成29年度の地方公共団体の普通会計の決算額は、歳入が101兆3,233億円、歳出が97兆9,184億円となっています。**歳入**については、**地方税**が６年連続で増加した一方、東日本大震災に係る**国庫支出金**が減少したこと等により、前年度より1,365億円の減、また、**歳出**については、少子高齢化等に伴い扶助費が増加した一方、中小企業等に対する貸付金が減少したこと等により、前年度よ

図表1-10　地方交付税による財源保障・財源調整の状況（平成28年度決算（復旧・復興、全国防災除く））

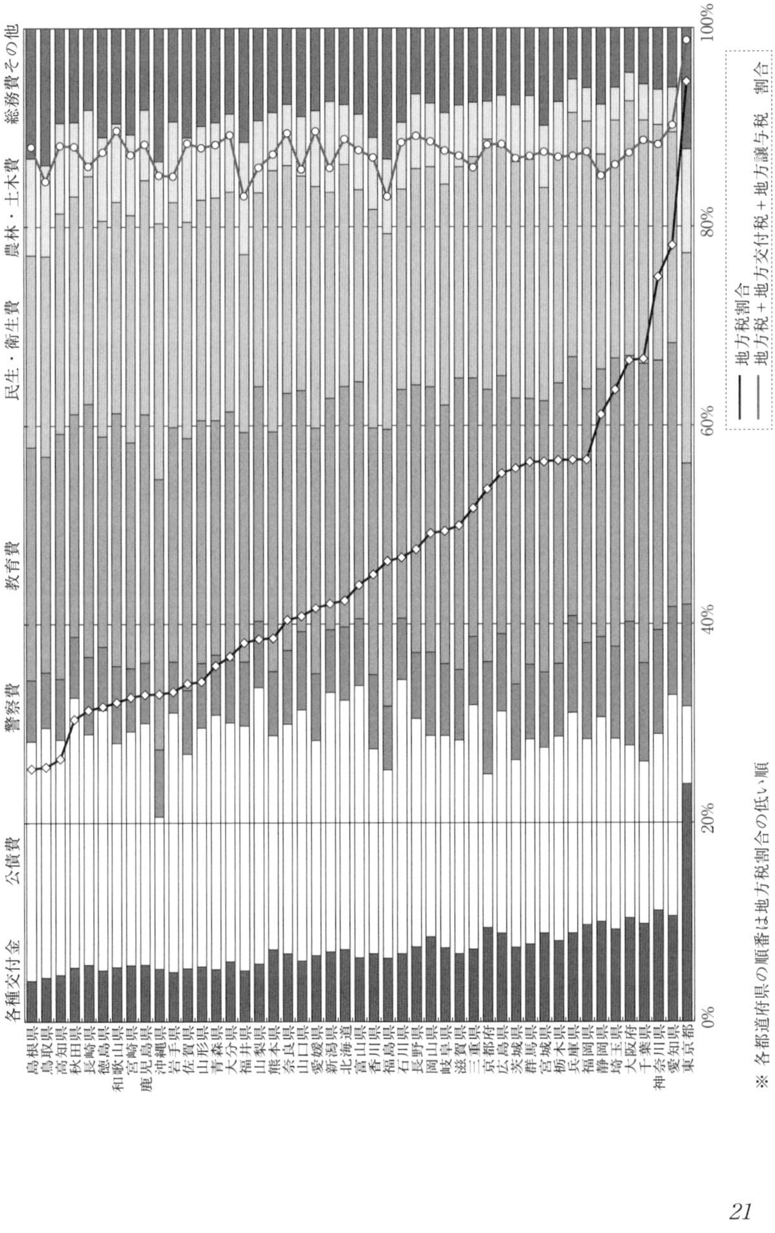

※ 各都道府県の順番は地方税割合の低い順

図表1-11　地方公共団体の会計区分

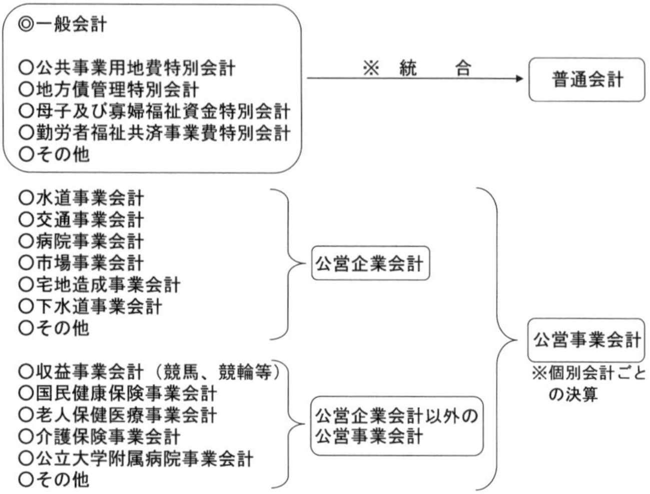

り1,431億円の減となっています。

近年の決算規模の推移は、**図表1-12**のとおり、平成元年度から平成10年度までは国の歳入歳出決算規模を大きく上回って推移しましたが、平成11年度をピークに歳入歳出とも減少に転じ、平成21年度以降は、国の歳入歳出決算規模が地方の歳入歳出決算規模をおおむね上回って推移しています。

決算額を団体種類別にみると、都道府県は、歳入総額が50兆8,895億円、歳出総額が49兆4,485億円であり、市町村は、歳入総額が59兆8,268億円、歳出総額が57兆9,429億円となっています。普通会計全体の決算は、補助金の支出や負担金の受入れなど自治体間の出し入れ部分が重複するため、この重複部分を控除した純計額で示されます。

歳入歳出の差額である**形式収支**は３兆3,249億円の黒字、形式収支から翌年度に繰り越すべき財源を控除した**実質収支**は２兆379億円の黒字となっています。一方、実質収支から財政調整基金の取崩しなどの実質的な赤字要素を控除した**実質単年度収支**は908億円の赤字となっており、平成29年度の単年度でみた収支は赤字となっています。

実質収支の推移は、**図表1-13**のとおりですが、実質収支の黒字分の大半は、

図表1-12　地方財政決算規模の推移

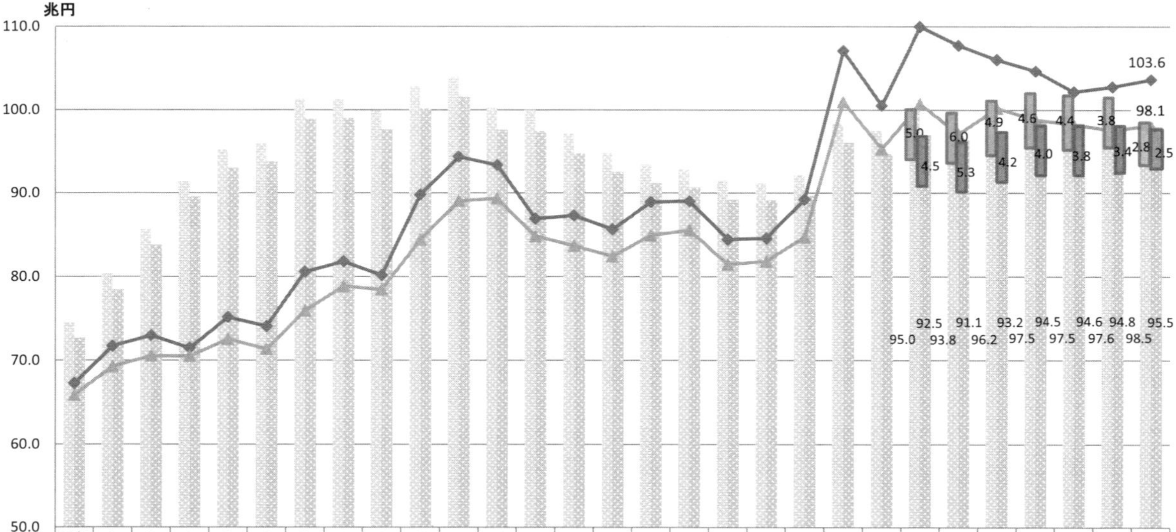

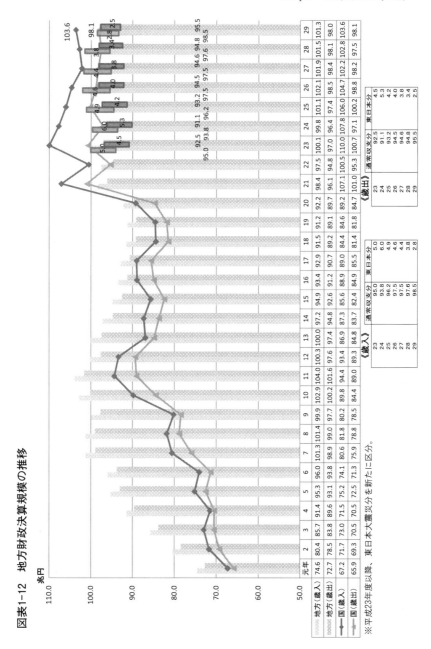

	元年	2	3	4	5	6	7	8	9	10	11	12	13	14	15	16	17	18	19	20	21	22	23	24	25	26	27	28	29
地方(歳入)	74.6	80.4	85.7	91.4	95.3	96.0	101.3	101.4	99.9	102.9	104.0	100.3	100.0	97.2	94.9	93.4	92.9	91.5	91.2	92.2	98.4	97.5	100.1	99.8	101.1	102.1	101.9	101.5	101.3
地方(歳出)	72.7	78.5	83.8	89.6	93.1	93.8	98.9	99.0	97.7	100.2	101.6	97.6	97.4	94.8	92.6	91.2	90.7	89.2	89.1	89.7	96.1	94.8	97.0	96.4	97.4	98.5	98.4	98.1	98.0
国(歳入)	67.2	71.7	73.0	71.5	75.2	74.1	80.6	81.8	80.2	89.8	94.4	93.4	86.9	87.3	85.6	88.9	89.0	84.4	84.6	89.2	107.1	100.5	110.0	107.8	106.0	104.7	102.2	102.8	103.6
国(歳出)	65.9	69.3	70.5	70.5	72.5	71.3	75.9	78.8	78.5	84.4	89.0	89.3	84.8	83.7	82.4	84.9	85.5	81.4	81.8	84.7	101.0	95.3	100.7	97.1	100.2	98.8	98.2	97.5	98.1

※平成23年度以降、東日本大震災分を新たに区分。

《歳入》

	通常収支分	東日本分
23	95.0	5.0
24	93.8	6.0
25	96.2	4.9
26	97.5	4.6
27	97.5	4.4
28	97.6	3.8
29	98.5	2.8

《歳出》

	通常収支分	東日本分
23	92.5	4.5
24	91.1	5.3
25	93.2	4.2
26	94.5	4.0
27	94.6	3.8
28	94.8	3.4
29	95.5	2.5

図表1-13　普通会計決算収支の推移

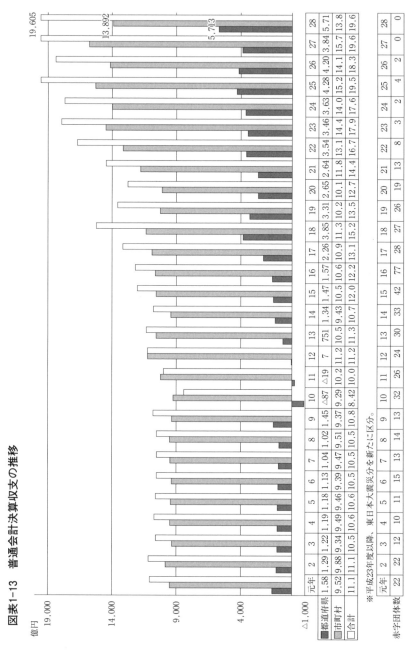

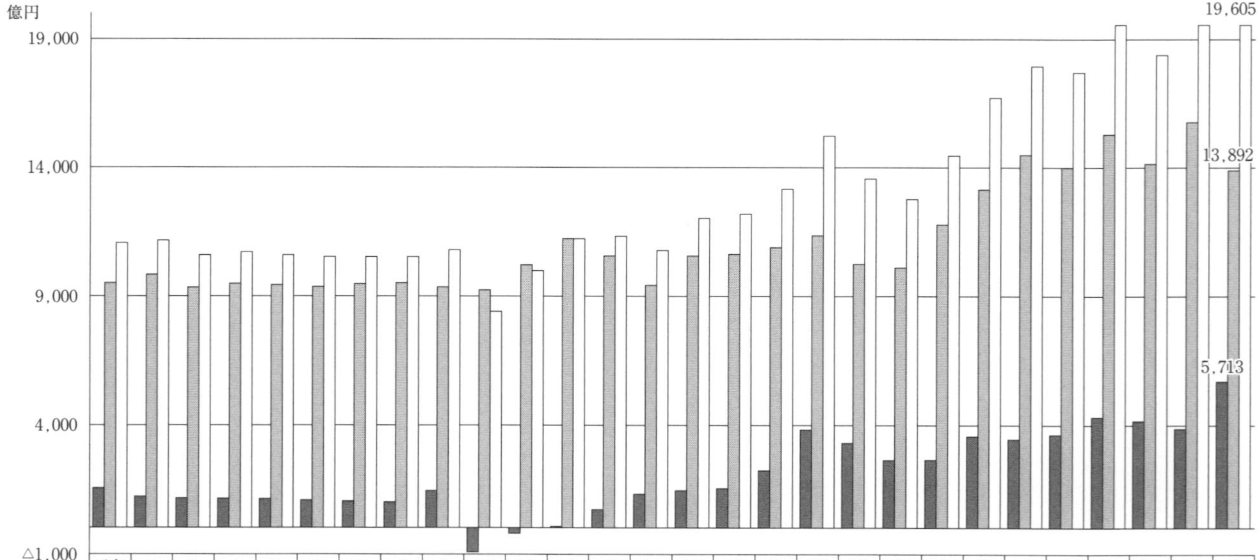

	元年	2	3	4	5	6	7	8	9	10	11	12	13	14	15	16	17	18	19	20	21	22	23	24	25	26	27	28
■都道府県	1,58	1,29	1,22	1,19	1,18	1,13	1,04	1,02	1,45	△87	△19	7	751	1,34	1,47	1,57	2,26	3,85	3,31	2,65	2,64	3,54	3,46	3,63	4,28	4,20	3,84	5,71
▒市町村	9,52	9,88	9,34	9,49	9,46	9,39	9,47	9,51	9,37	9,29	10,2	11,2	10,5	9,43	10,5	10,6	10,9	11,3	10,2	10,1	11,8	13,1	14,4	14,0	15,2	14,1	15,7	13,8
□合計	11,1	11,1	10,5	10,6	10,6	10,5	10,5	10,5	10,8	8,42	10,0	11,2	11,3	10,7	12,0	12,2	13,1	15,2	13,5	12,7	14,4	16,7	17,9	17,6	19,5	18,3	19,6	19,6

※平成23年度以降、東日本大震災分を新たに区分。

	元年	2	3	4	5	6	7	8	9	10	11	12	13	14	15	16	17	18	19	20	21	22	23	24	25	26	27	28
赤字団体数	22	22	12	10	11	15	13	14	13	32	26	24	30	33	42	77	28	27	26	19	13	8	3	2	4	2	0	0

前年度以前の黒字の累積であり、繰越金として翌年度の歳入に組み込まれるものです。これは、自治体は例外的に認められている範囲内でしか赤字地方債を発行することができないため、歳入歳出の変動に備えて繰越金を年度間調整の財源として確保していることによるものです。実質収支を団体種類別にみると、都道府県は平成12年度以降黒字となっており、市町村は昭和31年度以降黒字となっていますが、平成29年度は、実質収支が赤字である団体が3市町村となっています。

(ウ)　公営企業決算の状況

自治体の行政活動には、警察、消防、道路整備など住民の税負担によって賄われる公共性のある行政活動がある一方で、水道、交通、電気、病院など住民に財貨やサービスを供給するために行われる活動であって、その費用は受益を受ける者の負担に求められる企業活動とがあり、後者を**地方公営企業**と総称します（**図表1-14**)。

公営企業については、その経理を**特別会計**を設けて行い、その経費は、原則として、その企業の経営に伴う収入をもってこれに充てなければなりません（**独立採算制の原則**)。地方公営企業法を適用する公営企業は、企業会計方式による経理が行われます。一方、公営企業の経営に伴う収入をもって充てることが適当でない経費や、能率的な経営を行ってもなおその経営に伴う収入のみをもって充てることが客観的に困難であると認められる経費については、一般会計等からの繰入金が充てられます。

平成29年度末において、地方公営企業を経営している団体数は1,785団体（企業団・一部事務組合等でのみ地方公営企業を経営している5団体及び特別区を含む）であり、その内訳は47都道府県、20政令指定都市、1,718市区町村となっています。これらの団体が経営している地方公営企業の事業数は8,398事業で、事業別にみると、下水道事業が最も大きな割合を占め、以下、水道事業（簡易水道事業を含む)、病院事業の順となっています。また、各事業全体の中で地方公営企業が占める割合は、**図表1-15**のとおりです。

地方公営企業の規模は、平成29年度決算ベースで17兆93億円となっており、事業別にみると、下水道事業が最も大きな割合を占め、以下、病院事業、水道

図表1-14　地方公営企業の概要

○　地方公営企業とは、地方公共団体が行う事業のうち、“企業”と観念されるもの。
○　一般会計においては税収等を財源として事業が行われるのに対し、公営企業の事業に要する経費については、原則として事業の経営に伴う収入が充てられる。
○　上記の例外として事業の経営に伴う収入をもって充てることが適当でない経費（※1）、能率的な経営を行ってもなおその経営に伴う収入のみをもって充てることが客観的に困難であると認められる経費（※2）については、一般会計等からの繰入金が充てられる。

※1：【例】水道事業における、公共の消防のための消火栓に要する経費　　※2：【例】病院事業における、へき地医療に要する経費

公営企業の経理について

- ■　一般会計が負担すべき経費を除き、料金収入で賄う独立採算による経営が行われる。
- ■　独立採算の原則に基づく経済活動を常に明確に把握するため、特別会計を設置して、一般会計と区分する。
- ■　地方公営企業法を適用する公営企業においては、一般会計と異なり企業会計方式による経理が行われる。

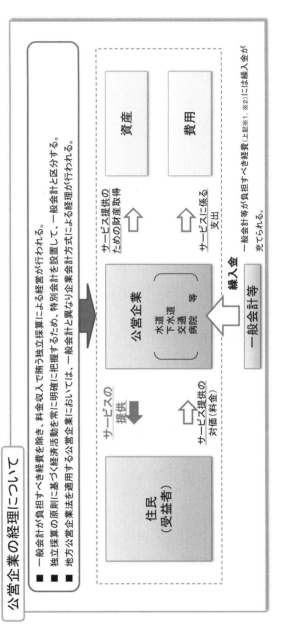

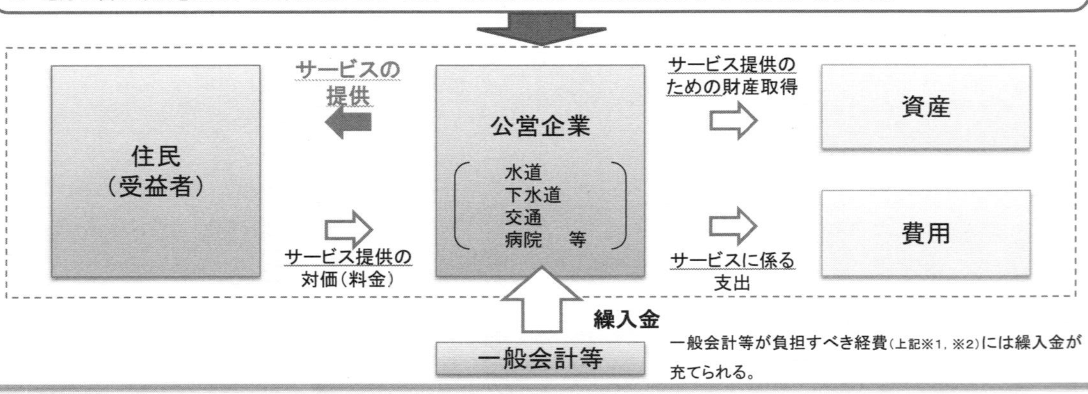

図表1-15　地方公営企業の事業数

地方公営企業の事業数は、平成29年度末現在で8,398事業であり、事業別にみると、下水道事業が最も多く、次いで水道事業、病院事業となっている。

地方公営企業の事業数の状況（平成29年度末）

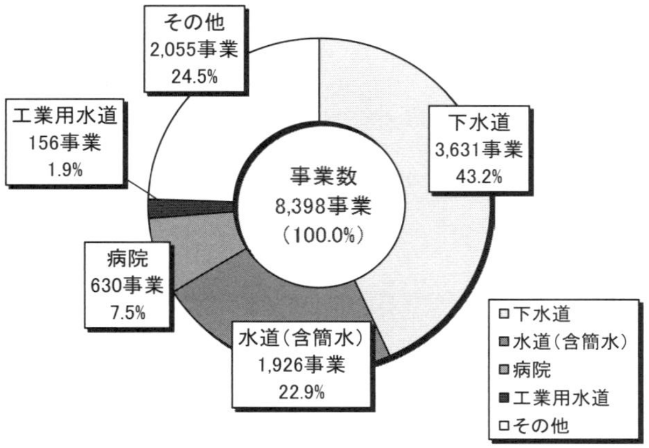

地方公営企業の事業数の推移

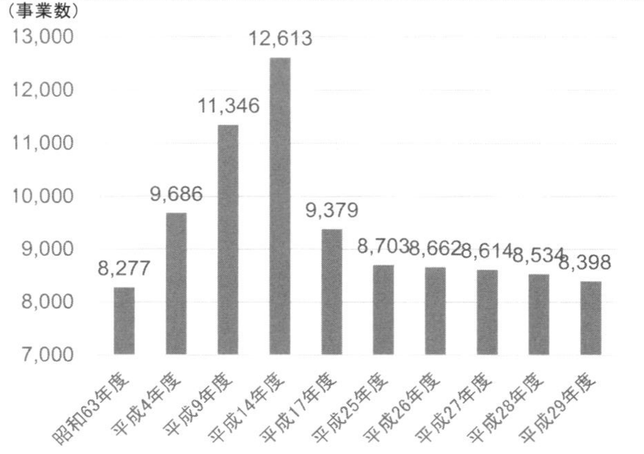

事業、交通事業の順となっています。また、独立採算制の例外である一般会計等からの繰入額は、２兆9,378億円となっており、事業別にみると、下水道事業への繰入額が最も大きな割合を占め、以下、病院事業、水道事業、交通事業の順となっています（図表1-16）。

地方公営企業の経営状況をみると、平成29年度決算ベースで黒字事業数は全体の88.8％、赤字事業数は11.2％で、全体としては9,028億円の黒字となっていますが、事業別にみると、病院事業では約６割が赤字となっています。また、過去の年度から通算した純損益における損失の累積額である累積欠損金は、４兆1,961億円となっており、事業別にみると、病院事業の累積欠損金が最も大きな割合を占め、次いで交通事業となっています（図表1-17）。

図表1-16　地方公営企業の決算状況（1）

○　決算規模は、平成29年度決算で17兆93億円（対前年度＋754億円、0.4%増加）であり、ここ数年は横ばいの傾向にある。
（平成26年度決算は、会計基準の見直しに伴い規模が拡大）

○　他会計繰入金は、平成29年度決算で2兆9,378億円（対前年度△192億円、0.7%減少）。
近年は減少傾向にあるが、繰入額が大きい事業のうち、下水道事業は減少傾向だったものがここ数年は横ばいの傾向にあり、病院事業は横ばいの傾向にある。

地方公営企業の決算規模の推移

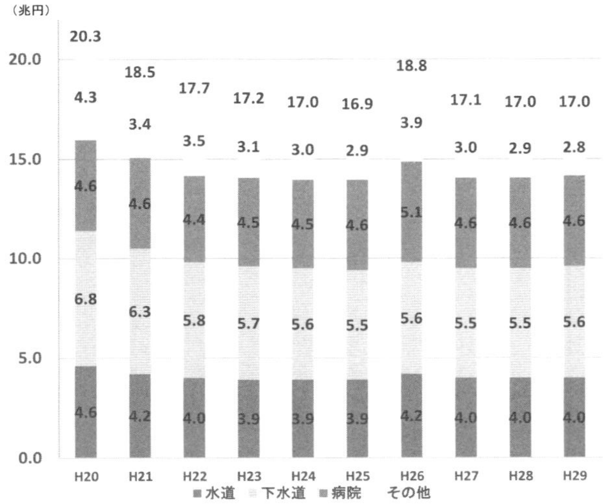

地方公営企業の他会計繰入金の推移

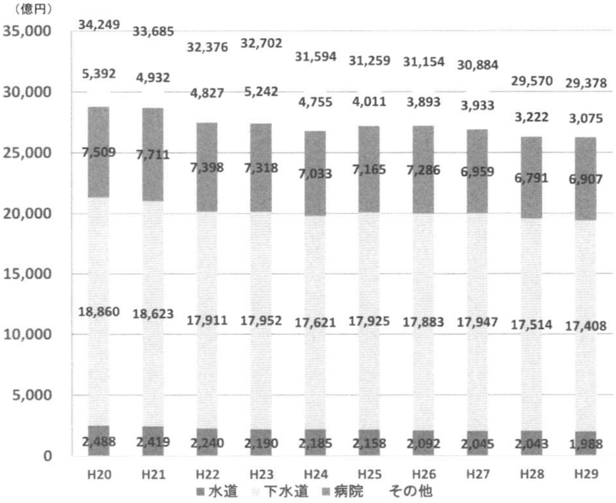

図表1-17　地方公営企業の決算状況（2）

○　平成29年度決算では黒字事業数は7,402事業（全体の88.8%）であり、赤字事業数は938事業（全体の11.2%）となっている。事業別にみると、病院事業では約60%が赤字事業となっている。
（※事業数は決算対象事業数（建設中のものを除く）であり、年度末事業数とは一致しない）
○　累積欠損金は、平成29年度決算で4兆1,961億円（対前年度△949億円、2.2%減少）。
近年は交通事業における輸送人員の増加に伴う純利益の計上等により、減少傾向にある。

地方公営企業の黒字（赤字）事業数の事業別割合

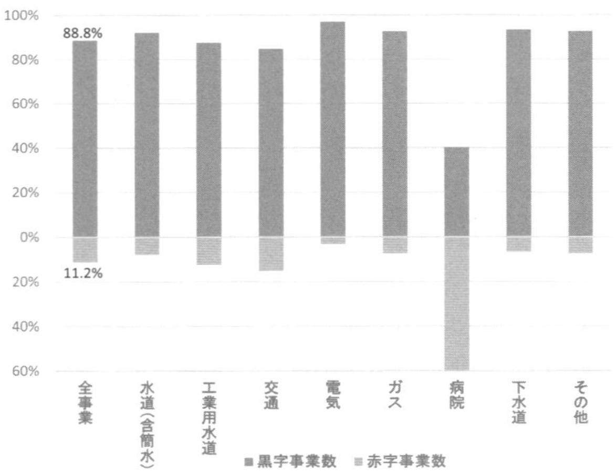

地方公営企業の累積欠損金の推移

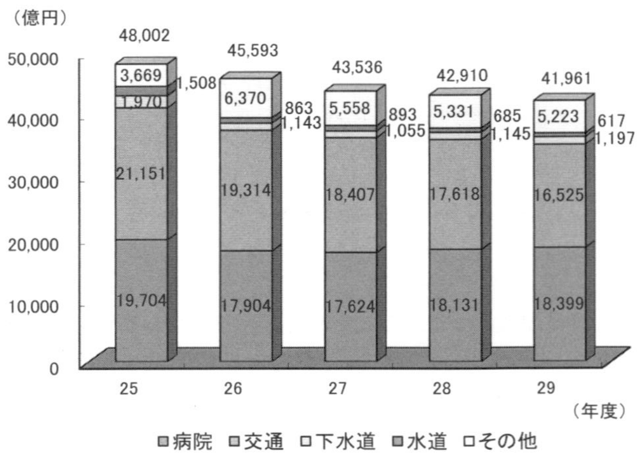

Part. II
自治体のお給料——収入のはなし

Chap. 2

自治体の収入のあらまし
――多種多様な収入

1　自治体の収入の構造――多種多様な収入

自治体が、行政サービスを実施するために必要な財源をどこからどうやって調達するのでしょうか。まず思い浮かぶのは住民や地域の企業に納めてもらう税金（地方税）ですが、自治体の収入は地方税に限りません。地方税だけで標準的な行政サービスを実施するために必要な財源を賄えない自治体には、国から地方交付税が交付されます。また、一定の行政水準を維持したり、特定の施策を奨励したりするために国庫支出金や都道府県支出金が交付されます。さらに、住民が市民プールを利用したり証明書の交付を受けたりする場合に、サービスを受ける住民から受益者負担として徴収する使用料・手数料があります。このほか、道路や学校を建設する際に地方債を発行して資金を借り入れることもあります。

このように、**自治体の収入**には、自らが徴収する地方税のほか、地方譲与税、地方交付税、地方特例交付金、国庫支出金、都道府県支出金、地方債、使用料・手数料、分担金・負担金、寄附金など、多種多様なものがあります。そこで、自治体の収入にはどんなものがあるか、大まかにみてみましょう。

2　自治体の収入の種類

(1)　地方税

地方税は、地方税法や自治体の条例の定めるところによって、その構成員である住民や企業などから徴収する税金です。税金は、少し堅苦しく定義しますと、国や自治体がその課税権に基づき、特別のサービスに対する対価としてではなく、必要な経費に充てるための資金を調達する目的をもって、一定の要件に該当する者に課する金銭給付といえます。

自治体は、地域住民のニーズに対応して、福祉、教育、衛生、警察、消防などのサービスや、生活・産業を支える基盤となる道路、上下水道等の社会資本の整備など、住民生活に密接に関連する行政サービスを提供しています。地方税は、自治体がこのような行政サービスに要する経費に充てる財源を調達するため、条例に基づいて住民などから徴収するものであり、住民などが広く共同して負担し合うもの（**地域社会の会費**と思ってください）としての性格を有しています。

住民の福祉の維持・向上を図るための経費を住民自身が負担をすることは、地方自治における住民負担の基本原理を示すものです。また、住民生活に密着した地方行政が円滑に行われ、自治体が住民の負託に応えていくためには、納税者が身近なところで税を納め、それがどう使われているのかを監視していくことが重要です。このことが、住民の行政に対する理解と関心を高め、また受益と負担の意識を高めることとなります。こうした意味において、地方税は、地方自治を支える基盤となっています。もちろん、国庫支出金や地方交付税が、自治体の収入の相当部分を占めていることは事実ですが、地方分権や少子高齢化の進展の下、自治体の果たすべき役割が増大していく中で、それを支える地方税の役割もより一層重要となります。

⑵　地方譲与税

地方譲与税は、本来地方税として自治体に納められるべき税を、国が一旦国税として徴収し、一定の基準に従って自治体に配分するもので、平成29年度においては、地方揮発油譲与税、石油ガス譲与税、自動車重量譲与税、航空機燃料譲与税、特別とん譲与税、地方法人特別譲与税があります。

地方譲与税は、国税として賦課徴収された上で地方に配分されるという点で地方税とは異なりますが、地方固有の財源としての性格を有しており、課税の便宜上の理由などから徴収事務を国が代行しているものということができます。このために、地方譲与税は、地方税と地方交付税との中間的な性格をもつものということもできます。

⑶　地方交付税

地方交付税は、自治体間の財源の不均衡を調整し、住民がどの地域にあっても一定の行政水準が受けられるよう、自治体の財源を保障するために国から交付されるものです。地方交付税は、自治体がその使途について全く国から拘束されない点で、特定の事業に充てることが必要な国庫補助金等とは根本的に異なっています。地方交付税はいわば「国が地方に代わって徴収する地方税」（自治体共有の固有財源）という性格をもっており、自治体の重要な収入の一つとなっています。

(4)　地方特例交付金

地方特例交付金は、減税などに伴う地方税の減収を補てんするために、国から自治体に交付される特例的な交付金です。これまで、平成11年度の税制改正の折に、恒久的な減税の実施に伴う地方税の減収額の一部を補てんするため、将来の税制の抜本的な見直しが行われるまでの当分の間の措置として交付されたことがあります。また、平成29年度においては、個人住民税における住宅借入金等特別税額控除の実施に伴う自治体の減収分を補填するために減収補てん特例交付金が交付されました。地方特例交付金は、地方税の代替的性格を有する一般財源ともいえます。

(5)　国庫支出金・都道府県支出金

国庫支出金は、特定の行政目的を達成するために、特定の事務事業の実施に要する経費に充てることを条件に国から交付されるもので、国庫負担金、国庫補助金、国庫委託金の３種類に区分されます。

国庫負担金は、法令に基づいて実施しなければならない事務であって、国と自治体が相互に密接に関連を有するものについて、国と地方の共同責任という観点から、国が一定の負担をするもので、義務教育費国庫負担金や生活保護費国庫負担金などがあります。**国庫補助金**は、国が自治体に対して特定の事業を奨励するなど、その施策を行うため特別の必要があると認めるとき、あるいは自治体の財政上特別の必要があるときに交付されるものです。前者を奨励的補助金、後者を財政援助的補助金といいます。**国庫委託金**は、国会議員の選挙、最高裁判所裁判官国民審査、国勢調査など、もっぱら国が行う事務について、国が自治体にその実施を委託する場合に支出されるものです。

都道府県支出金は、市町村や各種団体などに対して、法令に基づき、または

コラム2-1　予算関連法案と自治体財政

地方交付税は政府の当初予算案に計上され、国会で可決・成立してはじめて地方へ交付することが可能となります。また、地方交付税の単位費用の見直しなどのための地方交付税法の改正案や、地方税の制度改正に伴う地方税法案の改正など、毎年度、地方財政に関連する法案が国会で審議されます。地方交付税法改正案や地方税法改正案は、予算の執行のために必要なものであることから、予算関連法案の扱いになっています。

政府の当初予算案や予算関連法案は、通常国会において審議されます。通常国会は、年明けに召集されるのが通例で、150日間の会期中、2から3月までは当初予算案や予算関連法案の審議、4月以降は予算非関連法案などの審議が続きます。我が国では憲法上、予算は衆議院優先の原則により、衆院で可決後30日後に自然成立しますが、予算関連法案はあくまでも法案としての審議手続によるため、その審議をめぐって与野党の駆け引きが繰り広げられることがあります。

仮に、地方税法案や地方交付税法案が年度内に成立しない場合にはどうなるでしょうか。地方税に関しては、例えば、年度末に期限切れとなる課税特例措置の延長を盛り込んでいた場合、特例措置が適用されないという事態になってしまいます。最近では、平成20年の通常国会、いわゆる「ねじれ国会」の下で、平成20年度当初予算は年度内成立したものの、地方税法改正案などの予算関連法案が年度内に成立せず、ガソリン税の暫定税率が1カ月失効する事態となりました。

また、地方交付税に関しては、例えば、国の一般会計からの加算などの総額の特例措置（本文97ページ参照）を設ける改正案を盛り込んでいた場合、年度内に地方交付税法案が成立しなければ、総額の特例措置が適用されないとした額が地方交付税の総額となります。普通交付税は4月に各自治体に対して、前年度交付額に地方交付税総額の伸び率を乗じた額の4分の1を交付することとなっていますので、地方交付税法案が年度内に成立しない場合には、4月分の概算交付額が減少し、各自治体の財政運営に影響を与える事態になってしまいます。

地方税と地方交付税は、地方財政の運営に不可欠の一般財源であり、地方税法案・地方交付税法案を早期に成立させることにより、各自治体において年度当初から行政サービスの提供や社会資本整備を円滑に進めることができます。このため、地方税法と地方交付税法案は、国会審議において衆・参両院とも一体的に審議されるのが通例で、平成6年度以降は、平成20年度を除き、年度内に成立しています。

都道府県の行政上の必要によって、負担金、補助金、委託金として交付されるもので、市町村に交付される場合にはその市町村の収入となります。

(6)　地方債

地方債は、自治体の借入金（借金）で、一会計年度を超えて償還がなされるものをいいます。

地方債を起こすことができる代表的な例は、道路や学校の建設のように、一時に多額の経費を必要とし、しかも長期間にわたって利用することができるものの財源に充てる場合です。公共施設の建設事業の財源を、その年度の収入だけで賄うことは不可能ですし、住民が長期間にわたって利用する施設は、それを利用する後世代の住民が借入金の償還という形で応分の負担をする方が理にかなっているからです。また、上下水道や交通などの公営企業も、初期投資の財源を借入金で調達し、将来の料金収入でこれを償還していく方が適切です。一方、地方債は、後になってからその元金と利子を償還しなければならず、借りすぎると財政運営に支障が生じます。このため、地方財政法は、財政運営の健全化や世代間の負担の公平の観点から、原則として地方債の発行を禁止し、公共施設の建設の財源とする場合など、一定の場合に限って発行することができるとしています（5条）。

また、地方債の発行は、かつては許可制（発行を原則禁止とした上で、許可により禁止を解除する仕組み）でしたが、地方分権改革の流れの中で、協議制（地方債の発行を原則自由とした上で、国又は県との協議により公的資金の配分や交付税措置との調整を行う仕組み）へと移行し、さらに届出制（一定の要件を満たす自治体は、協議を不要とし、事前に届出を行うことにより民間資金などを借り入れることができる仕組み）へと見直しが進められてきました。

(7)　その他の収入

以上のほか、自治体の行う事業などによって特に利益を受ける者から徴収する分担金、都道府県の行う事業などによって特に利益を受ける市町村から納付される負担金、高等学校の授業料や保育所の保育料など行政サービスの対価として徴収される使用料、各種証明書の発行など特定の者のため行う事務に要する費用に充てるため徴収される手数料、財産の売却や運用によって生ずる資金を受け入れる財産収入、ふるさと納税などの寄附金、基金を取り崩すなどして歳入を補う繰入金、前年度の決算剰余金・前年度からの繰越事業に充てるべき財源を持ち越した繰越金、企業などへの貸付金の元利金収入や宝くじ・公営競技（競輪、競艇、競馬、オートレース）から得た収益金などの諸収入があります。

3　性質別に見た自治体の収入

(1)　自主財源と依存財源

自主財源と依存財源は、自治体の収入をその調達方法からみた分類です。すなわち、**自主財源**は、自治体が自らその権能を行使して調達することのできる財源をいい、地方税、分担金・負担金、使用料・手数料、財産収入、寄附金などがこれに含まれます。他方、**依存財源**は、国庫支出金、地方譲与税、地方特例交付金、地方交付税、地方債などのように、その額と内容の決定が国の意思や国で定める具体的基準によって行われるものをいいます。自治体の収入としては、自ら調達する自主財源の割合が高いほど、財政運営の自主性が高くなるといえます。

(2)　一般財源と特定財源

一般財源と特定財源は、自治体の収入の使途にしばりがあるかどうかに着目した分類です。すなわち、**一般財源**は、その使途について制限がなく、いかなる経費にも充てることができる収入をいい、**特定財源**は、一定の使途のみに使用できる収入をいいます。

一般財源の代表的なものは、地方税、地方譲与税、地方交付税であり、決算統計上は、地方税、地方譲与税、地方特例交付金と地方交付税の合計額（これらに加え、都道府県については、市町村から交付される市町村たばこ税都道府県交付金、市町村については、都道府県から交付される地方消費税交付金等各種交付金を加えた合計額）を一般財源としています。

特定財源の代表的なものは、国庫支出金、地方債です。これらは、特定の事業に充てることを条件として交付され、あるいは起債の同意・許可が行われるものだからです。ただし、地方交付税の代替財源として発行される臨時財政対策債を一般財源に含める場合があります。このほか、分担金・負担金、使用料・手数料などのその他の収入は原則として特定財源に区分されますが、目的の特定されていない一般寄附金や使途の特定されていない財産収入などは一般財源扱いとすることがあります。

(3)　経常財源と臨時財源

自治体の収入のうち、毎年度経常的に収入されるものを**経常財源**といい、他方、臨時的に収入されるものを**臨時財源**とよんでいます。経常財源に区分されるものとしては、地方税、地方譲与税、地方特例交付金、普通交付税、国庫支出金のうち義務教育職員給与費国庫負担金や生活保護費国庫負担金などがあげられます。他方、臨時財源に区分されるものとしては、特別交付税、地方債、分担金・負担金、寄附金、国庫支出金のうち施設建設費に充てるために交付される国庫補助金などがあげられます。

経常財源と臨時財源の区分は、経常収支比率の算定に用いられます。**経常収支比率**とは、人件費、扶助費、公債費などの経常的経費に、地方税、普通交付税、地方譲与税を中心とする経常一般財源がどの程度充当されているかを示す比率で、自治体の**財政の弾力性**をみる指標です。経常収支比率が低いほど、自治体の経常的な収入で経常的な支出を賄うことができ、その自治体は臨時的な支出や独自の事業に対応する余力があるといえます。逆に、経常収支比率が高いほど余力がなく、財政構造の硬直化が進んでいるといえるのです。

4　自治体の収入の状況

(1)　決算額の状況

自治体の収入の状況を平成29年度決算についてみると、**図表2-1**のとおりとなっています。

都道府県と市町村を合わせた歳入純計額（都道府県と市町村の間の重複額を控除したもの）は101兆3,233億円となっており、うち一般財源は59兆2,104億円で、歳入総額に占める割合は58.4%となっています。

収入の構成比をみると、都道府県・市町村とも、地方税の構成比（都道府県40.4%、市町村32.4%）が最も高く、次いで都道府県では地方交付税（17.0%）、国庫支出金（11.9%）、地方債（10.8%）、市町村では国庫支出金（15.7%）、地方

図表2-1　自治体の収入の状況（平成29年度）

（単位：百万円、%）

区　分	都道府県		市町村		純計額	
地方税	20,542,835	40.4	19,361,567	32.4	39,904,402	39.4
地方譲与税	1,990,889	3.9	414,335	0.7	2,405,224	2.4
地方特例交付金	47,258	0.1	85,542	0.1	132,800	0.1
地方交付税	8,659,264	17.0	8,108,742	13.6	16,768,005	16.5
市町村たばこ税都道府県交付金	1,014	0.0	—	—	—	—
利子割交付金	—	—	34,613	0.1	—	—
配当割交付金	—	—	104,334	0.2	—	—
株式等譲渡所得割交付金	—	—	108,193	0.2	—	—
分離課税所得割交付金	—	—	4,715	0.0	—	—
道府県民税所得割臨時交付金	—	—	557,545	0.9	—	—
地方消費税交付金	—	—	2,343,803	3.9	—	—
ゴルフ場利用税交付金	—	—	31,452	0.1	—	—
特別地方消費税交付金	—	—	1	0.0	—	—
自動車取得税交付金	—	—	135,472	0.2	—	—
軽油引取税交付金	—	—	128,804	0.2	—	—
小計（一般財源）	31,241,260	61.4	31,419,116	52.5	59,210,431	58.4
分担金、負担金	250,573	0.5	665,304	1.1	586,655	0.6
使用料、手数料	866,263	1.7	1,373,830	2.3	2,240,092	2.2
国庫支出金	6,043,848	11.9	9,421,165	15.7	15,465,013	15.3
交通安全対策特別交付金	31,962	0.1	23,382	0.0	55,344	0.1
都道府県支出金	—	—	3,990,062	6.7	—	—
財産収入	212,139	0.4	398,367	0.7	610,506	0.6
寄附金	19,858	0.0	407,082	0.7	426,891	0.4
繰入金	1,388,426	2.7	2,143,986	3.6	3,532,413	3.5
繰越金	1,403,213	2.8	1,694,782	2.8	3,097,995	3.1
諸収入	3,915,356	7.7	2,161,396	3.6	5,453,083	5.4
地方債	5,516,607	10.8	5,152,008	8.6	10,644,892	10.5
特別区財政調整交付金	—	—	976,299	1.6	—	—
歳入合計	50,889,504	100.0	59,826,779	100.0	101,323,315	100.0

（注）「国庫支出金」には、国有提供施設等所在市町村助成交付金を含む。

交付税（13.6%）、地方債（8.6%）の順となっています。

地方税は39兆9,044億円で、団体種類別にみると、都道府県が20兆5,428億円、市町村が19兆3,616億円となっています。地方税の歳入総額に占める割合は、純計額が39.4%で、団体種類別にみると、都道府県が40.4%、市町村が32.4%となっています。自主財源の要である地方税は、収入の中で最も大きい割合を占めていますが、その割合は都道府県で４割程度、市町村で３分の１程度となっています。自治体の収入の特徴として、自主財源の要である地方税の割合が低く、国への依存財源の比重が高いことが挙げられます。なお、地方税の歳入総額に占める割合が全国平均（39.4%）より低い団体数は、1,476団体（全団体の82.6%）となっています。

地方譲与税は２兆4,052億円で、歳入総額に占める割合は2.4%となっています。地方譲与税の内訳をみると、自動車重量譲与税が2,660億円、地方揮発油譲与税が2,584億円、石油ガス譲与税が84億円、航空機燃料譲与税が149億円、特別とん譲与税が124億円、地方法人特別譲与税が１兆8,452億円となっています。

地方特例交付金は1,328億円で、歳入総額に占める割合は0.1%となっています。

地方交付税は16兆7,680億円で、歳入総額に占める割合は16.5%となっています。地方交付税を団体種類別にみると、都道府県が８兆6,593億円、市町村が８兆1,087億円となっており、地方交付税総額に占める割合は、都道府県が51.6%、市町村が48.4%となっています。なお、地方交付税が地方税を上回っている団体数は1,003団体（全団体の56.8%）となっています。

国庫支出金（交通安全特別対策交付金を含む）は15兆5,204億円で、歳入総額に占める割合は15.3%となっています。また、都道府県支出金は３兆9,901億円で、市町村の歳入総額に占める割合は6.7%となっています。

地方債は10兆6,449億円で、地方債依存度（歳入総額に占める地方債の割合）は10.5%となっています。地方債を団体種類別にみると、都道府県が５兆5,166億円（地方債依存度10.8%）、市町村が５兆1,520億円（同8.6%）となっています。

その他の収入のうち、分担金・負担金が5,867億円（歳入総額に占める割合0.6%）、使用料・手数料が２兆2,401億円（同2.2%）、財産収入が6,105億円（同0.6%）、寄附金が4,269億円（同0.4%）、繰入金が３兆5,324億円（同3.5%）、繰越金が３兆980億円（同3.1%）、諸収入が５兆4,531億円（同5.4%）となっています。

⑵　収入の推移

自治体の収入の決算額の平成以降の推移をみると、**図表2-2**のとおりとなっています。

平成に入り景気拡大に伴い地方税収は増加しましたが、バブル経済崩壊後は低迷する一方、景気対策として実施された公共投資の財源として地方債が増発

図表2-2　自治体の収入の推移（平成元〜29年度）

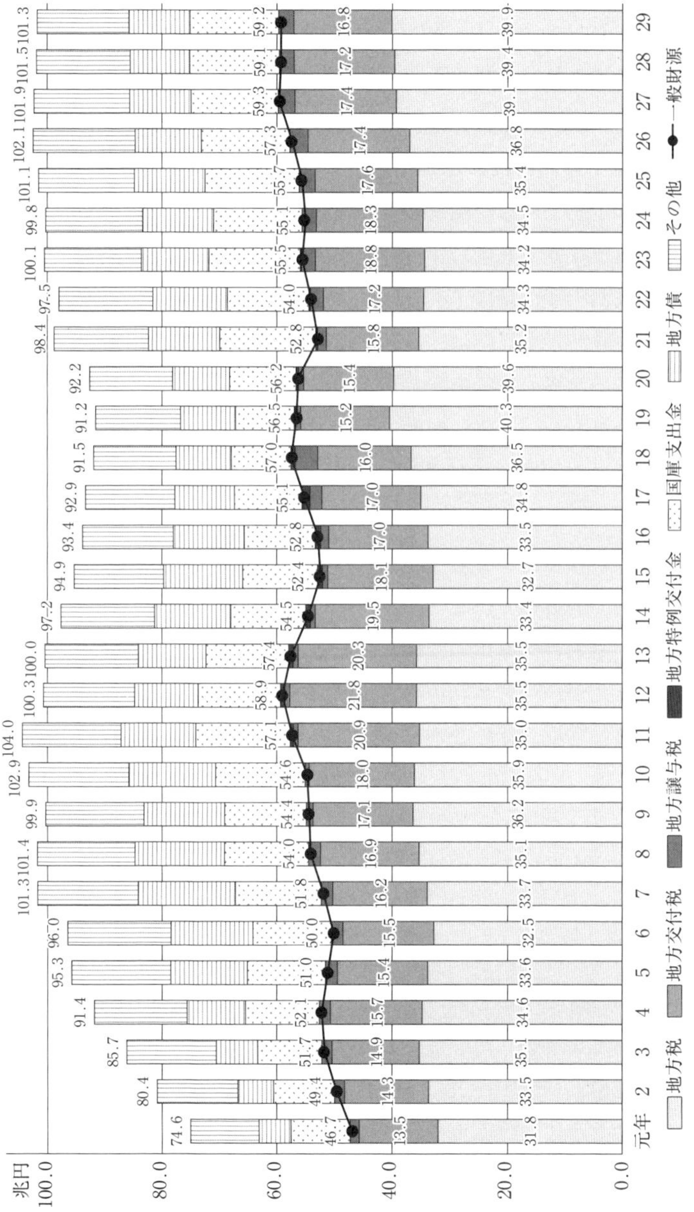

されるとともに、地方の巨額の財源不足を補てんするために地方交付税が増加され、平成11年度の歳入総額は104.0兆円となりました。平成13年度以降は、国が歳出抑制方針に転じる中で、公共投資の抑制に伴う地方債の減少や、三位一体の改革における地方交付税の減少があった一方、緩やかな景気回復に伴い地方税収は平成19年度には40.3兆円まで増加しました。平成20年のリーマンショックにより平成21年度以降地方税収が大幅に落ち込む中で、地方交付税の増額や大規模な経済対策に伴う国庫支出金の増加により、歳入全体も増加しました。平成24年度以降はアベノミクスによる景気回復に伴い地方税が再び増収に転じ、平成25年度以降は、歳入全体は101兆円程度で推移しています。

一般財源の比率の推移をみると、平成元年度は46.7%でしたが、平成3年度から50%台となり、平成12年度には58.9%となりました。その後、国の歳出抑制方針の下に地方交付税が抑制されたため平成15～16年度には52%台に低下し、リーマンショック時の平成21年度にも同様に低下しましたが、その後は、地方の安定的な財政運営に必要な一般財源総額を確保する方針の下、平成27年度以降は59%台で推移しています。

自治体の収入の構成比の推移をみると、地方税の構成比は、平成元年度には42.6%でしたが、バブル経済崩壊後は低下傾向になり、35%前後で推移しました。その後、三位一体の改革において、国から地方への税源移譲が行われたことなどにより、平成19年度には歳入総額の44.2%を占めるまで上昇しました。リーマンショックによる景気の悪化や、地方税の偏在是正措置による地方法人特別税の創設などに伴って低下していましたが、平成24年度から上昇に転じ、平成29年度には39.4%となっています。

地方交付税の構成比は、平成元年度の18.0%から低下傾向にありましたが、地方の巨額の財源不足を補てんするため、平成8年度から上昇し、平成12年度には21.7%となりました。しかし、平成13年度以降は、地方の財源不足の補てん方式の見直し（交付税特別会計の借入金方式を廃止し、臨時財政対策債を発行）や三位一体の改革における地方交付税の抑制の影響により低下に転じ、平成21年度には16.1%になりました。その後、リーマンショックによる景気の悪化を受けた地方交付税の増額などにより、平成22年度から上昇し平成23年度には

18.7%となりましたが、平成24年度以降は地方税収の増加に伴い地方交付税の比率は緩やかに低下し、平成29年度は16.5%となっています。

国庫支出金の構成比は、平成元年度の13.8%から公共投資の追加実施などに伴い平成11年度には15.8%まで上昇しましたが、平成15年度以降は、公共投資の抑制や三位一体の改革による国庫補助負担金の一般財源化などにより、平成19年度には11.2%まで低下しました。しかし、リーマンショックを受けた大規模な経済対策の実施などにより平成21年度には17.0%に急上昇し、その後も、高齢化に伴う社会保障関係費の増加などにより、15%前後で推移しており、平成29年度は15.3%となっています。

地方債の構成比は、平成元年度は7.5%でしたが、バブル経済崩壊後の景気対策として実施された公共投資の財源として地方債を増発したため、平成７年度には16.8%に上昇しました。平成13年度以降は、臨時財政対策債の発行により上昇に転じ、その後一旦低下したものの、平成20年度以降は、地方の財源不足を補てんするための臨時財政対策債の増加などにより再び上昇しました。平成24年度以降は、地方の財源不足額の縮小により臨時財政対策債の発行が減少したことなどにより低下傾向にあり、平成29年度は10.5%となっています。

コラム2-2　自治宝くじの歴史

宝くじは、「当せん金付証票法」に定められた47都道府県と20指定都市が発売します。発売団体は発売団体の議会の議決を経て、総務大臣に発売許可の申請を行い、総務大臣は議会の議決を受けた金額の範囲内で発売を許可します。我が国の宝くじの起源は、江戸時代に幕府が、寺社の修復費用調達手段として「富くじ」の発売を許したことに遡るといわれています。「宝くじ」という名前は、昭和20年10月に政府が第１回宝籤を発売したことに由来し、さらに戦災によって荒廃した地方自治体の復興資金調達をはかるため、各都道府県が独自で宝くじを発売できることとなり、昭和21年12月に地方宝くじ第１号「福井県復興宝籤」が登場しました。政府宝くじは昭和29年に廃止され、その後は地方自治体が発売する自治宝くじだけが残り、現在に至っています。

発売団体は、宝くじの発売などの事務を銀行などに委託しています。受託を受けた銀行などは、発売団体の定めた発売計画に従って、宝くじ券の作成、売り場への配送、広報宣伝、売りさばき、抽せん・当せん番号の発表、当せん金の支払いなどを行っています。

宝くじの収益金（販売総額のうち、当選金や経費などを除いた約40％）は、発売団体へ納付され、当該団体の貴重な自主財源として、高齢・少子化対策、防災対策、公園整備、教育及び社会福祉施設の建設改修などに活用されています。

宝くじの売上額は、平成17年度の約1.1兆円をピークに減少傾向にあり、売上げの減少に伴い発売団体に納められる収益金も、落ち込んでいます。売上げが減少している主な理由としては、若年層の購入者が落ち混んでいることがあります。宝くじは、多くのファンに支えられてきましたが、購入者は40歳台以上と高齢化しており、30歳台未満の若年層が購入しなくなっています。

発売団体から構成される全国自治宝くじ事務協議会では、売上回復に向けて様々な取組みを行っています。「ジャンボくじ」について、これまでは最高賞金額を引き上げてきましたが、賞金体系を見直し、「ミニ」「プチ」を併売するなど、高額当選金を狙うファンから少額でも当たる確率を重視する購買者まで、広いニーズに応えられるようにしています。さらに、ICT を活用した利便性の向上を図るとともに、若者を中心に新規購入者の獲得を図るため、平成30年度から、ジャンボ宝くじなどでインターネット販売を開始しました。

宝くじは、私たちに夢や楽しみを提供するとともに、その収益金は住民の身近な社会生活に幅広く活用されており、健全な娯楽として広く定着しています。今後とも国民の皆さんに宝くじを楽しんでいただけることが期待されます。

Chap. 3

地方税
――自治体収入の大黒柱

1 地方税――自治体収入の大黒柱

(1) 意義

地方税は、自治体が賦課徴収する租税です。**租税**とは、国または自治体がその課税権に基づいて、特別の給付に対する反対給付としてではなく、行政サービスの経費に充てるための資金を調達する目的をもって、一定の要件に該当する者に課する金銭給付をいいます。

自治体は、住民のニーズに対応して、福祉、教育、衛生、警察、消防などのサービスや、生活・産業を支える基盤となる道路、上下水道をはじめとする社会資本の整備など、住民生活に密接に関連する行政サービスを提供しています。地方税は、自治体がこのような行政サービスに要する経費に充てる財源を調達するため、条例に基づいて住民などから徴収するものです。地方税は“自治体の一員である住民が負担しあうもの”という意味において、自治会に会費を納めるようなものです。したがって、地方税は「**地域社会の会費**」としての性格を有するといわれます。

住民生活に密着した地方行政が、自治体とその住民の責任において、住民の負託に応えられるようにするためには、**納税者**が身近なところで税を納め、それがどう使われているのかをチェックしていくことが重要です。このことが、住民の行政に対する理解と関心を高め、また行政サービスの受益と負担の意識を高めることとなります。こうした意味において、地方税は地方自治を支える基盤です。地方分権や少子高齢化の進展の下、自治体の果たすべき役割が増大していく中で、それを支える地方税の役割もより一層重要です。

(2) 性格

地方税は、自治体が課税権に基づいて賦課徴収するものです。自治体が課税権を有する点で、課税権の主体が国である**国税**とは異なります。この点、地方譲与税（地方揮発油譲与税、石油ガス譲与税、自動車重量譲与税、航空機燃料譲与税、特別とん譲与税、地方法人特別譲与税、特別法人事業譲与税、森林環境譲与税）は、国税として賦課徴収されたうえで地方に譲与される税です。地方税とは異なりますが、地方固有の財源としての性格を有しており、課税の便宜上等の理由から徴収事務を国が代行しているものともいえます。一方、近年では、地方法人特別譲与税、特別法人事業譲与税、森林環境譲与税のように、国税であるものの自治体が徴収を行い、税収の全額が譲与される新しいタイプの地方譲与税も創設されています。

地方税は、特別の給付に対する反対給付としての性質を有しておらず、自治体がその住民から強制的に課するものです。特定の行政サービスの直接の受益者から徴収する手数料・使用料等の反対給付性を有する収入とは異なります。

地方税は、自治体の一般的経費に充てるために賦課徴収するものです。特定の行政サービスの対価として徴収するものではない点で、特定の事業の財源として徴収する受益者負担金とは異なり、また、国が特定の政策目的の実現のため、使途を定めて自治体に交付する国庫補助負担金とも異なります。もっとも、事業所税や都市計画税など目的税として、その税収を特定の経費に充てるものとされているものがありますが、能力や受益などに応じて一般的に課税される点において、地方税としての性格を失うものではありません。

(3)　地方税の分類

(ア)　普通税と目的税

普通税は、その使途を特定することなく一般の経費を支弁する目的をもって課税される租税であり、目的税は、特定の経費を支弁する目的を持って課される租税です。

目的税は、都市計画税、事業所税などがあり、単に使途が特定されているだけでなく支出目的と租税との間に受益者負担または原因者負担という形で関連性が認められるものが多くなっています。なお、従来地方の道路特定財源と位置付けられ、道路に関する経費に充てることとされてきた軽油引取税及び自動車取得税については、平成21年度の税制改正における道路特定財源の一般財源化に伴い使途制限が廃止され、目的税から普通税に改められています。

(イ)　直接税と間接税

直接税は、法律上の納税者と経済上の負担者が一致することが予定されている租税であり、**間接税**は、課税された税が製品等の価格を通じて実質的な負担者に移転すること（租税負担の転嫁）によって納税義務者から他の経済主体に税が帰着することが予定されている租税です。

直接税と間接税の区分は、転嫁の有無による課税方式による分類であり、租税負担の公平性や課税の中立性等の観点から、立法者が当該租税について転嫁を予定するかどうかで決定されます。

直接税と間接税の比率は、**直間比率**とよばれます。平成29年度決算ベースで、国税の直間比率は、直接税が57.8%、間接税が42.2%であるのに対して、地方税は、直接税が81.4%、間接税が18.6%となっており、直接税への依存度が国税よりも高い状況にあります。

(ウ)　法定税と法定外税

法定税は、地方税法にその税目が規定されている地方税であり、**法定外税**は、自治体が総務大臣と協議を行ったうえ、総務大臣の同意に基づき条例に基づいて課税する地方税です。

自治体は、地方税法で定められている法定税目のほか、別に税目を起こして、普通税又は目的税を課することができることとされています。平成12年の地方分権一括法による地方税法の一部改正において、**自治体の課税自主権**をより尊重する観点から、**法定外普通税**について従来の許可制度が廃止され、国の同意を要する事前協議制に改められるとともに、従来認められていなかった法定外目的税が創設されました。

(エ)　独立税と附加税

独立税は、国または自治体が他の租税と関係なく個別に課税する租税であり、**附加税**は、国や他の団体の課税した租税を基準としてそれに附加して課税する租税です。附加税の基準となる税を本税といいます。我が国では、戦後直後までは地方税の多くは国の附加税でしたが、シャウプ勧告に基づく昭和25年の税制改正により独立税主義が採用されたため、附加税は全廃されました。

図表3-1　国税と地方税の状況

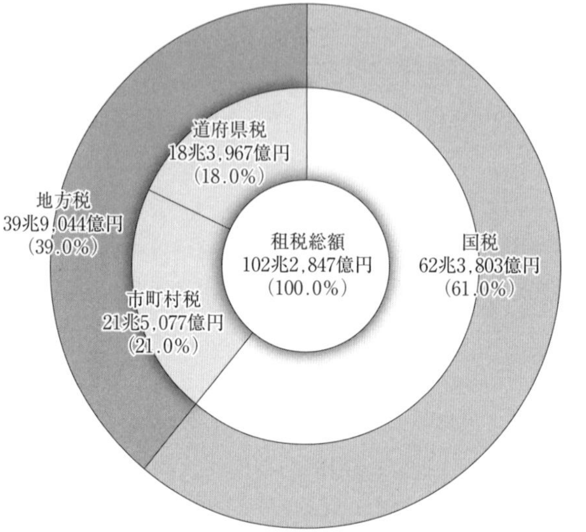

（注）東京都が徴収した市町村税相当額は、市町村税に含み、道府県税に含まない。

(4) 国税と地方税の推移

国税と地方税を合わせ租税として徴収された額は、平成29年度決算ベースで102兆2,847億円となっており、国税と地方税の別でみると、国税62兆3,803億円（租税総額に占める割合61.0%）、地方税39兆9,044億（同39.0%）となっています（図表Ⅲ-1）。

国税と地方税の税収の推移をみると、国税は、リーマンショック後の景気後退の影響により収入額が大きく減少しましたが、その後の景気回復や消費税率引上げに伴い税収が増加し、リーマンショック前を上回る状況になっています。地方税も、近年の景気回復等により税収が回復しています。地方税の一部を分離して創設された地方法人特別譲与税を合わせると、リーマンショック前を上回る水準になっています。

なお、国民所得に対する租税総額の割合である**租税負担率**をみると、25.3%となっています。主な諸外国の租税負担率をみると、アメリカ25.0%（2015暦年計数）、イギリス36.1%（同）、ドイツ31.1%（同）、フランス40.5%（同）と

図表3-2　国税と地方税の推移

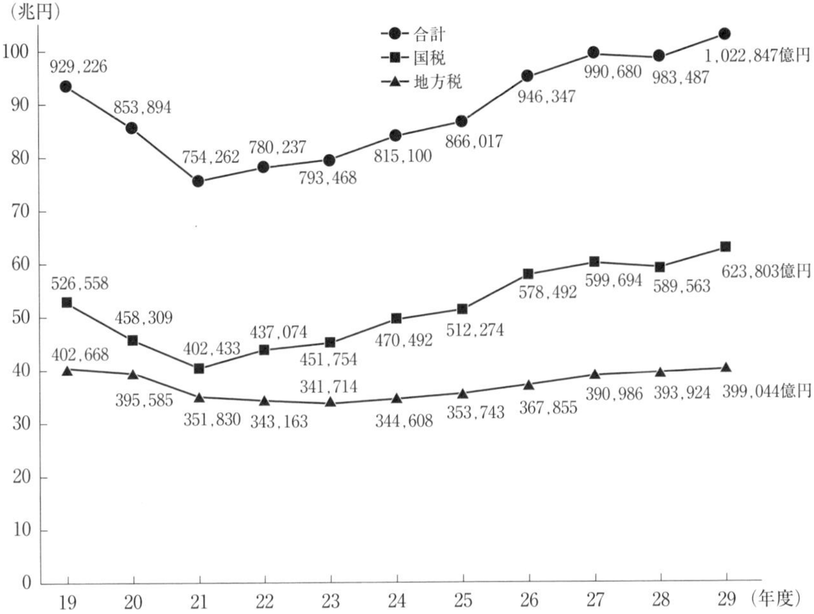

なっています。

2　地方税の基本原則

(1)　租税の役割

租税は、公共部門の支出を賄うための資金を調達するという本来の機能に加え、所得の再分配、資源の適正配分、景気の調整等の諸機能をも有しています。

所得再配分機能は、国民福祉国家の理念に基づき、市場経済を通じて配分された所得の格差（不公平）を是正する役割のことをいいます。所得再配分機能は、社会保障制度に基づく給付など歳出面によるものと、租税によるものとがあり、租税によるものとしては、累進課税制度や相続税がその役割を果たしています。

資源配分機能は、社会資本や公共サービスなどの公共財を提供する役割のことをいいます。国民生活に必要な財貨・サービスのなかには、外交、国防、警察、教育や公共投資など、市場経済における民間活動では供給できないもの、あるいは供給されても不十分なものあります。こうした公共財については、それを補うために公的部門による資源配分が求められ、租税は、そのための財源を資源配分に中立的に調達する役割を担っています。

景気調整機能は、政府支出や税負担を通じてマクロ経済面における総需要の水準を調整することをいい、経済安定化機能ともよばれます。景気状況に応じた財政規模の拡大・抑制、あるいは増減税政策などのフィスカル・ポリシー（裁量的景気調整政策）によるものが主です。また、累進的な課税制度や社会保障給付等は経済安定化を自動的に安定化させる機能（ビルト・イン・スタビライザー）を有しているとされます。

⑵　租税の基本原則

㋐　租税原則

租税一般の負担原理の理念、あるいは税制の準拠すべき一般的基準として「**租税原則**」が論じられてきました。

代表的なものが、イギリスの**アダム・スミス**が「国富論」の中で「**公平の原則**」、「**明確の原則**」、「**便宜の原則**」及び「**最小徴税費の原則**」の４原則を挙げています。また、ドイツのアドルフ・ワグナーは「財政学」において、「財政政策上の原則（課税の十分性、課税の弾力性）」、「国民経済上の原則（正しい税源の選択、正しい税種の選択）」、「公正の原則（課税の普遍性、課税の公平）」及び「税務行政上の原則（課税の明確性、課税の便宜性、最小徴税費への努力）」を挙げています。

㋑　租税法律主義

憲法第84条は、「あらたに租税を課し、又は現行の租税を変更するには、法律又は法律の定める条件によることを必要とする」して、租税法律主義を明示しています。租税法律主義は、民主主義国家にあって、国家の維持及び活動に必要な経費は、主権者たる国民が共同の費用として代表者を通じて定めるところにより自ら負担すべきものであるという理念に基づくものです。

地方税の賦課徴収については、自治体の条例と**租税法律主義**との関係が問題となります。これについては、憲法第92条で保障する自治体の行政を執行する機能には、自主的に財政を運営する権能も含まれるものであり、また、憲法第84条の租税法律主義の趣旨は、一方的・強制的に賦課徴収する租税を、行政権が法律に基づかずに恣意的に賦課徴収することを防止することにあることから、自治体の条例は法律に準ずるものとして、憲法第84条の「法律」に含まれると解されています。

(ウ)　租税公平主義

租税公平主義は、租税は各人の**担税力**（租税負担能力）に応じて公平に負担されるべきという原則と、租税に関して全ての国民は平等に扱われるべきという原則の２つからなります。租税公平主義は、憲法第14条第１項の保障する法の下の平等原則からの要請です。

担税力に応じた税負担の公平は、担税力の基準（所得、資産、消費など）に応じた各種の租税を組み合わせることや、各種の税制手法（累進税率、控除など）を用いることによって図られています。また、水平的公平負担の原則（同一の担税力を持つ者には、同一の額の租税を負担すべきであるとする考え）はもとより、垂直的公平負担の原則（所得課税における累進的な負担を求めることなど、担税力の異なる者は異なる額の租税を負担するべきであるとする考え）も考慮する必要があるとされています。

(エ)　地方税の基本原則

地方税も、租税一般の原理としての租税原則が妥当します。さらに、自治体は、一定の地域と住民とそこに生まれる共同体意識に根ざした地域社会を基礎として、住民福祉の増進を図るため、地域における行政を自主的かつ総合的に実施する役割を担う主体であることにかんがみ、地方税に特に必要とされる原則が存在します。

(a)　収入が十分なものであり、かつ普遍性があること

地方税を自治体の歳入の中心とすることによって、自治体の行政活動に対する財政的責任が住民に帰着することとなり、受益と負担の意識を通じて自己規律を発揮することが期待されます。このため、収入を十分に上げうる税が地方税に含まれていなければならず、かつ、自治体ごとに十分な収入を上げうる普遍的な地方税が必要です。

(b)　収入に安定性と伸張性があること

自治体の行政経費には、その事務の性質上、経常的なものが多く、また、小規模な団体も多く存在することから、地方税とりわけ市町村税は、年度ごとにその収入額が急激に増減せず安定的に収入りされるものが必要です。さらに、住民に身近な行政を自主的かつ総合的に担う自治体の役割は増大の一途であることから、それを賄う地方税は安定性とともに伸張性を有することが求められます。

(c)　負担を分かち合うこと（負担分任性）

住民が自治体の行政経費を負担し合うことは地方自治の基本として欠くことができない原理であり、広く一般住民が自治体の行政経費を分担する地方税制が必要です。

(d)　自治体の行政サービスと関連性（応益性）があること

住民サービスの提供により住民が何らかの利益を受けるのが通常であり、その意味において、地方税は受益に応じて負担される面があることが必要です。また、固定資産税のように自治体ごとに課税権が分別されやすいものであることも同時に必要です。

3　自治体の課税権

(1)　自治体の課税権

自治体の課税権、すなわち地方税を賦課徴収できる権能は、憲法、地方自治法及び地方税法に明示されています。すなわち、**憲法第94条**は、「地方公共団体は、その財産を管理し、事務を処理し、及び行政を執行する権能を有し、法律の範囲内で条例を制定することができる」と規定し、地方自治法第223条は、「普通地方公共団体は、法律の定めるところにより、地方税を賦課徴収することができる」と規定し、地方税法第２条は、「自治体は、この法律の定めるところによつて、地方税を賦課徴収することができる」と規定しています。その上で、地方税法第３条第１項は、「地方公共団体は、その地方税の税目、課税客体、課税標準、税率その他賦課徴収について定めをするには、当該地方公共団体の条例によらなければならない」と規定し、地方税条例主義を定めています。

(2)　地方税法と条例の関係

地方税法は、地方税の基本的な枠組みを定めていますが、それ自体が完結的に住民に納税義務を発生させるものでなく、地方税法の枠内で定められる条例の規定によってはじめて具体的な納税義務などが発生する仕組みとなっています。これは、国民の総合的な税負担や、国と地方の役割分担に応じた適切な税源配分を考慮して租税体系を組み立てる必要があり、また、自治体相互の課税権の調整やその賦課徴収の手続などを明確にしておく必要があることを踏まえ、地方税法においては、自治体の自主性を尊重しつつ、自治体の賦課徴収できる税目、税率その他の手続など、地方税制に関する基本となるべき事項の大枠を定めています。その上で、各自治体は地方税法が定める規程の枠内で条例を制定して、地方税の賦課徴収を行うこととしています。このため、地方税法は「枠法」としての性格を持つといわれます。

4　地方税の体系

(1)　総説

明治時代の我が国の地方税制は、地租、家屋税及び営業税を基本とし、その他小売商など対象とする雑種税を府県税として課するという体系によっていました。戦後、地方自治制度の整備や**シャウプ勧告**を踏まえた地方財源の強化にはじまり、**地方分権改革**、**社会保障と税の一体改革**などを経て、現行の地方税の体系は、多様な税から成り立つ、いわゆる**タックスミックス**の仕組みとなっています（**図表3-3**）。

地方税は、**道府県税**と**市町村税**に区分されます。道府県税と市町村税の配分については、住民に身近な行政サービスを提供する基礎的自治体である市町村と、市町村を包括する広域的な自治体である都道府県の位置付けに鑑み、例えば、事業税は、納税者たる各事業者に受益を与える大規模な公共施設などの整備は主に道府県が担うものであり、その応益関係も広域にわたることから、道府県税とされています。これに対して、固定資産税は、広く土地、家屋、償却資産などの所有者を納税者とし、その応益関係は地域的にみて比較的限定され

図表3-3　地方税の体系

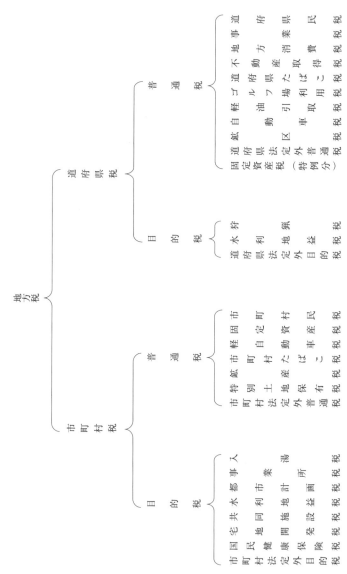

- 地方税
  - 市町村税
    - 目的税
      - 市町村法定外目的税
      - 国民健康保険税
      - 宅地開発税
      - 共同施設税
      - 水利地益税
      - 都市計画税
      - 事業所税
      - 入湯税
    - 普通税
      - 市町村法定外普通税
      - 特別土地保有税
      - 鉱産税
      - 市町村たばこ税
      - 軽自動車税
      - 固定資産税
      - 市町村民税
  - 道府県税
    - 目的税
      - 道府県法定外目的税
      - 水利地益税
      - 狩猟税
    - 普通税
      - 固定資産税（特例分）
      - 道府県法定外普通税
      - 鉱区税
      - 自動車税
      - 軽油引取税
      - ゴルフ場利用税
      - 道府県たばこ税
      - 不動産取得税
      - 地方消費税
      - 事業税
      - 道府県民税

（注）1　普通税：その収入の使途を特定せず、一般経費に充てるために課される税。普通税のうち、地方税法により税目が法定されているものを法定普通税といい、それ以外のもので地方団体が一定の手続、要件に従い課するものを法定外普通税という。

2　目的税：特定の費用に充てるために課される税。目的税のうち、地方税法により税目が法定されているものを法定目的税といい、それ以外のもので地方団体が一定の手続、要件に従い課するものを法定外目的税という。

たものであることから、大規模な償却資産に係るものを除き、市町村民税とされています。同様に、自動車税はその移動性などから道府県税とされる一方、軽自動車税は市町村税とされています。

また、法律で定める税（**法定税**）のほかに、**法定外税**（法定外普通税と法定外目的税）が設けられてます。

⑵ 道府県税

道府県税は、**直接税**である道府県民税、事業税、自動車税、固定資産税（特例分）、狩猟税、鉱区税及び水利地益税と、**間接税**である地方消費税、不動産取得税、道府県たばこ税、自動車取得税、軽油引取税及びゴルフ場利用税です。

地方税法は、**普通税**である道府県民税、事業税、地方消費税、不動産取得税、道府県たばこ税、ゴルフ場利用税、自動車取得税、軽油引取税、自動車税、鉱区税については、徴収に要すべき経費が徴収すべき税額に比して多額であると認められるものその他特別の事情がない限り、徴収するものとしています。目的税のうち狩猟税は課税が義務とされていますが、水利地益税は**任意課税**です。

道府県税の収入額は、平成29年度決算ベースで18兆3,967億円となっており、うち道府県民税が６兆1,381億円で道府県税総額の33.4％と最も大きな割合を占め、事業税が４兆1,939億円で道府県税総額の22.8％、地方消費税が４兆7,353億円で道府県総額の25.7％を占めており、これら三つの税で道府県税総額の約８割（81.9％）を占めています。このため、道府県民税、事業税及び地方消費税が基幹税とされています。また、法人関係二税（道府県民税の法人分及び法人事業税）は４兆7,538億円で、道府県税総額に占める割合は25.8％となっています。

道府県民税のうち、個人に対して課するもの（**道府県個人住民税**）は、地域社会の費用を住民が広く分担するという負担分任の原則に基づき課されるものであり、地方分権を支える重要な役割を果たしています。**三位一体の改革**においては、地方分権推進の観点から、平成18年度の税制改正により、国（所得税）から地方（個人住民税）へ３兆円規模の税源が移譲されるとともに、個人住民税の10％比例税率化（道府県個人住民税４％、市町村個人住民税６％）が行われました。

図表3-4　道府県税収入額の状況

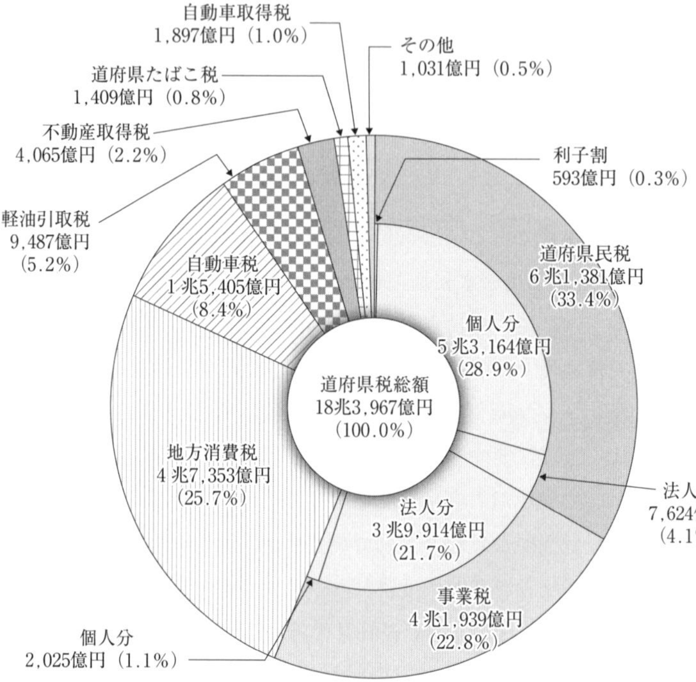

なお、東京都は、特別区の区域においては、道府県税のほか、市町村民税（法人に係るものに限る）、固定資産税、特別土地保有税、事業所税、都市計画税並びに法定外普通税及び法定外目的税を課するものとされています。したがって、道府県税の収入額は、都道府県の地方税の決算額から東京都が徴収したこれらの市町村税相当額を除いた額となります。

(3)　市町村税

市町村民税は、**直接税**である市町村民税、固定資産税、都市計画税、軽自動車税、事業所税、特別土地保有税、鉱産税、水利地益税、共同施設税及び宅地開発税と、**間接税**である市町村たばこ税及び入湯税です。市町村税の収入額は、市町村の地方税の決算額に東京都が徴収した市町村税相当額を加えた額となります。

図表3-5　道府県税収入額の推移

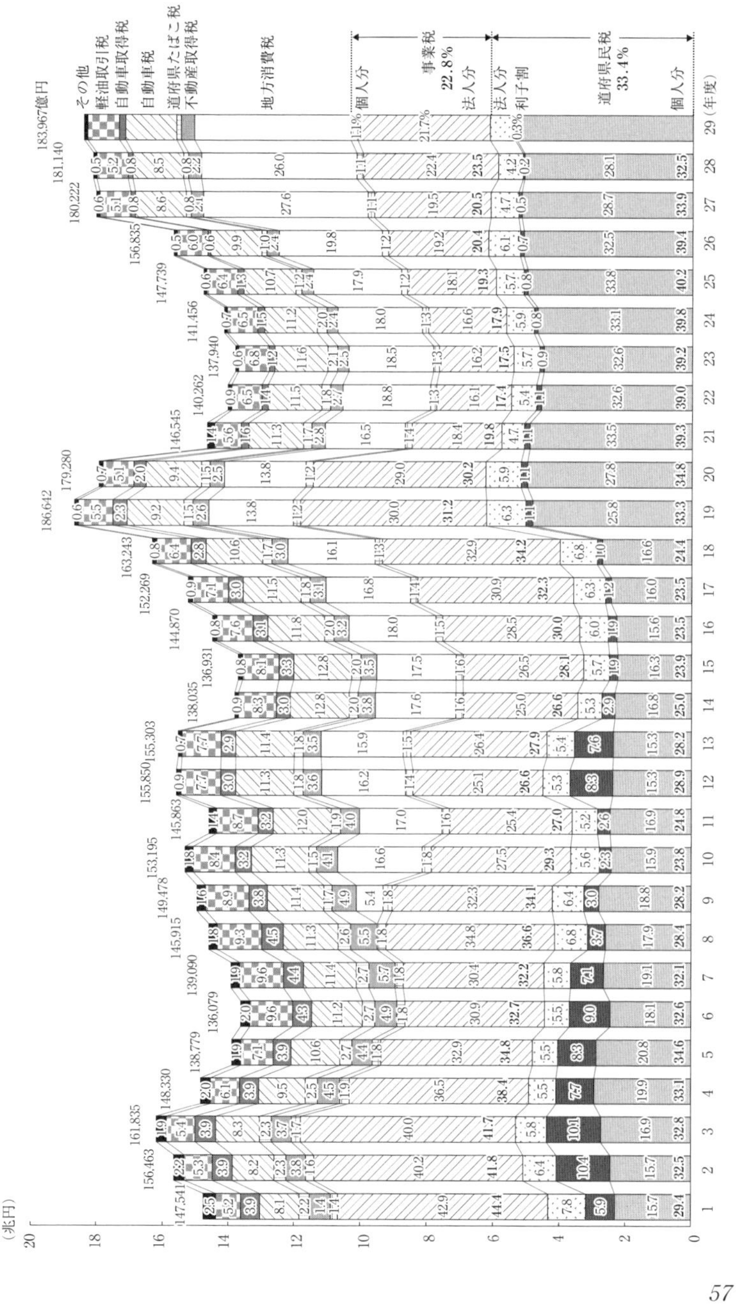

（注）　太字の数値は、事業税及び道府県民税の構成比である。

図表3-6　市町村税収入額の状況

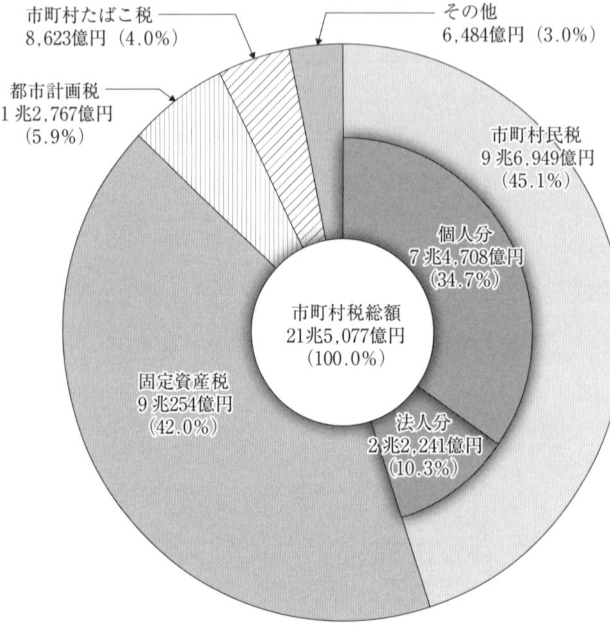

普通税のうち、市町村民税、固定資産税、軽自動車税、市町村たばこ税、鉱産税、特別土地保有税は、課税が義務となっています。**目的税**のうち、都市計画税、水利地益税、共同施設税、宅地開発税、国民健康保険税については市町村が課することができるとされている一方、入湯税は鉱泉浴場所在の市町村が、事業所税は人口30万人以上の市のうち政令で指定する市が、それぞれ課するものとされています。また、国民健康保険の負担は、本来、医療保険の保険料としての性格を持つものですが、市町村の選択により、保険料の形式を採る以外に、徴収上の便宜として**国民健康保険税**を徴収することができるとされています。なお、特別土地保有税は、平成15年度改正により、課税が停止されています。

市町村民税の収入額は、平成29年度決算ベースで21兆5,077億円となっており、うち市町村民税が9兆6,949億円で市町村税総額の45.1%と最も大きな割合を占め、次いで固定資産税が9兆254億円で市町村税総額の42.0%を占めて

図表3-7　市町村民税収入額の推移

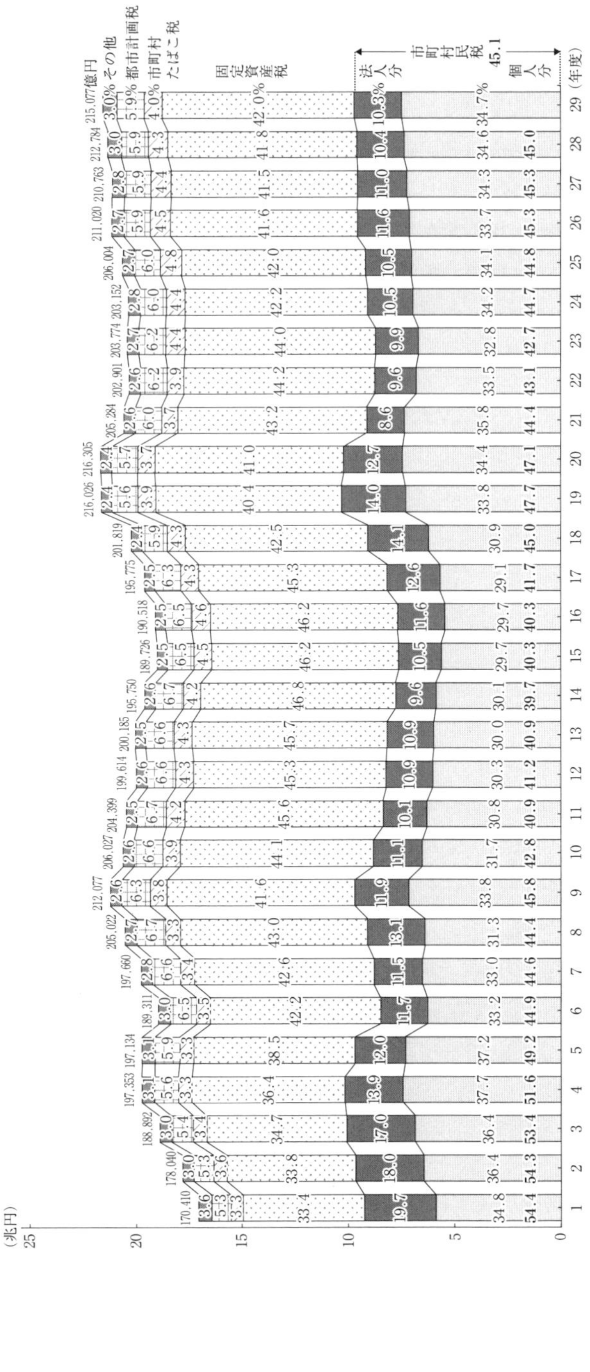

（注）　太字の数値は、市町村民税の構成比である。

おり、これら二税で市町村税総額の約９割（87.1％）を占めています。このため、市町村民税と固定資産税が基幹税とされています。

市町村民税のうち個人に対して課するもの（**市町村個人住民税**）についても、道府県個人住民税と同様に、負担分任の原則に基づき課されるものであり、地方分権を支える基幹税として重要な役割を果たしており、三位一体の改革における税源移譲により拡充がなされました。

固定資産税は、税源の偏在も小さく、税収入が安定していることから、市町村民税とともに地方分権を支える基幹税として重要な役割を果たしていますが、大規模償却資産については、財源の極度の偏在を避けるため、当該市町村の普通交付税算定上の基準財政需要額等を基準として定められる課税限度額を超える部分について、道府県が固定資産税を課することとされています。

5　地方税の税率

(1)　原則

地方税制は、地方税法がその基本的な枠組みを定めていますが、それ自体が完結的に住民に納税義務を発生させるものでなく、地方税法の枠内で定められる条例の規定によってはじめて具体的な納税義務などが発生する仕組みとなっています。

すなわち、地方自治の本旨からすると、自治体が課する税の内容や方法は、自治体の住民の意思に委ねられるべきものですが、国民の総合的な税負担や国と地方の役割分担に応じた適切な税源配分を考慮して租税体系を構築する必要があり、また、自治体相互の課税権の調整やその賦課徴収の手続等を明確にしておく必要があります。このため、地方税法は、自治体の自主性を尊重しつつ、自治体の賦課徴収できる税目、税率その他の手続等、地方税制に関する基本となるべき事項の大枠を定め、自治体は、地方税法が定める規定の枠内で条例を制定して、地方税の賦課徴収を行うこととしています。

地方税の税率についても、自治体が条例で定めるものですが、国民全体としての租税負担の調整、国の経済政策、財政調整制度との関連等の観点から、地方税法は税率の設定に関して標準税率、制限税率及び一定税率の３つの方式を定めています。また、特定の税目については税率を特に定めず自治体が任意に定めるもの（任意税率）としています。

⑵　税率の設定方式

㈠　標準税率

標準税率は、自治体が課税する場合に通常よるべき税率で、その財政上その他の必要があると認める場合においては、これによることを要しない税率をいいます。

標準税率は、国税・地方税を通じる国民全体としての租税負担水準や、国・地方間の財源配分の状況などを勘案して設けられた税率です。標準税率は、総務大臣が地方交付税の額を定める際に基準財政収入額の算定の基礎として用いる税率となります。

標準税率を定めている税目は、個人住民税の均等割・所得割、法人住民税の法人税割・均等割、個人事業税、法人事業税、不動産取得税、ゴルフ場利用税、自動車税（令和元年10月１日以後は種別割）、固定資産税、軽自動車税（令和元年10月１日以後は種別割）、入湯税、鉱産税です。

㈡　制限税率

制限税率は、自治体が課税する場合に超えてはならないものとして法定されている税率です。標準税率が定められている税について、これを超える税率で課税することを超過課税といい、制限税率は超過課税をする場合の上限の税率となります。

制限税率を採用している税目は、法人道府県民税の法人税割、個人事業税、法人事業税、ゴルフ場利用税、自動車税（令和元年10月１日以後は種別割）、法人市町村民税の法人税割・均等割、軽自動車税（令和元年10月１日以後は種別割）、鉱産税、都市計画税です。制限税率は、標準税率に対応して設定されるのが一般的であり、各税目の事情を勘案しながら標準税率のおおむね1.1倍から1.5倍の範囲で定められています。なお、都市計画税は、制限税率のみが定められています。

㈢　一定税率

一定税率は、自治体が課税する場合にこれ以外の税率によることを許さないものとして法定されている税率です。

一定税率を採用している税目は、道府県民税の利子割・配当割・株式等譲渡所得割、地方消費税、道府県たばこ税、自動車取得税（令和元年10月１日以降は自動車税・軽自動車税の環境性能割）、軽油引取税、市町村たばこ税、鉱区税、狩猟税、特別土地保有税（平成15年度以降、当分の間、課税停止）、事業所税です。一定税率が採用されている税目は、異なる税率を採用するとその経済的効果が団体の区域を超えてしまうおそれのあるものや、政策税制のように全国レベルで均一な施策効果をもたらすことを目的とした税です。

㈡　任意税率

任意税率とは、地方税法上税率について定めをしておらず、税率の設定を各自治体の条例の定めに委ねているものです。任意税率を採用している税目は、水利地益税、共同施設税、宅地開発税です。

6　地方税の種類

⑴　道府県税

㈠　道府県民税

(a)　個人

道府県民税（個人）は、道府県（東京都を含む）が住所や事務所を有する個人に対して課する税で、均等割、所得割、利子割、配当割と株式等譲渡所得割があります。道府県民税と市町村（特別区を含む）が個人に対して課する**市町村民税**とあわせて**個人住民税**といいます。

均等割は均等の額によって、所得割は所得によって、利子割は支払いを受けるべき利子等の額によって、配当割は支払いを受けるべき特定配当等の額によって、株式等譲渡所得割は特定株式等譲渡所得金額によって、それぞれ課税されます。なお、**均等割**と**所得割**の**賦課徴収**は、道府県民税と市町村民税を合わせて原則として市町村が行うこととされています。

個人住民税は、自治体が提供する行政サービスに要する経費を住民が広く負担しあうと負担分任を旨とする税であり、いわば地域社会の会費的な性格を有する税です。個人住民税の均等割は、非課税に該当するものを除いて、所得の額にかかわらず均等の額によって税の負担を求めるものであり、負担分任性を顕著に表しています。また、所得割は、所得に応じて応能的に税負担を求めようとするものですが、平成18年度税制改正により、それまでの超過累進税率から、10%比例税率（道府県民税４%、市町村民税６%）にフラット化されことによって、負担分任性・応益性がより明確になりました。個人住民税は、道府県にあっては事業税とともに、市町村にあっては固定資産税とともに地方税の基幹となる税目です。

個人住民税所得割と所得税は、ともに所得を基礎として課される税である点で共通していますが、所得税では**所得再配分機能**を強く有するのに対し、個人住民税は、地域社会の費用を住民がその能力に応じつつ広く負担するという性格を持っている税であることにかんがみ、所得税に比較してより広い範囲の納税義務者がその負担を分かち合うことが望ましいと考えられています。例えば、**個人住民税所得割**の課税最低限の方が所得税のそれよりも低くなっています。また、所得税は課税の当該年の所得を課税対象としている（現年課税）のに対して、個人住民税所得割は前年の所得に対して税額が算定されるという違いがあります。

均等割の標準税率は、地方税法の本則上では年額1,000円となっていますが、東日本大震災からの復興財源を確保するため、平成26年度から令和５年度までの間は、500円を加算し、年額1,500円となっています。**所得割の標準税率**は、４%（政令市に住所を有する場合は２%）となっています。なお、退職所得に対しては他の所得と分離して課税（４%）されます。

(b)　法人

道府県民税（法人）は、国内に事務所、事業所などを有する法人などに課する税で、**均等割**と**法人税割**があります。道府県民税（法人）と市町村が法人に対して課する市町村民税（法人）とあわせて法人住民税といいます。**法人住民税**は、法人事業税とともに法人所得課税に区分され、地方法人二税と呼ばれます。

均等割は均等の額によって、法人税割は法人税額を課税標準として、それぞれ課税されます。

図表3-8　市町村税の概要

税目	納税義務者	課税客体	課税標準	税率	収入見込額（R1）
市町村民税 （直）	市町村内に住所を有する個人、市町村内に事務所等を有する法人等	左に同じ	均等割（個人、法人）… 定額課税	個人…3,000円 （ただし、平成26年度から令和５年度まで3,500円） 法人…５万円～300万円	億円 （構成比） 個人均等割… 2,220 所　得　割…80,015 法人均等割… 4,235 法 人 税 割…16,114 計　102,584 （46.1）
			所得割（個人）… 前年の所得	6/100（指定都市に住所を有する場合には、8/100） （分離課税が適用される所得に係る特例あり）	
			法人税割（法人）… 法人税額又は個別帰属法人税額	9.7/100（6.0/100） ※()内の税率は、令和元年10月１日以後に開始する事業年度から適用	
固定資産税 （直）	固定資産の所有者	固定資産（土地、家屋、償却資産）	価格	1.4/100	91,593 （41.1）
軽自動車税 （直）	軽自動車等の所有者	原動機付自転車、軽自動車、小型特殊自動車及び二輪の小型自動車	種別割（令和元年10月１日～） ※令和元年９月30日まで軽自動車税	例４輪以上の自家用軽乗用車 …年額10,800円 （ただし、平成27年３月31日以前に初めて車両番号の指定を受けたものについては、年額7,200円を適用）	2,668 （1.2）
			環境性能割（令和元年10月１日～）	例自家用乗用車 電気自動車等、2020年度基準＋10％達成…非課税 2020度基準達成…1/100（非課税） 2015年度基準＋10％達成、 上記以外…2/100（1/100） ※（　）内の税率は、令和元年10月１日から、令和２年９月30日までの間に取得した場合に適用	31 （0.0）
市町村たばこ税（間）	卸売販売業者等	売渡し等に係る製造たばこ	製造たばこの本数	（平成30年10月１日～令和２年９月30日） 1,000本につき5,692円旧３級品は、1,000本につき4,000円 （令和元年10月１日以降）旧３級品は、1,000本につき5,692円 ただし、旧３級品の特例税率は４段階で縮減・廃止等 （平成28年４月１日から令和元年10月１日）	8,745 （3.9）
鉱産税 （直）	鉱業者	鉱物の掘採の事業	鉱物の価格	1/100（標準税率）	17 （0.0）
特別土地保有税（直）	土地の所有者又は取得者	土地の所有又は取得	土地の取得価額	土地に対する課税1.4/100土地の取得に対する課税	2 （0.0）
		（※平成15年度以降は新たな課税は行っていない。）3/100			
入湯税 （間）	入湯客	鉱泉浴場における入湯行為	入湯客数	１人１日につき150円	224 （0.1）
事業所税 （直）	事業所等において事業を行う者	事業	資産割…事業所床面積	１㎡につき600円	3,791 （1.7）
			従業者割… 従業者給与総額	0.25/100	
都市計画税 （直）	市街化区域等内に所在する土地、家屋の所有者	土地、家屋	価格	0.3/100（制限税率）	13,130 （5.9）
水利地益税 （直）	水利に関する事業等により特に利益を受ける者	土地、家屋	価格又は面積	任意税率	0 （0.0）
共同施設税 （直）	共同施設により特に利益を受ける者	共同施設により特に利益を受けた事実	共同施設の利益状況を考慮して市町村が条例で定める	任意税率	－ （－）
宅地開発税 （直）	権原により宅地開発を行う者	市街化区域において行われる宅地開発	宅地の面積	任意税率	－ （－）
					市町村税計 222,606 （100.0）

（注）１．税目の欄中、（直）は直接税、（間）は間接税等である。
　　　２．収入見込額（R1）は、令和元年度地方財政計画における収入見込額である。
　　　３．固定資産税には国有資産等所在市町村交付金を含む。
　　　４．表中の税率等は、令和元年度税制改正によるものを含む。
　　　５．上記のほか、東日本大震災による減免等に伴う減収を179億円と見込んでいる。

法人住民税は、地域社会の費用について、その構成員である法人にも個人と同様に幅広く負担を求めるために課されるものです。ただし、法人住民税の法人税割は、法人の事業所または事務所の従業員数に応じて、道府県及び市町村に分割して納付する仕組みとなっています。また、法人住民税の徴収は、納税義務者たる法人などが自己の課税標準額及び税額を算出して申告し、その税額を納付する申告納付方式であり、申告納付の方法や期限は、法人税に準じています。

道府県民税（法人）の税率は、均等割については、資本金などの額に応じて２万円から80万円までの標準税率が定められています。また、法人税割は、法人税額の3.2%（令和元年10月１日以後に開始する事業年度からは1.0%）が標準税率となっており、制限税率が4.2%（同2.0%）となっています。

(イ)　事業税

(a)　個人

事業税は、法人又は個人が事業活動を行うに当たって自治体の行政サービスの提供を受けることから、これらに必要な経費を分担すべきとの考え方に基づいて、事業を営む法人及び個人に対し課する道府県税です。事業税は、個人が行う事業税に対して課する**個人事業税**と、法人が行う事業に対して課する**法人事業税**があります。

個人事業税は、個人の行う事業に対し、所得を課税標準として事務所又は事業所が所在する道府県が課税します。

個人住民税の税率は、事業の種類に応じて３%から５%が標準税率となっており、制限税率（標準税率の1.1倍）が設けられています。

(b)　法人

法人事業税は、事務所等を有する法人に、その事務所等が所在する都道府県が課税します。法人事業税は、付加価値割、資本割、所得割、収入割があり、資本金の額が１億円超の法人については付加価値割額、資本割額及び所得割額の合算額を、資本金の額の額が１億円以下の法人等については所得割額を、電気供給業、ガス供給業及び保険業については収入割額を課税標準として、事務所又は事業所所在の道府県が課税します。

事業税の系譜は、昭和22年の税制改正により、国税であった営業税が地方に移譲され、昭和23年に事業税に改称されたことに遡ります。シャウプ勧告を基礎とした昭和25年の税制改正では道府県税の基幹税として附加価値税が創設されましたが、昭和29年に廃止され、暫定的に存続されていた事業税と特別所得税が統合され、法人事業税となりました。しかし、法人事業税は所得を課税標準としてきたため、景気の変動を受けやすく、好況時には税収が大きく伸びる反面、不況時には著しく落ち込む傾向にありました。また、大規模な法人はその事業活動の規模に見合った応分の負担がなされていないとの指摘がありました。このため、法人事業税について、応益課税としての性格の明確化、道府県の税収の安定的確保等の観点から、平成16年度税制改正により、所得に加え付加価値も課税標準とする外形標準課税が導入されています。

法人事業税の課税標準及び税率は、法人の区分に応じて定められており、例えば、資本金１億円超の普通法人では、付加価値割は付加価値額の1.2%、資本割は資本金等の額の0.5%、所得割は所得金額に応じて0.3%から0.7%（令和元年10月１日以後に開始する事業年度からは0.4%から1.0%）となっています。

なお、複数の道府県において事務所や事業所を設けて事業を行う法人については、関係道府県の課税権が競合するため、その事業に係る課税標準額の総額を一定の基準によって関係道府県に分割し、その分割した額を課税標準として、関係道府県ごとに法人事業税額を算定します。この課税標準額の総額を分割するための基準を「分割基準」といいます。

(ウ)　地方消費税

地方消費税は、事業者が販売する商品やサービスなどに対して道府県が課税します。地方消費税には、譲渡割と貨物割があり、譲渡割は課税資産の譲渡等に係る消費税額を課税標準とし、貨物割は保税地域から引き取られる課税貨物に係る消費税額を課税標準とします。

消費課税については、租税負担の公平や高齢化社会における歳入構造の安定化などの観点から、昭和63年に税制改革関連法が成立し、平成元年４月に消費全般に広く薄く負担を求める消費税が導入されました。しかし、地方税制では、消費税が創設されたことに伴い、地方間接税（電気税、ガス税、木材引取税など）

が整理されるとともに、地方財源は消費譲与税として譲与税方式で確保されることとなりました。その後、地方分権の推進を図るため、また、高齢社会における自治体の役割の増大に対応するため、地方税源の充実強化が大きな課題となり、平成6年の税制改革において、平成9年度から、消費税の税率を3％から4％に引き上げると同時に、消費譲与税に代えて、平成9年度から新たな地方税として、地方消費税が道府県税として創設されました。

地方消費税は、消費税率に換算して1％に相当する税率とされ、その賦課徴収は、当分の間、国が消費税の賦課徴収の例により、消費税の賦課徴収と併せて行うものとされました。また、都道府県は市町村の財政基盤の充実のため、地方消費税に係る収入の一定割合を市町村に交付することとされました。

さらに、社会保障の安定財源の確保などを図るため、平成24年の税制抜本改革により、消費税・地方消費税の税率を順次引き上げることとなりました。この結果、平成26年4月1日以降の消費税率8％への引上げ時には、地方消費税は消費税（6.3%）の63分の17（消費税率1.7％相当）、令和元年10月1日以降の消費税率10％への引上げ以降は、消費税率（7.8%）の78分の22（消費税率2.2％相当）となっています。また、引上げ分の地方消費税収入（市町村交付金分を含む）については、社会保障4経費その他社会保障施策に要する経費に充てるものとされました。

なお、国から各都道府県に払い込まれた地方消費税は、納税地所在の都道府県に所在する税務署または税関にいったん納付され、国から各都道府県に払い込まれるため、都道府県間において、消費に相当する額に応じて清算を行い、最終的に消費行為が行われる都道府県に税額を帰属させます。都道府県間の清算を行うための基準を「清算基準」といいます。

(エ)　不動産取得税

不動産取得税は、土地または家屋の取得時に、不動産の価格を課税標準として、その不動産が所在する道府県において、その取得者に課する道府県税です。

不動産取得税は、土地又は家屋の所有権が移転する場合またはこれらの権利を原始取得した場合に課する税であって、財貨の移転という事実に基づいて課税される流通税の一種です。

不動産取得税は、昭和15年の地方税制改正により府県の法定普通税として不動産取得税が設けられたことに起源を有します。戦後、シャウプ勧告に基づく昭和25年の税制改正における固定資産税の創設に伴い、不動産取得税は一旦は廃止されましたが、昭和29年の税制改正において、固定資産税の税率を引き下げるとともに、道府県が不動産取得税を課することとされ、現在に至っています。不動産取得税は、所得課税などを補完する税として、都道府県財政を支える主要税目となっています。

不動産取得税の課税標準である不動産の価格は、適正な時価であり、固定資産税の課税標準とされる価格と原則として同じです。ただし、家屋の改築をもって家屋の取得とみなした場合に課される不動産取得税の課税標準は、改築により増加した価格となります。

住宅の取得に対する不動産取得税については、我が国の住宅事情等を勘案して、課税標準の特例措置が講じられており、住宅用地の取得に対する不動産取得税については、税額の減額措置が講じられています。このため、平均的な一戸建て住宅や住宅用地の取得については実質的に非課税となっています。

不動産取得税の標準税率が４％と定められていますが、土地の有効利用に資する観点から、令和２年度末までの間に行われた住宅及び土地の取得については３％とされています。

㈴　道府県たばこ税

道府県たばこ税は、製造たばこの消費に対して、道府県が課税する消費税です。道府県たばこ税と市町村たばこ税をあわせて地方のたばこ税と総称します。

現在、たばこについては、消費税のほかに、国のたばこ税、たばこ特別税そして地方のたばこ税が課税されます。地方のたばこ税は、卸売販売業者等がたばこを小売販売業者に売り渡す場合において、そのたばこに対し、その小売販売業者の営業所が所在する道府県及び市町村において、その卸売販売業者等を納税義務者として課税されます。法律上の納税義務者は、製造たばこの卸売販売業者などですが、その実質上の納税者としては、たばこの消費者を予定しています。

たばこの販売については、明治31年に専売制度が創設されて以来、製造たばこは国が専売権を持ち、その売上げは国の収入とされてきましが、昭和29年に、地方の自主財源の増強を図ることなどを目的として、道府県たばこ消費税と市町村たばこ消費税が設けられました。昭和60年度のたばこ専売制度の廃止に伴い、国税において、たばこ消費税制度が創設されるとともに、平成元年度の消費税の創設に伴い、道府県たばこ税と市町村たばこ税と名称を改められ、地方の貴重な自主財源となっています。

道府県たばこ税の課税標準は、売渡しなどに係る製造たばこの本数であり、税率は、紙巻きたばこが1,000本につき930円などの一定税率となっています。

(カ)　ゴルフ場利用税

ゴルフ場利用税は、ゴルフ場の利用に対し、利用の日ごとに定額によって、そのゴルフ場が所在する道府県において、その利用者に課税する道府県税です。

ゴルフ場はアクセス道路や上下水道の整備、廃棄物処理、防災対策など自治体の行政サービスを受けており、これらの行政サービスの受益はゴルフ場利用者が享受していることや、ゴルフ場を利用する行為に担税力が認められることを踏まえ、ゴルフ場利用税が課税されています。また、ゴルフ場利用税の７割がゴルフ場所在の市町村に交付されており、税源に乏しく山林原野の多い市町村における貴重な財源となっています。

球技場、的屋などの娯楽施設に対しては、明治期より府県や市町村において雑種税の課税対象とされてきました。戦後、地方税制の自主性の確立のため、昭和23年に国税であった入場税が道府県に移管されるとともに、昭和29年改正において、入場税対象のうちゴルフ場などの利用については、**娯楽施設利用税**に改組した上で道府県税として課税されることとなりました。昭和63年に消費税が創設されたことに伴い、娯楽施設利用税については、ゴルフ場については引き続き課税根拠が認められるとされ、ゴルフ場利用税と改組されるとともに、消費税とあわせた税負担水準を維持する観点から、標準税率が引き下げられました。以後、生涯スポーツ振興などの観点から、障害者、18歳未満の者、70歳以上の者、教育活動における学生生徒等及び国民体育大会参加選手のゴルフ場の利用行為に対する非課税措置が導入されています。

ゴルフ場利用税の課税標準は、ゴルフ場の一人一日の利用行為であり、標準税率は、一人一日につき800円で、制限税率が1,200円となっています。

㈹　軽油引取税

軽油引取税は、特約業者または元売業者からの軽油の引取りで、その引取りに係る軽油の現実の納入を伴うものに対し、その引取数量を課税標準として、その軽油の納入地に所在する道府県において、その引取りを行う者に課する道府県税です。

自動車の燃料の消費に対しては、ガソリン車であれば揮発油（ガソリン）に対して揮発油税と地方揮発油税が、ディーゼル車であれば軽油に対して軽油引取税が課税されます。戦後、我が国の拡大する道路整備需要に対応し、道路整備財源の確保を図るため、昭和29年度からガソリンの消費に対する課税として揮発油税（国税）が創設され、翌昭和30年度からは揮発油税及び地方道路税の二本立てとされ、地方道路税は全額地方道路譲与税として地方に譲与することとされました。さらに、軽油を使用するディーゼル車に対しても道路整備に要する負担を求めるべきとの考え方に基づき、昭和31年に、道府県及び政令市の道路に関する費用に充てるため、軽油引取税が道府県の目的税として創設されました。平成21年度改正において、道路特定財源の一般財源化が行われ、軽油の使用と道路整備など行政サービスからの応益関係自体には変化はなく、引き続き、税の負担を求めることには合理性があるとして、軽油引取税は目的税から普通税に改められました。

軽油引取税の課税標準は、引取りに係る軽油の数量であり、税率は、１キロリットルにつき32,100円（当分の間、本則は１キロリットルにつき15,000円）の一定税率とされています。

政令指定都市を包括する道府県は、納入・納付された軽油引取税額に相当する額について、道府県と政令指定都市が管理する一般国道などの面積で按分した額を、政令指定都市に交付します。これは、政令指定都市は道府県と同様に一般国道などの管理者であり、かつ、費用負担者であることから交付するものです。平成21年度改正における道路特定財源の一般財源化に当たり、軽油引取税が普通税に改められましたが、政令指定都市への交付については、道路整備などの行政サービスの供給に応じて税収を配分する観点から、引き続き一般国道などの面積を用いて交付することとされています。

(ク)　自動車税

自動車税は、自動車（軽自動車などを除く）の所有者に対して、その主たる定置場が所在する道府県において、その所有者に課する道府県税です。

自動車税は、自動車の所有という事実に担税力を見い出して課税するものとされています。また、自動車の使用に伴い道路の損傷が生じることにかんがみ、その損傷の原因となる自動車の所有に対して応分の負担を求めるという性格も有するとされています。

自動車に対しては、その取得・保有に着目して、様々な税が課税されます。すなわち、取得段階では、消費税のほか自動車取得税が課税され、保有段階では、自動車税と軽自動車税が課税されるほか、車検を受ける際には、自動車重量税が課税されます。このうち、自動車取得税、自動車税及び軽自動車税が地方税です。なお、自動車重量税は国税ですが、税収の３分の１（当分の間1,000分の407）が自動車重量譲与税として市町村に譲与されます。

自動車税の前身は、明治６年に国税として創設された**車税**（馬車、人力車などが課税対象）がその始まりであり、明治13年に自転車も車税の課税対象に含められ、府県や市町村は、国税たる車税に附加税を課していました。その後、明治29年に車税が道府県税へ移管されるとともに、昭和15年の地方税制改正により、自動車に対する課税は自動車税として道府県が課税し、市町村は附加税を課することができるとされました。

戦後、昭和25年の**シャウプ勧告**に基づく地方税制改正により、自動車税は道府県のみが課税できる税目となりました。その後、昭和33年に、市町村の自転車荷車税が廃止され、その課税客体であった原動機付自転車と自動車税の課税客体である軽自動車と二輪小型自動車を対象にする軽自動車税が市町村税として創設されました。以降、自動車税は、自動車のうちの普通自動車と三輪以上の小型自動車を課税の対象となっています。

自動車税の標準税率は、自動車の種類と排気量などの諸元ごとに一台当たりの定額が規定されています。また、制限税率は、標準税率に1.5倍となっています。

なお、平成28年度税制改正により、消費税率10％への引上げ時に自動車取得税を廃止した上で、自動車税及び軽自動車税に環境性能割を創設することとされたことに伴い、令和元年10月１日以降は、従来の自動車税は、自動車税の種別割と改称されます。

(ケ)　自動車取得税

自動車取得税は、自動車の取得に対し、その自動車の主たる定置場の所在する道府県において、その取得者に課税する道府県税です。

自動車取得税は、自動車の取得という事実に担税力を見いだして課する流通税としての性格を有します。戦後復興期から高度経済成長期に入り、我が国の道路整備の需要拡大に対応するため、道路整備財源の確保が大きな課題となり、昭和30年に揮発油税及び地方道路税（現地方揮発油税）、昭和31年に軽油引取税、昭和41年に石油ガス税が創設されました。さらに、主として地方道路の整備財源を確保する目的から、昭和43年に自動車取得税が道府県の目的税として創設されました。平成21年度税制改正において、道路特定財源の一般財源化が行われましたが、自動車の取得と道路や交通事故対策といった行政サービスからの応益関係自体には変化はなく、引き続き税の負担を求めることには合理性があるとして、自動車取得税は普通税に改められました。

自動車取得税の課税標準は、自動車の取得価額であり、税率は営業用自動車及び軽自動車が２％、その他の自動車が３％の一定税率とされています。免税点は、令和元年９月末までに取得したものは50万円とされているほか、エコカー減税として環境性能に応じて税率を軽減する措置（新車に限る）や、中古車特例として環境性能に応じて課税標準から一定額を控除する特例があります。

道府県は、納付された自動車取得税額から徴税に要する費用相当額（税額の５％）を控除した額の10分の７を、市町村に交付します。自動車取得税の市町村への交付は、道路特定財源の一般財源化後においても、道路整備など行政サービスの供給に応じて配分する観点から、引き続き、道路の延長及び面積を基準として行うこととされています。

なお、車体課税の見直しの一環として、平成28年度税制改正により、消費税率10％への引上げ時に自動車取得税を廃止した上で、自動車税及び軽自動車税に環境性能割を創設することとされました。令和元年10月１日以降、環境性能割は、燃費基準値達成度等に応じて、非課税、１％、２％、３％の４段階の税率を基本（営業用自動車及び軽自動車の税率は、当分の間、２％を上限）として課税されることとなりました。

(コ)　その他の道府県税

鉱区税は、鉱区に対し、面積を課税標準として、鉱区所在の道府県において、その鉱業権者に課税する道府県税です。鉱区税の税率は、地下の埋蔵鉱物に応じて一定税率が定められています。

狩猟税は、道府県における鳥獣の保護や狩猟に関する行政の実施に要する費用に充てるため、狩猟者の登録を受ける者に対して課税する道府県税です。狩猟税の税率は、狩猟者の登録の種類等に応じて一定税率が定められています。

(2)　市町村税

(ア)　市町村民税

(a)　個人

市町村民税（個人）は、市町村（特別区を含む）が住所や事務所を有する個人に対して課する税で、**均等割**と**所得割**があります。

市町村民税（個人）は、道府県民税（個人）と並び、自治体が提供する行政サービスに要する経費を住民が広く負担しあうと負担分任を旨とする税であり、いわば地域社会の会費的な性格を有する税であり、固定資産税とともに市町村税の基幹となる税目です。

均等割の標準税率は、地方税法の本則上では年額3,000円の定額となっていますが、東日本大震災からの復興財源を確保するため、平成26年度から令和５年度までの間は500円を加算し、年額3,500円となっています。所得割の標準税率は、６％（政令指定都市に住所を有する場合は８％）となっています。なお、退職所得に対しては他の所得と分離して課税（６％）されます。

(b)　法人

市町村民税（法人）は、国内に事務所、事業所などを有する法人などに課する税で、均等割と法人税割があります。

市町村民税（法人）は、道府県民税（法人）とあわせて、地域社会の費用に

図表3-9　道府県税の概要

税目	納税義務者	課税客体	課税標準	税率	収入見込額（R1）
道府県民税（直）	道府県内に住所を有する個人、道府県内に事務所等を有する法人等	左に同じ	均等割（個人、法人）…定額課税	個人…1,000円 （ただし、平成26年度から令和5年度まで1,500円） 法人…2万円～80万円	億円 （構成比） 個人均等割…952 所得割…43,759 法人均等割…1,417 法人税割…5,283 利子割…558 配当割…1,815 株式等譲渡所得割…1,663 計 55,447 （30.8）
			所得割（個人）…前年の所得	4/100（指定都市に住所を有する場合には、2/100） （分離課税が適用される所得に係る特例あり）	
			法人税割（法人）…法人税額又は個別帰属法人税額	3.2/100（1.0/100） ※（ ）内の税率は、令和元年10月1日以後に開始する事業年度から適用	
			利子割（個人）…支払を受けるべき利子等の額	5/100	
			配当割（個人）…支払を受ける一定の上場株式等に係る配当等の額	5/100	
			株式等譲渡所得割（個人）…源泉徴収口座内の株式等の譲渡による所得	5/100	
事業税（直）	事業を行う個人、法人	個人、法人の行う事業	個人…前年の所得	3/100～5/100	個人…2,101 法人…41,205 計43,306 （24.1）
			法人…付加価値額、資本金等の額、所得又は収入金額	外形標準課税対象法人 付加価値割　1.2/100 資本割　0.5/100 所得割　1.9/100～3.6/100 （0.3/100～0.7/100） 《0.4/100～1.0/100》 所得課税法人 所得割　5/100～9.6/100 （3.4/100～6.7/100） 《3.5/100～7.0/100》 収入金額課税法人 収入割　1.3/100 （0.9/100） 《1.0/100》 ※（ ）内の税率は、地方法人特別税等に関する暫定措置法適用後のもの ※《 》内の税率は、令和元年10月1日以後に開始する事業年度から適用	
地方消費税（間）	譲渡割…課税資産の譲渡等（特定資産の譲渡等を除く）及び特定課税仕入れを行った事業者 貨物割…課税貨物を保税地域から引き取る者	譲渡割…事業者の行った課税資産の譲渡等（特定資産の譲渡等を除く）及び特定課税仕入れ 貨物割…課税貨物	譲渡割…課税資産の譲渡等（特定資産の譲渡等を除く）及び特定課税仕入れに係る消費税額から仕入等に係る消費税額等を控除した消費税額 貨物割…課税貨物に係る消費税額	22/78（消費税率換算2.2%） 〈軽減税率適用時は消費税率換算1.76%〉	譲渡割…33,490 貨物割…15,134 計48,624 （27.0）
不動産取得税（直）	不動産の取得者	不動産（土地又は家屋）の取得	取得した不動産の価格	4/100 （ただし、住宅及び土地は平成18年4月1日から令和3年3月31日まで3/100）	4,229 （2.4）
道府県たばこ税（間）	卸売販売業者等	売渡し等に係る製造たばこ	製造たばこの本数	（平成30年10月1日～令和2年9月30日） 1,000本につき930円 旧3級品は、1,000本につき656円 （令和元年10月1日以降） 旧3級品は、1,000本につき930円 （※旧3級品の特例税率は4段階で縮減・廃止等（平成28年4月1日から令和元年10月1日））	1,429 （0.8）
ゴルフ場利用税（間）	ゴルフ場の利用者	ゴルフ場の利用		1人1日につき800円（標準税率）	417 （0 2）
自動車取得税（間） ※令和元年9月30日に廃止	自動車の取得者	自動車の取得	自動車の取得価額	3/100 （ただし、営業用自動車及び軽自動車…2/100）	870 （0.5）
軽油引取税（間）	現実の納入を伴う軽油の引取りを行う者	軽油の引取りで現実の納入を伴うもの	軽油の数量	1klにつき15,000円 （ただし、当分の間、1klにつき32,100円）	9,537 （5.3）
自動車税（直）	自動車の所有者	自動車	種別割（令和元年10月1日～） ※令和元年9月30日まで自動車税	例自家用乗用車（1,000cc超1,500cc以下） …年額34,500円 （ただし、令和元年10月1日以後に初回新規登録を受けた自家用乗用車は30,500円）	15,383 （8.6）
			環境性能割（令和元年10月1日～）	例　自家用乗用車（1,000cc超1,500cc以下） 電気自動車等、 2020年度基準＋20%達成…非課税 2020年度基準＋10%達成…1/100（非課税） 2020年度基準…2/100（1/100） 2015年度基準＋10%達成、 上記以外…3/100（2/100） ※（ ）内の税率は、令和元年10月1日から令和2年9月30日までの間に取得した場合に適用	519 （0.3）
鉱区税（直）	鉱業権者	鉱区	鉱区の面積	例　砂鉱以外の採掘鉱区 100アールごとに年額400円	3 0.0
固定資産税（特例分等）（直）	大規模の償却資産の所有者	大規模の償却資産	市町村が課することができる固定資産税の課税標準となるべき額を超える部分の金額	1.4/100	55 0.0
狩猟税（直）	狩猟者の登録を受ける者	狩猟者の登録		例第一種銃猟免許に係る狩猟者の登録を受ける者につき16,500円	8 0.0
水利地益税（直）	水利に関する事業等により特に利益を受ける者	土地、家屋	価格又は面積	任意税率	― （―）
					道府県税計179,772 （100.0）

（注）1．税目の欄中、（直）は直接税、（間）は間接税等である。
2．収入見込額（R1）は、令和元年度地方財政計画における収入見込額である。
3．表中の税率等は、令和元年度税制改正によるものを含む。
4．上記のほか、東日本大震災による減免等に伴う減収を55億円と見込んでいる。

ついて、その構成員である法人にも個人と同様に幅広く負担を求めるために課されるものです。

市町村民税（法人）の税率は、均等割については、資本金などの額に応じて５万円から300万円までの標準税率が定められており、制限税率が標準税率の1.2倍となっています。また、法人税割は、法人税額の9.7%（令和元年10月１日以後に開始する事業年度からは6.0%）が標準税率となっており、制限税率が12.1%（同8.4%）となっています。

(イ)　固定資産税

固定資産税は、固定資産（土地、家屋、償却資産）を課税客体とし、その所有者を納税義務者として、当該固定資産の所在する市町村（特別区については東京都）が、固定資産の価格を課税標準として課税する市町村税です。

固定資産税は、固定資産の保有と市町村の行政サービスとの間に存在する応益関係に着目して課する税です。すなわち、市町村の区域内に**土地**、**家屋**や**償却資産**が所在することと、市町村の行政サービスとの間に深い関連性があることから、これらの土地・家屋・償却資産を課税客体として課される固定資産税は、応益原則を最も強く具現している税であるといえます。また、固定資産税は、課税客体である土地、家屋及び償却資産の所在が明瞭で、市町村に普遍的に存在するものです。また、固定資産税は、課税標準が固定資産の価格であり、安定的な収入が期待できる税です。こうした観点から、固定資産税は、住民生活に身近な行政サービスを担う基礎自治体である市町村にとって、安定的な財源を確保することができる税源として、市町村税にふさわしい税といえます。

また、固定資産税は、土地・家屋・償却資産に対し、その資産価値に着目して課される財産税としての性格を有しています。さらに、固定資産を毎年引き続き所有し、利用することを前提として課される税として、収益税としての性格も有しています。

固定資産税の課税標準は、原則として固定資産の価格とされています。固定資産の価格は、適正な時価をいうものとされ、具体的には、総務大臣が定めた**固定資産評価基準**に基づいてその価格が算定され、土地・家屋については、３年ごとに評価替えが行われます。また、償却資産については、課税標準の基礎となる価格は、毎年度、賦課期日における価格とされてます。その際、土地については、課税の公平の観点から、負担水準の高い土地は税負担を引き下げ又は据え置き、負担水準の低い土地はなだらかに税負担を上昇させることによって、地域や土地によってばらつきのある税負担水準の均衡化を図ることを内容とする税負担の調整措置が設けられています。また、分譲マンションなどの区分所有家屋に対して課する固定資産税については、分譲マンション全体を一棟の建物として一括して評価して、これに基づいて算定される固定資産税額を、一定の基準によってそれぞれの区分所有者にあん分して、各区分所有者の納付すべき固定資産税額とします。

固定資産税の税率は、標準税率が1.4%となっています。その際、新築住宅については、住宅の建設を促進する観点から、所有者の購入当初における税負担の軽減を図るため、その新築当初における固定資産税の額を減額することとされています。

なお、大規模償却資産については、その償却資産が所在する市町村は、課税標準額のうち一定額までを限度として固定資産税を課税し、一定額を超える部分については、その償却資産所在の市町村を包括する道府県が固定資産税を課税します。大規模償却資産について道府県が課税するのは、大きな工場や発電施設などが一つの市町村に所在する場合の税源の著しい偏在を是正するためです。また、東京都の特別区においては、都が道府県と市町村行政の一部を担当していることから、東京都が固定資産税を課税するものとされています。

㈲　軽自動車税

軽自動車税は、軽自動車、原動機付自転車、小型特殊自動車、二輪の小型自動車（以下「軽自動車等」という）に対し、主たる定置場が所在する市町村において、その所有者に課税する市町村税です。

軽自動車税は、軽自動車などの所有の事実に担税力を見いだして課税する資産税としての性格を有するとともに、軽自動車などを運行することにより生じる道路損傷の補修に要する費用に対して相応の負担をすべきとの考え方に基づいて課税する負担金的な性格を有します。

軽自動車税は、前述のとおり、昭和33年に、廃止される自転車荷車税の課税客体であった原動機付自転車と、それまで自動車税の課税対象であった軽自動車と二輪の小型自動車を課税対象とする市町村税として創設されたものです。

軽自動車税の税率は、課税対象となる軽自動車など一台に対して定額が標準税率として定められています。例えば、自家用の４輪の軽自動車であれば、年額10,800円となっており、制限税率は、標準税率の1.5倍とされています。

なお、平成28年度税制改正により、消費税率10％への引上げ時に自動車取得税を廃止した上で、自動車税及び軽自動車税に環境性能割を創設することとされたことに伴い、令和元年10月１日以降は、従来の軽自動車税は、軽自動車税の**種別割**と改称されます。

㈀　市町村たばこ税

市町村たばこ税は、製造たばこの消費に対して、市町村が課税する消費税です。

市町村たばこ税の課税標準は、小売販売業者などに対する売渡しなどに係る製造たばこの本数であり、税率は、紙巻きたばこが1,000本につき5,692円などの一定税率となっています。

㈁　事業所税

事業所税は、人口30万以上の都市等において、都市環境の整備及び改善に関する事業に要する費用に充てるため、都市の行政サービスとその所在する事務所又は事業所との受益関係に着目して、これらの事務所や事業所に対して課する市町村税であり、目的税です。

事業所税は、昭和50年度の税制改正において創設され、翌昭和51年度改正では、課税団体の人口基準が引き下げられ、人口30万以上の都市において事業所税を課税することとされました。事業所などの都市への集中に伴う都市環境の整備の観点から、事業所税の役割は引き続き重要なものとなっています。

事業所税の課税標準は、資産割にあっては、課税標準の算定期間の末日現在における事業所床面積であり、従業者割にあっては、課税標準の算定期間中に支払われた従業者給与総額とされいます。また、事業所税の税率は、資産割は事業所床面積１m^2につき600円、従業者割は従業者給与総額の0.25％と、いずれも一定税率とされてます。なお、事業所の床面積の合計が一定以下である場合には資産割が、従業者の合計数が一定以下である場合には従業者割が、それぞれ免税となります。

⑺　**都市計画税**

都市計画税は、都市計画法に基づいて行う都市計画事業または土地区画整理法に基づいて行う土地区画整理事業に要する費用に充てるため、市町村が、原則として市街化区域内に所在する土地及び家屋に対し、その価格を課税標準として、土地又は家屋の所有者に課税する目的税です。

都市計画税は、都市計画事業や土地区画整理事業が行われる場合、その事業が実施される区域内の土地や家屋について、利用価値の向上や価格の上昇などが伴うので、その受益関係に着目して、土地や家屋の所有者に対し、その事業に要する費用の負担を求める応益税としての性格を有します。このため、都市計画税は目的税とされ、その収入の使途は、都市計画事業または土地区画整理事業に要する費用に限定されています。都市計画税は、都市施設整備等のための財源として重要な役割を果たしています。

都市計画税の課税標準となる土地及び家屋の価格は、当該土地又は家屋に係る固定資産税の課税標準となるべき価格であり、課税義務者である所有者は、当該土地又は家屋に係る固定資産税について所有者とされる者です。

都市計画税の税率は、制限税率が設けられており、0.3%を超えることができないとされています。また、都市計画税の賦課徴収は、特別の事情がある場合のほか、固定資産税の賦課徴収とあわせて行われます。

⑻　**入湯税**

入湯税は、鉱泉浴場が所在する市町村が、環境衛生施設、鉱泉源の保護管理施設、消防施設などの整備や、観光の振興に要する費用に充てるため、鉱泉浴場における入湯に対し、入湯客に課税する市町村税です。

入湯税は、鉱泉浴場が所在する市町村の行政サービスと入湯施設との受益関係に着目し、入湯施設の利用者に対し応分の負担を求め、その収入をもって環境衛生施設などの整備に充てるために課税される目的税です。入湯税は、鉱泉浴場所在の市町村において必ず課すべきものとされている点に特徴があります。

温泉や鉱泉に対する課税は、明治初期から「湯屋」に対する道府県の雑種税として課されていました。戦後、昭和22年に入湯税は道府県が課税するものとして定められ、市町村はこれに附加税を課することができるとされましたが、昭和25年に地方税法の施行に伴い、道府県が課する入湯税は廃止され、現在の市町村が課する入湯税が創設されました。さらに、昭和32年度改正により、環境衛生施設などの整備に要する費用に充てるための目的税とされました。鉱泉浴場を有する市町村においては貴重な財源となっています。

入湯税の税率は、入湯客一人一日について150円を標準としています。

⑺　その他の市町村税

鉱産税は、鉱物の掘採の事業に対し、その鉱物の価格を課税標準として、当該事業の作業場所在の市町村において、その鉱業者に課税する市町村税です。

水利地益税は、市町村が、水利に関する事業、都市計画法に基づいて行う事業、林道に関する事業などの実施に要する費用に充てるため、これらの事業により特に利益を受ける土地または家屋に対し、その価格または面積を課税標準として課する目的税です。

共同施設税は、市町村が、共同作業場、共同倉庫、共同集荷場などの施設に要する費用に充てるため、これらの施設により特に利益を受ける者に対して課する目的税です。

宅地開発税は、市町村が、宅地開発に伴い必要となる道路、水路などの公共施設の整備に要する費用に充てるため、条例で定める市街化区域内で、宅地開発を行う者に対して課する目的税です。なお、水利地役税、共同施設税、宅地開発税を課するか否かは、課税団体の判断に委ねられています。

特別土地保有税は、土地の取得価額を課税標準として、土地の保有と取得に対して課税する市町村税です。特別土地保有税は、昭和48年度の税制改正により、土地の投機的取引の抑制などを図る観点から創設されましたが、平成15年度の税制改正により、土地流通に関する税負担を大幅に軽減するため、当分の間、課税停止とされています。

7 課税自主権

(1) 趣旨

地方分権改革を更に進めるためには、地方の権限と責任を拡大するとともに、財政面においても地方の自主性・自立性を高めていくことが必要です。特に、自主財源である地方税源は、地方における歳出規模と地方税収入のかい離をできるだけ縮小するという観点に立って充実強化を図ることが求められます。

同時に、地方税源の充実強化のためには、法定税の充実を図るとともに、法定外税や超過課税の活用による自主課税の努力が重要です。現行制度下においては、国・地方を通じ主要な税源は法定税目とされており、課税自主権の発揮のみで地方税源を量的に拡充することには限界もありますが、納税者を含めた関係者の意見を聞き、受益と負担の関係をより意識する議論が喚起され、自治体の行政運営に対する住民の参加と関心を呼び起こす契機ともなる意義もあわせ考えれば、**課税自主権**の意義は大きいといえます。

こうした観点から、**地方分権改革**の一環として、標準税率、制限税率などの税率設定のあり方や法定外税などについて改正が行われ、課税自主権の拡充が図られてきました。

(2) 課税自主権の拡大

(ア) 標準税率

平成10年度税制改正では、道府県民税所得割、不動産取得税、固定資産税及び道府県が課する大規模償却資産に対する固定資産税について標準税率を採用しない場合における届出制が廃止されました。

平成16年度税制改正では、標準税率の定義について、税率設定の自由度を拡大する観点から、従来の「財政上の特別の必要がある」場合に標準税率以外の税率での課税をすることができるとされていた規定を改正し、「財政上その他の必要がある」場合に、標準税率以外の税率での課税ができるものとされました。

(イ) 制限税率に係る改正

平成10年度税制改正では、個人の市町村民税（均等割及び所得割）の制限税率が廃止されました。

平成15年度税制改正では、法人事業税の制限税率を緩和して、平成16年４月から標準税率の1.2倍（従来は1.1倍）まで引き上げられました。

平成16年度税制改正では、市町村の基幹税である固定資産税の税率について市町村の決定できる幅を広く認める観点から、平成16年４月から制限税率が廃止されました（従来は標準税率の1.5倍）。

平成18年度税制改正では、自動車税と軽自動車税の制限税率について、平成18年４月から標準税率の1.5倍（従来は1.2倍）に引き上げられました。

㈦　標準税率未満の課税団体の地方債発行

普通税の税率が標準税率未満の自治体については、従来、公共施設・公用施設の建設などの財源に充てるための地方債の発行が禁止されてきましたが、平成18年度からの地方債協議制度への移行に伴い、自治体の自主性をより高める観点から、元利償還費や決算収支の赤字が一定水準以上となった自治体と同様に、許可制に移行することとされました。

㈣　法定外税に係る改正

平成12年の地方分権一括法により、自治体の課税自主権をより尊重する観点から、法定外普通税について従来の許可制度が廃止されて国の同意を要する事前協議制に改められるとともに、従来認められていなかった法定外目的税が法定外普通税と同じ手続の下に創設されました。

⑶　課税自主権と地方交付税との関係

地方交付税の**基準財政収入額**は、「あるべき一般財源収入額」であり、各自治体が共通して有する普遍的な一般財源収入を合理的に算定するものであり、地方税収入は、法定普通税を主体とした標準的な地方税収入を算定することとなります。法定外税は、課税自主権に基づき税を新設するか否かにつき自治体が任意に決定するものであること、税目の内容が各地域の特殊事情により様々であることなどから、基準財政収入額に算入されません。

また、基準財政収入額における地方税収入は、自治体の現実の課税状況や徴税努力により自治体間に不公平が生じないよう、収入実績をそのまま用いるのではなく、各税目の税率は、あるべき一般財源収入を合理的に算定するため、標準税率が採用されます。したがって、超過課税による超過分は基準財政収入額に算入されません。

このように、基準財政収入額の算定は、超過課税の実施や法定外税の課税により増収を図っても影響を受けることはなく、課税自主権を行使しても地方交付税が減額されることはありません。

8　超過課税

(1)　意義

標準税率が定められている税目について、標準税率を超えて税率を定めることを**超過課税**といいます。制限税率が設けられている場合には、超過課税は制限税率の範囲内で行うことができます。

平成７年の地方分権推進委員会の発足以降の地方分権の流れの中で、地方税の充実確保とあわせて、課税自主権の尊重、住民の受益と負担の明確化などの観点から、超過課税などの活用についても幅広く検討していくべきであると指摘され、前述のとおり、標準税率を採用しない場合の届出制の廃止、制限税率の廃止などの見直しが行われてきました。

(2)　実施状況

超過課税の実施団体は、平成30年４月１日現在、都道府県では、個人の道府県民税の均等割が37団体、所得割が１団体、法人の道府県民税の均等割が35団体、法人税割が46団体、法人事業税が８団体となっており、市町村では、個人の市町村民税の均等割が１団体、所得割が１団体、法人の市町村民税の均等割が387団体、法人税割が996団体、固定資産税が153団体、軽自動車税が15団体、鉱産税が30団体、入湯税が５団体となっています。

超過課税の規模は、平成29年度決算ベースで6,310億円となっており、うち法人２税の占める割合が89.7％となっています。

超過課税の最近の推移をみると、森林保全などの財源に活用するために道府県民税の超過課税を行う団体が増加していることが特徴です。これは、森林機能保全や地球温暖化防止のための施策に要する経費を賄うこと等を目的として、個人県民税及び法人県民税の均等割について超過課税を行うものです。

9 法定外税

(1) 意義

地方税法は、自治体が課税できる普通税と目的税の税目を列挙していますが、国の同意を得て、法定税目のほか別に、国の同意を得て、**法定外普通税**を課税することができます。また、条例で定める特定の費用に充てるため、国の同意を得て、法定外目的税を課することができます。

法定外税は、自治体の課税自主権を尊重し、自治体が自らの判断と責任において地方税の課税を行うことを可能とする制度です。自治体が標準的な水準の行政を行うために必要な経費については、地方財政計画を通じて地方の財源を保障し、地方交付税や地方債などにより各自治体に財源保障を行っていますが、自治体において財政上の特別の必要がある場合には、超過課税によって財源を調達するほか、その地域に特有な財政需要を充足するため法定外税の制度を設けています。

(2) 沿革

明治期から戦前にかけて、法定税目を中心としつつ一定の法定外税目が認められており、終戦直後の地方財政の窮乏対策として、昭和21年の地方税法改正により市町村に加えて府県でも法定外独立税を課すことができるとされました。さらに、昭和23年度の地方税法改正によって法定外独立税の許可制度を廃止し届出制に変更したことから、牛馬税、ラジオ税、庭園税、たらい税などの零細課税が数多くみられました。

昭和24年のシャウプ勧告では、「法定税主義」と「普通税主義」に沿って、法定外独立税を整理縮小するとともに目的税を限定することが勧告されました。シャウプ勧告を受けた昭和25年の地方税法改正では、法定外普通税が許可制とされるとともに、旧法定外独立税は一部を除いて廃止することとされました。同時に、目的税も水利地益税と共同施設税の２税のみに限定され、法定外目的税は認めないこととされました。許可制の下での法定外普通税の課税実績は、犬税、ミシン税などが実施されていました。

平成７年の地方分権推進委員会発足後の地方分権の流れの中で、平成12年の地方分権一括法により、自治体の課税自主権を尊重する観点から、法定外普通税について従来の許可制度が廃止され、国の同意を要する事前協議制に改められるとともに、同意の要件として、不同意事由に該当しない限り同意をしなければならないとして、国の関与が縮小されました。また、従来認められていなかった法定外目的税が法定外普通税と同じ手続の下に創設されました。

その後、平成16年度税制改正により、既存の法定外税の変更については総務大臣への協議は不要とされるとともに、法定外税の新設・変更に当たり、税収の割合が高い特定納税義務者（課税標準額の10分の１以上を継続的に納税すると見込まれる納税義務者）には、条例制定前に議会において特定納税義務者の意見を聴く制度が創設されました。特定納税義務者に対する意見聴取手続は、特定かつ少数の納税者に対して法定外税を課す場合には、特に納税者の理解を得るよう努めることが必要であるとの観点から設けられたものです。

⑶　要件・手続

自治体は、法定外税の新設または変更（法定外税の税率の引下げなどを除く）をしようとする場合には、あらかじめ**総務大臣**に協議し、その同意を得る必要があります。

法定外税の新設または変更の協議の申出を受けた総務大臣は、その旨を財務大臣に通知するとともに、地方財政審議会の意見を聴き、協議の申出を受けた法定外税について、不同意事由のいずれかがあると認める場合を除き、これに同意しなければなりません。

法定外税の新設または変更に係る不同意事由は、①国税又は他の地方税と課税標準を同じくし、かつ、住民の負担が著しく過重となること、②自治体間における物の流通に重大な障害を与えること、③①及び②に掲げるものを除くほか、国の経済施策に照らして適当でないこととなっています。

事前協議は、国と地方が対等・協力の関係に立って、双方が意思の合致を目指して誠実に努力することを意味するものであり、同意する際の処理基準、標準処理期間及び協議の申出に係る手続について透明化が図られています。法定外税の新設又は変更に対する同意に係る標準処理期間は、おおむね３月とされています。なお、事前協議が整わない場合には、**国地方係争処理委員会**の場を通じて解決が図られることとなります。

(4) 導入状況

法定外税の課税状況をみると、平成29年度決算ベースで、**法定外普通税**は20件、448億円、**法定外目的税**は41件、114億円、合計61件、562億円となっています。これは、地方税収額の約0.14％に相当します。

法定外税の中では、法定外普通税においては核燃料関係の税が、法定外目的税では産業廃棄物関係の税が、それぞれ件数・税収とも大きな割合を占めています。

10 地方税源の充実と偏在是正

(1) 地方分権の推進と地方税改革の方向性

行政サービスは国と地方自治体が役割分担して実施しており、それぞれが実施する行政サービスの経費に充てるため、国税と地方税が課税されています。国においては、国家としての存立にかかわる事務、全国的に統一して定めることが望ましい制度の企画立案に関する事務又は全国的な規模で行わなければならない施策や事業の実施を担っているのに対して、地方においては、福祉、教育、地域開発、地域産業振興など住民に身近な行政を総合的に担っており、国と地方の歳出の比は、おおむね４対６と、地方が行政サービスの大半を分担しています。しかしながら、国税と地方税の比率は、おおむね６対４と逆転しています。これは、地方間に税源の偏在があることや、特定の行政分野においては全国的な見地に立って地方に財源を配分することが政策目的達成のために有効なものがあることなどを踏まえ、地方交付税や国庫補助負担金等を組み合わせながら、地方が必要としている財源を総体として確保しているからです。

地方分権改革を進め、自治体の果たすべき役割が増大していく中で、自らの権限・責任・財源により、自治体がその役割を果たしていくことが可能となる税財政制度を構築することが求められており、特に要となる地方税源を充実強化していくことが不可欠です。

このため、地方六団体は、国と地方の最終支出の比率と租税収入の比率において生じているかい離を縮小し、地方が担う事務と責任に見合う国と地方の税源配分とするため、まずは税収比を１対１にすべきであると主張しています。

その際、地方税は自治体が提供する行政サービスに必要な経費を、地域住民がその能力や受益などに応じて負担しあうものであり、また、自治体の提供する行政サービスは地域住民の生活に密着したものであることから、充実強化を図るべき地方税は、税源が全国の自治体に普遍的に存在すること、景気変動の影響を受けにくく税収の安定性を備えていること、受益に対する負担として対応関係を住民が意識できることなどの性格を備えたものであることが望ましいと考えられます。このため、地方六団体は、地方税源の充実強化に当たっては、偏在性が小さく税収が安定的な地方消費税の充実を柱とすべきであるとしています。国と地方の歳出総額の純計額が168.4兆円（平成28年度）であるのに対して、国民の納めた租税総額は97.5兆円と大幅な収支ギャップが生じている中で、地方税源の充実強化は容易ではありませんが、地方税比率を高めていくための具体的な方策について、我が国の税制全体の改革議論のなかで粘り強く検討していくことが求められます。

⑵　社会保障における地方の役割と地方消費税の充実

地方自治体は、多様化する住民サービスに対応し、幅広い分野の住民生活に密着したサービスを提供していますが、その中でも特に、法令等での義務付けの有無にかかわらず、住民生活の基礎的なサービスを提供する社会保障関係費の増加が顕著です。こうした観点から、地方消費税の創設は、地方分権や少子高齢化の進展に伴う地方行政の役割を踏まえ、地方税財源の充実とともに、偏在性が小さく税収が安定的な地方税体系の確立に資するものであり、地方税改革のあるべき姿の実現につながるものです。また、地方消費税の導入は、地方税に関する改革としては、昭和50年の事業所税創設以来の新税創設であり、現代税制の基幹的租税である一般的な間接税が地方税に導入されたという意味で画期的でした。

社会保障における地方の役割については、国の社会保障関係費が、年金・医療・介護など制度化された「現金給付」を指す狭い意味で使われることが多いのに対して、地方の社会保障関係費は、救急医療・へき地医療に係る病院事業会計への繰出金や乳幼児や障害児に対する医療費助成など、現金給付から人的・物的サービスの提供まで、地域福祉の増進を図るため、非常に幅広く多様なサービスを担っていることが特徴です。少子高齢化の進展により、地域の実情に合った福祉も含めた幅広い行政サービス等に対する要望がますます増大していくことが見込まれることから、その役割に応じた財源の確保が必要であり、これらを支える基幹税として、地方消費税を充実させていく必要があります。

(3)　地方税収の偏在是正

地方税制については、地方分権の推進と、国・地方を通じた社会保障制度の安定財源確保の観点から、地方消費税の充実を図るとともに、地方法人課税の在り方を見直すことにより、税源の偏在性が小さく、税収が安定的な地方税体系の構築を進める必要があります。

一方、偏在度が比較的小さい地方消費税においても都道府県間の格差が生じ、地方交付税の不交付団体では財源超過額が増大します。不交付団体では交付税による財政調整機能が及ばないため、地域間の財政力格差が拡大してしまいます。このため、地方税源の充実と平行して、地方税収の偏在是正の取組を車の両輪として進めていくことが必要です。

バブル経済の崩壊後は地方税収の低迷が続きましたが、平成15年度を底に地方法人二税の税収が回復するとともに、景気動向の差もあいまって東京圏と地方との税収の差が拡大し、財政力格差の拡大が大きな問題となりました。このため、平成20年度の税制改正では、地方消費税の充実などにより、偏在度が小さく税収の安定的な地方税体系を構築するとの方向の下に、税制の抜本的な改革において偏在性の小さい地方税体系の構築が行われるまでの間の暫定措置として、法人事業税の税率の引下げを行うとともに、地方法人特別税が創設され、その収入額に相当する額が地方法人特別譲与税として道府県に対して譲与されることとされました。

地方法人特別税は、道府県間で偏在度が高い法人事業税の一部を一旦、国の方へ集めた上で、地方法人特別譲与税として地方消費税の清算に近似した指標（総額の２分の１を人口数により、他の２分の１を従業者数により譲与）で道府県に譲与するもので、法人事業税と消費税の税源交換と同様の効果を生む仕組みです。

平成26年度税制改正では、平成26年４月から消費税率が５％から８％に引き上げられる（地方消費税率は１％から1.7％に引き上げられる）ことを踏まえ、暫定措置である地方法人特別税・譲与税制度を見直す一方、これを単純に廃止して法人事業税に復元すれば税源の偏在は高まることとなり、また、地方消費税率の引上げにより不交付団体の財源超過額が増加することから、法人住民税法人税割の一部を地方法人税として国税化し、その全額を交付税原資に繰り入れるとともに、地方法人特別税・譲与税は一部を縮小、その分を法人事業税に復元することとされました。さらに、平成28年度税制改正では、消費税率の８％から10％への引上げ時に、暫定措置である地方法人特別税・譲与税制度を廃止する一方、法人住民税の交付税原資化をさらに進め、偏在是正措置を拡大しました。

さらに、近年、地方税収が全体として増加する中で、不交付団体では財源超過額が拡大し、基金残高も大きく増加する一方、交付団体では臨時財政対策債の残高が累増し、交付団体と不交付団体で大きな格差が生じていることを踏まえ、令和元年度税制改正では、都市と地方が支え合い、共に持続可能な形で発展していくため、地方法人課税における税源の偏在を是正する新たな措置として、令和元年10月１日以後に開始する事業年度から、法人事業税の一部を分離して特別法人事業税及び特別法人事業譲与税を創設することとされました。

特別法人事業税は、法人事業税（所得割または収入割）の納税義務者に対して、法人事業税額を課税標準として課税する国税とし、賦課徴収は都道府県が法人事業税と併せて行い、税収の全額を交付税及び譲与税配付金特別会計に直接払い込みます。特別法人事業譲与税の各都道府県への譲与基準は人口とし、不交付団体に譲与制限の仕組みを設け、令和２年度から譲与を開始することとされています。

Chap. 4

地方交付税
——財源保障のしくみ

1 地方交付税とは

(1) 地方交付税の性格

(ア) 自治体の固有財源

地方交付税は、地方団体間の財源の不均衡を調整し、地方団体が一定の行政水準を維持しうるよう財源を保障するために交付されます。「税」の名称がつけられていますが、私たちが支払う税の中には、地方交付税という税目はありません。地方交付税は、本来地方団体の財源とすべき税収入の一部を国税として徴収し、合理的な基準によって再配分するもので、いわば「国が地方に代わって徴収する地方税」の性格を有しているからです。

図表4-1 地方交付税とは

○所得税、法人税、酒税、消費税の一定割合及び地方法人税の全額とされている地方交付税は、地方公共団体間の財源の不均衡を調整し、どの地域に住む国民にも一定の行政サービスを提供できるよう財源を保障するためのもので、地方の固有財源である。

性　　格：本来地方の税収入とすべきであるが、団体間の財源の不均衡を調整し、すべての地方団体が一定の水準を維持しうるよう財源を保障する見地から、国税として国が代わって徴収し、一定の合理的な基準によって再配分する、いわば「国が地方に代わって徴収する地方税である。」（固有財源）

（参考　平成17年２月15日　衆・本会議　小泉総理大臣答弁）
地方交付税改革の中で交付税の性格についてはという話ですが、地方交付税は、国税五税の一定割合が地方団体に法律上当然帰属するという意味において、地方の固有財源であると考えます。

総　　額：所得税・法人税の33.1％、酒税の50％、消費税の20.8％（令和２年度以降は19.5％）、地方法人税の全額

種　　類：普通交付税＝交付税総額の94％
特別交付税＝交付税総額の６％

交付時期：普通交付税　４、６、９、11月の４回に分けて交付
ただし、大規模災害による特別の財政需要を参酌して繰上げ交付を行うことができる。
特別交付税　12、３月の２回に分けて交付
ただし、大規模災害等の発生時においては、交付額の決定等の特例を設けることができる。

地方分権の進展に伴い、地方団体がその地域の特性に応じて発展していくためには、自らの創意工夫と責任で自らの政策を決められるようにすることが重要であると同時に、すべての地方団体が必要な一定の**行政水準を確保**しなければなりません。しかし一方、我が国の財政は、最終支出ベースでは国と地方の比率がおおむね国4対地方6となっているのに対し、租税収入の配分では国と地方の比率がおおむね国6対地方4と逆転しており、支出と租税収入との間に大きなかい離が生じています。これは、地方団体の自主財源の中核をなす地方税が各地域の経済力に依存する以上、地域間の経済力の格差等に応じて税源もまた地域的な偏在を生じるからです。

このように、全国を通じて一定の行政水準を確保できるようにする必要がある一方、地方団体間において財政力に著しい不均衡がある状況においては、一定の行政水準を確保するために必要な財源のすべてを地方税のみによって賄うことは困難です。そこで国が、財政力の弱い地方団体に対して、その必要とされる財源を調整し、かつ、保障することが不可欠となります。

地方交付税は、まさにその役割を担うものであり、国と地方間、地方団体間に現実に存在する財政力の格差を調整し、均衡化を図るとともに、その必要とされる財源を適切に配分するための制度です。

(イ)　一般財源

地方交付税の使い道は、その交付を受けた地方団体の自主的な判断に委ねられています。地方交付税法第3条第2項は、「国は、交付税の交付に当たっては、地方自治の本旨を尊重し、条件を付け、又はその使途を制限してはならない」としています。地方交付税は地方団体の**一般財源**であり、国が特定の目的のための使途を制限して交付する国庫支出金とは根本から異なるところです。

もっとも、使途制限が禁止されているのは、あくまでも地方の固有財源たる地方交付税に対する国の不当な干渉を排除しようとする趣旨によるものであって、地方団体は何にでも無制限に地方交付税を使ってよいという意味ではありません。法令で義務付けられた行政水準を適正に維持するための責務を負うことは当然です。このため、地方交付税法は、「地方団体は、その行政について、合理的、且つ、妥当な水準を維持するように努め、少くとも法律又はこれに基く政令により義務づけられた規模と内容とを備えるようにしなければならない」（3条3項）としています。

(ウ)　税源配分の補完

地方交付税の本来の目的は、地方財政の自主性・自立性を確保するための一般財源の保障とその均衡を図ることにあり、あくまでも地方税を補完することを使命とするものです。したがって、地方分権の進展に応じ、地方団体がより自主的・自立的な財政運営を行えるようにするためには、地方歳入中に占める地方における歳出規模と地方税収入とのかい離をできるだけ縮小する観点に立って、税源の偏在性が少なく税収の安定性を備えた地方税の充実確保に努めることが必要です。そのうえで、なお生じる財政力の格差に対しては、地方団体が法令に基づき実施する一定水準の行政運営を保障する上で、地方交付税制度は今後とも極めて重要です。

(2)　地方交付税の目的と機能

(ア)　目的

地方交付税の**目的**は、地方団体への財源保障と地方団体間の財源調整を図ることによって地方自治の実現と地方団体の自主性を強化することにあります。地方交付税法第1条は、「地方団体が自主的にその財産を管理し、事務を処理し、及び行政を執行する権能をそこなわずに、その財源の均衡化を図り、及び地方交付税の交付の基準の設定を通じて地方行政の計画的な運営を保障することによって、地方自治の本旨の実現に資するとともに、地方団体の独立性を強化することを目的とする」としています。

(イ)　機能

地方交付税が有する機能として、地方団体の財源を均衡化する財源調整機能と地方団体の財源を保障する財源保障機能とがあります。

(a)　財源の均衡化（財源調整機能）

財源調整機能とは、国と地方の財源配分を調整する国・地方間の均衡化と地方団体間の財政力格差を調整する地方団体間の均衡化の2種類があります。

まず、国・地方間における均衡化とは、歳出面においての国と地方の支出割合（純計ベース）が国1対地方2に対し、歳入面においては、その中心となる租税収入が国税と地方税の割合は２対１と、地方に配分される租税収入が小さく、歳出と逆転しているため、地方交付税により、国・地方間の歳入・歳出ギャップを是正し、租税収入を国から地方へ移転する機能です。これにより、地方交付税の国から地方への配分を通じて、国と地方の租税収入の割合はほぼ１対１となります。

次に、地方団体間における均衡化とは、東京一極集中等により地域間の財政力には格差があり、税源の偏在が必然的に生じているため、地方団体間における財政力の格差を解消するために、地方交付税の適正な配分を通じて地方団体相互間の過不足を調整し、均てん化を図る機能です。

(b)　財源の保障（財源保障機能）

財源保障機能とは、地方団体の行政運営に必要な財源をマクロ・ミクロの両面において保障する機能です。

マクロの保障とは、地方財政全体の財源保障機能のことです。すなわち、地方交付税の総額を国税の一定割合の額（所得税・法人税の33.1%、酒税の50%、消費税の20.8%（令和２年度以降は19.5%）、地方法人税の合算額）として法定することにより、地方財源を総額として保障する機能です。

ミクロの保障とは、どの地方団体においても行政の計画的な運営が可能となるように、団体ごとに算定されたあるべき財政需要額としての「基準財政需要額」と一定のあるべき財政収入である「基準財政収入額」との差（財源不足額）を地方交付税で補てんすることにより、必要な財源を保障する機能です。

(3)　地方交付税の沿革

(ア)　戦前の財政調整制度

地方交付税制度は、わが国における**財政調整制度**の中核をなす制度であり、その起源は、昭和初期に遡ることができます。すなわち、第一次大戦後、資本主義経済の拡大に伴って、都市部と農村部の経済力に著しい格差を生じ、それが世界恐慌の影響により一層拡大されるに至り、農村部の地方団体の財政は危機的状況に陥りました。一方、義務教育の運営をはじめとする地方団体の行政事務の量は当時急激に拡大したため、昭和12年に応急的措置として、臨時町村財政補給金制度が創設され、我が国における最初の財政調整制度となりました。

昭和15年に国・地方を通じる根本的な税財政制度改正が実施され、その中において、恒久的な財政調整制度としての地方分与税制度が創設されました。地方分与税は、一定の税を国が国税として徴収し、それを地方団体に分与するもので、譲与税と配付税とからなっていました。譲与税は、国税として徴収する地租・家屋税・営業税の全額を徴収地の道府県に還付するものであり、配付税は、所得税・法人税・入湯税・遊興飲食税の一定割合を徴収地に関係なく道府県及び市町村に一定の基準で分与するものでした。配付税は、課税力の小さな地方団体ほど相対的に多くの額を配分されるように配分基準が定められており、本格的な財政調整制度といえるものでした。地方分与税は、昭和23年に還付税が地方税となったため、地方配付税とよばれるようになりましたが、敗戦後の緊縮財政の下で大幅に抑制されました。

(イ)　シャウプ勧告に基づく地方財政平衡交付金の創設

昭和24年４月に来日した**シャウプ博士**を団長とする税制調査使節団は、我が国の税制について調査を行い、同年８月に地方税財政制度改革に関する報告書を提出しました。これがいわゆるシャウプ勧告です。シャウプ勧告に基づき、財政調整制度については、地方配付税を廃止し、**地方財政平衡交付金制度**を創設すべきことが示されました。具体的には、地方配付税が国税（所得税、法人税）の一定割合（配付税率）の額とされていましたが、配付税率が毎年度変動するため地方団体が必要とする財源を完全に保障するものでないこと、地方配付税の配分方式では各地方団体の財政需要を必ずしも的確に反映したものになっていないことなど、制度の欠陥を指摘した上で、地方配付税を廃止して平衡交付金に改め、その総額は合理的標準の下に地方当局の能力と必要とを研究して決定し、地方団体への配分は財政力と財政需要を的確に反映する方式によって行わなければならないと指摘したのです。

シャウプ勧告に基づき、昭和25年に地方財政平衡交付金法が制定され、地方財政平衡交付金制度が創設されました。地方財政平衡交付金制度は、財政収入額が財政需要額に不足する場合に不足額を補てんする方式をとり、その総額は各地方団体の財源不足額の積上げで決定されることを基本としていました。すなわち、総額の決定方式は、国税の一定割合とするのではなく、各地方団体における財源不足額を積み上げる方式を採用し、国に対してはすべての地方団体について測定した財源不足額を補てんするための必要かつ十分な額を予算に計上しなければならない旨を義務づけ、地方財政委員会に対して翌年度の地方団体の歳入歳出総額の見込額に関する書類を内閣・国会に提出しなければならないとしました。また、その配分方式は、各地方団体について一定の方式により算出される基準財政需要額がその基準財政収入額を超える額（財源不足額）を補てんする方式がとられました。特に基準財政需要額は、地方団体の標準的な財政需要を算定するもので、現在の地方交付税の算定方式と同じく、道府県分及び市町村分について行政経費ごとに定められた測定単位の数値を人口密度や市町村の規模、積雪・寒冷度などにより補正して、これに単位費用を乗じた額の合計額とされました。また、基準財政収入額は、標準的な地方団体の財政収入を算定するもので、法定普通税を対象に、標準税率の70%をもって算定されました。

㈲　地方交付税制度への改組

地方財政平衡交付金は、地方団体の財源不足額を積み上げて総額を確保するしくみであるという点で画期的でありましたが、現実には総額積上げの額の決定をめぐって国と地方団体との間に紛争を招く事態に陥りました。このため、昭和28年の地方制度調査会の答申に基づき、昭和29年の制度改正により、地方財政平衡交付金の積上げ方式を廃止して、総額を所得税・法人税・酒税の一定割合とするとともに、その算定方法は地方財政平衡交付金制度の方法に準ずることとし、名称も**地方交付税**と改められました。以降、対象税目の拡大や交付税率の引上げを講じつつ、地方交付税制度として確立・定着してきました。我が国の地方財政の窮乏と財政力格差の解消を図るため、地方分与税制度が成立し、戦後のシャウプ勧告に基づく地方財政平衡交付金制度を経て、総額の決定は地方配付税の方式を受け継ぎ、配分方式は地方財政平衡交付金の方式を継承するという、いわばハイブリッドのしくみとして地方交付税制度が成立したのです。

2 地方交付税の基本的枠組み

(1) 地方交付税の総額

地方交付税の財源保障機能に鑑み、地方交付税の総額の安定的確保は地方財政における最重要の課題です。地方分権推進計画（平成10年5月29日閣議決定）においても、地方交付税の総額確保に関して「地方団体の自主的な行政執行等の機能を損なわずに、税源の偏在による財政力の格差を是正するとともに、地方団体が法令等に基づき実施する一定水準の行政の計画的運営を保障する上で、地方交付税の財政調整機能は極めて重要であることにかんがみ、今後とも、地方財政計画の策定等を通じて、地方交付税総額の安定的確保を図る」とされています。

地方交付税の総額には、地方交付税法に定める交付税総額（いわゆる「入り口ベース」の額）と、法定の総額に「交付税及び譲与税配付金特別会計」（以下、「交付税特別会計」といいます）に直入される地方法人税等を加え、そこから交付税特別会計における過去の借入金の元利償還金等を減じた額（いわゆる「出口ベース」の額）とがあります。

(2) 総額

(ア) 交付税率・対象税目

地方交付税の総額は、所得税・法人税の収入額の33.1%、酒税の収入額の50%、消費税の収入額の20.8%（令和2年度以降は19.5%）、地方法人税の収入額の合計となっています。

国税5税の割合は、通常「法定率」といわれます。地方交付税制度は、地方団体の財源保障を果たすため、その創設以来、法定率を引き上げる努力がなされてきました。すなわち、当初は、所得税・法人税の19.874%と酒税の20%の合計でした。その後、地方行政制度の改正による財政需要の増加、国・地方間の財源配分の合理化、国税・地方税の減税に伴う減収対策などに伴って、これら3税についての法定率が引き上げられ、昭和41年度には所得税・法人税・酒税の32%となりました。また、平成元年度からは新たに消費税とたばこ税が対象税目に加えられ、消費税は24%、たばこ税は25%がそれぞれ算入されました。

図表4-2　地方交付税率及び対象税目の変遷

（単位：％）

改正年度	所得税	法人税	酒税	消費税	たばこ税	地方法人税	法定率改正理由
昭和29	19.874	19.874	20				・地方財政の財源不足に対処するため、順次引上げ
昭和30		22					
昭和31		25					
昭和32		26					
昭和33		27.5					
昭和34		28.5					
昭和35		28.5+ 0.3※					
昭和37		28.9					
昭和40		29.5					
昭和41		32					
平成元				24	25		・昭和63年度の税制の抜本改革（消費税の創設等） 法定３税の減税に伴う交付税の減等への対応として消費税を対象税目化 ・国庫補助負担率の恒久化 国庫補助負担率の恒久化（経常経費）への対応としてたばこ税を対象税目化
平成９				29.5			・平成６年度の税制の抜本改革（地方消費税の創設・消費税率の引上げ等） 所得税の減税に伴う交付税の減等への対応として消費税の法定率を引上げ
平成11		32.5					・平成11年度の税制改正（恒久的な減税） 法人事業税の減税への対応として法人税の法定率を引上げ
平成12		35.8					
平成19		34					・平成18年度の税制改正 恒久化される法人事業税の減税への対応として法人税の法定率を変更
平成26				22.3		全額	・社会保障・税一体改革（消費税率の引上げ等） 社会保障四経費に則った範囲の社会保障給付における国・地方の役割分担等を勘案して消費税の法定率を変更 ・平成26年度の税制改正 地域間の税源の偏在性を是正するため地方法人税を創設
平成27	33.1	33.1	50		除外		
平成30							・交付税原資の安定性の向上・充実を図るための法定率の見直し
令和元				20.8			
令和２				19.5			

※ 0.3は臨時地方特例交付金

平成６年度の税制の抜本的改革により、平成９年度には、消費税の交付税率が29.5％に引き上げられるとともに、平成11年度には、地方税改正における恒久的減税の実施により、当分の間の措置として、法人税の交付税率が35.8％（平成19年度以降は34％）に引き上げられました。

平成26年度には、社会保障・税一体改革に伴う社会保障給付における国と地方の役割分担などを勘案して、消費税の法定率を変更するとともに、地域間の税源の偏在を是正するため、法人住民税法人税割の税率引下げ分に相当する地方法人税が創設され、その全額が交付税原資とされました。

平成27年度には、交付税原資の安定性の向上・充実を図るため、所得税・法人税・酒税の法定率を見直すとともに、たばこ税を除外することとされました。令和元年度及び令和２年度には、消費税10％への引上げに伴い消費税の法定率が見直されます。

(イ)　各年度の総額

各年度の地方交付税の総額は、その年度における国税５税の収入見込額の法定割合の合算額に、前年度以前の年度における地方交付税の過不足分、すなわち精算を加減した額となります。

しかし、地方財政は、バブル経済の崩壊による経済成長率の低下に伴う税収の低迷、累次の経済対策や減税の実施への対応や、少子高齢化に伴う社会保障関係経費の増大などに起因して、歳入と歳出に構造的なギャップが生じ、巨額の財源不足が生じる状態が続いています。このため、地方交付税の法定率分だけでは、地方の財源不足を補てんするために必要とされる地方交付税総額をまかなえず、その不足を埋めるために、毎年度、地方財政対策を通じて、地方交付税の総額の特例措置が講じられています。

地方交付税の総額の特例措置は、交付税率を引き上げる方法、交付税特別会計の借入れを行う方法、国の一般会計から特別に交付税原資に加算する方法、建設地方債（財源対策債）の増発や特例的な地方債の発行による方法などが選択されてきました。平成13年度以降は、交付税特別会計の借入れ方式を取りやめ、財源不足額のうち、建設地方債（財源対策債）の増発等を除いた残りを国と地方が折半して補てん措置を講じることとし、国負担分については国の一般会計加算、地方負担分については特例地方債（臨時財政対策債）の発行により対応することとされました。これらの措置は地方交付税法第６条の３第２項の制度改正として講じられています。

地方交付税法第６条の３第２項は、毎年度分として交付すべき地方交付税の総額が、引き続き各地方団体について算定した額の合算額と著しく異なることとなった場合においては、地方行財政に係る制度の改正又は交付税率の変更を行わなければならないと定めています。この基準により、令和元年度の地方財政は、平成８年度以降23年連続して地方交付税法第６条の３第２項の規定に該当する事態となっています。国・地方とも厳しい財政状況であることから、法定率の引上げは容易なものではありませんが、地方財政の健全な運営のためには、本来的には臨時財政対策債のような特例地方債による対応ではなく、法定率の引上げなどにより地方交付税を安定的に確保することが望まれます。

⑵　地方交付税の種類

地方交付税は、**普通交付税**と**特別交付税**の２種類に区分されます。地方交付税の算定方法を正確かつ精緻で各地方団体の実情によく合ったものとするために、客観性・簡明性を重視した普通交付税を中心としつつ、各地方団体の個々の実情に適合させるために、特別交付税を補完的に組み合わせています。

㋐　普通交付税

普通交付税は、毎年度、標準的な財政需要額（**基準財政需要額**）が標準的な財政収入額（**基準財政収入額**）を上回る地方団体に対して、その上回る額（**財源不足額**）を補てんするために交付するものです。その総額は、地方交付税総額の94％です。

基準財政需要額は、各地方団体の財政需要を合理的に測定するため客観的な方法により算定される額で、いわばあるべき一般財源所要額です。また、基準財政収入額は、各地方団体の財政力を合理的に測定するために一定の方法により算定される額で、いわばあるべき税収入額です。これらの算定方法は、指定統計等の公信力ある基礎数値を基に、画一的・機械的に算出されます。

㋑　特別交付税

特別交付税は、普通交付税で捕捉されない特別の財政需要に対し交付されます。すなわち、①普通交付税の画一的・機械的な算定では捕捉されない各地方団体の実情に応じた特別の財政需要、②年度途中に発生した災害など予測しがたい事態に対処するための財政需要を考慮して交付されるものです。

特別交付税の総額は、地方交付税総額の６％となっています。普通交付税と特別交付税の割合は、地方財政平衡交付金制度の下では、普通交付金90％、特別交付金10％の割合でしたが、昭和27年に普通交付金の割合が８％に引き上げられ、この割合が地方交付税に引き継がれましたが、昭和33年度の改正で６％とされました。平成22年度には、特別交付税の割合を４％に段階的に引き下げる法案が提出されましたが、東日本大震災の発生を受けて引下げを３年間凍結する法改正が行われました。しかし、近年の自然災害の多発に伴う災害関係経費の増加、地域交通や地域医療の確保など住民生活を守るための経費の増加などに対応して、平成28年度の法改正により６％を維持することとされました。

3　普通交付税の算定の基本的しくみ

(1)　算定の考え方

普通交付税は、毎年度、基準財政需要額が基準財政収入額を超える地方団体

図表4-3　普通交付税の算定方法

普通交付税は、標準的な財政需要(基準財政需要額)が標準的な財政収入（基準財政収入額）を超える団体に対して交付

○基準財政需要額＝各行政項目ごとに下記の算式により計算した額の合算額
単位費用(単価) × 測定単位(国勢調査人口等) × 補正係数
（人口規模や人口密度によるコスト差等を反映）

○基準財政収入額 = 標準的な地方税収入見込額 × 75％(譲与税については100％)

○算定例

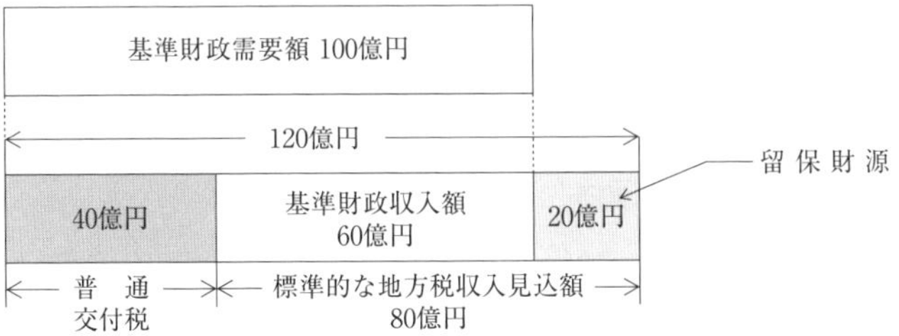

に対して交付されます。各地方団体に対する交付額は、当該団体の基準財政需要額が基準財政収入額を超える額（財源不足額）となります。次のような算定方法となります。

各地方団体に対して交付すべき普通交付税額＝基準財政需要額－基準財政収入額

基準財政需要額及び基準財政収入額は、個々の地方団体について算定されます。その算定方法は、いずれもその基本的事項が地方交付税法に規定されています。基準財政需要額については、行政項目ごとに測定単位、単位費用及び補正係数を用いて算定され、基準財政収入額については、収入項目ごとに基準税率を用いて算定されます。

普通交付税の総額は、国税５税の一定割合を基礎として毎年度の地方財政対策において決定されるため、個々の地方団体ごとに算定した財源不足額の合算額とは、一致しない場合があります。このような場合には、普通交付税の総額と財源不足額の合算額との過不足額が調整されます。具体的には、個々の地方団体について算定した財源不足額の合算額が普通交付税の総額を超える場合には、基準財政需要額を一律の割合（調整率）で減額することによって調整します。なお、個々の地方団体の財源不足額ではなく基準財政需要額に比例させて減額するのは、財源不足額で按分して減額するとすれば、財源不足額の大きい地方団体、すなわち財政基盤のぜい弱な地方団体が不利になり、地方交付税の財源調整機能・財源保障機能の観点から適当でないからです。他方、普通交付税の総額が個々の地方団体ごとに算定した財源不足額の合算額を超える場合には、その剰余額は全額当該年度の特別交付税の総額に加算されます。

⑵　財源不足・超過団体、交付・不交付団体

基準財政需要額が基準財政収入額を超える地方団体を「財源不足団体」といい、基準財政収入額が基準財政需要額を超える地方団体を「財源超過団体」といいます。また、普通交付税の交付を受ける団体を「**交付団体**」、交付を受けない団体を「**不交付団体**」といいます。

財源不足団体と交付団体、財源超過団体と不交付団体とは、必ずしも一致しません。すなわち、財源不足団体ではあっても、財源不足額が極めて少額であるため、基準財政需要額に調整率を乗じられた結果、不交付団体となる場合（これを「調整不交付団体」といいます）があります。また、財源超過団体であっても、合併市町村に関する普通交付税の算定の特例が適用される結果、交付団体となる場合もあります。

⑶　算定・決定期日

普通交付税の**算定期日**は、毎年度４月１日です。また、普通交付税の額は、遅くとも毎年８月31日までに決定しなければなりません。普通交付税は地方団体の歳入の中でも最も重要な項目の１つであり、その算定はできる限り早い時期に行われる必要があるからです。実際には、最近20年間において、平成20年度（８月15日）と平成23年度（８月５日）を除き、７月下旬に普通交付税の決定が行われています。

また、年度途中において、地方交付税の総額が増加した場合などには、普通交付税を再度算定することがあります。この場合、通常８月までに行われる普通交付税の算定を「当初算定」といい、当初算定以後に行われる普通交付税の額の変更を「再算定」とよびます。

4　基準財政需要額の算定方法

⑴　基準財政需要額とは

㈠　標準的な額としての基準財政需要額

基準財政需要額とは、各地方団体の財政需要を合理的に測定するために、地方交付税法に基づいて算定した額をいいます。

地方交付税は、各地方団体の財源不足額を衡平に補てんすることを目的として交付されるものであるため、基準財政需要額は、各地方団体の自然的・地理的・社会的な諸条件を踏まえ、合理的でかつ妥当な水準の行政サービスを実施するために必要な一般財源の額として算定されます。基準財政需要額は、各地方団体の支出の実績（決算額）でもなければ、実際に支出しようとする額（予算額）でもありません。具体的な実績を算定に用いることとすれば、地方団体が支出を行うだけ地方交付税により補てんされてしまい、不公平な結果をもたらすことになるからです。

(イ)　基準財政需要額の水準の根拠

基準財政需要額は、地方財政計画に組み込まれた給与費、社会福祉関係費、公共事業費、単独事業費などの水準と内容を基礎として算定されます。基準財政需要額は、地方財政計画の内容を、その算定を通じて個々の地方団体に具体化する役割を果たすものであり、地方財政計画において財源保障を行ったマクロベースの地方財政の歳出の内容と水準が、個々の地方団体の基準財政需要額の算定を通じて、ミクロベースにおいても財源保障が行われることとなります。

なお、基準財政需要額は、地方財政計画に組み入れられた行政内容のすべてを算定しているわけではありません。基準財政需要額に算入されない特別な財政需要については、その一部が特別交付税により措置されるほか、留保財源に相当する部分（あるべき地方税収入のうち75%を基準財政収入額に算入した残りの部分）を充てることなどにより対応することとなります。

(ウ)　一般財源としての基準財政需要額

基準財政需要額は、各地方団体における必要な一般財源としての財政需要額を示すものです。したがって、基準財政需要額の算定に当たっては、目的税、国庫支出金、使用料・手数料、負担金・分担金などの特定財源をもって賄われるべき財政需要は、原則として、特定財源として除外することとされています。

(2)　基準財政需要額の算定のしくみ

基準財政需要額の算定は、まず、地方団体の経費を「行政項目」に区分し、行政区分ごとに「測定単位」を定めます。次に、この測定単位の数値に、各地方団体のおかれた諸条件に応じて「補正係数」を適用し、これに測定単位ごとに定められた「単位費用」を乗じることによって、その行政項目の基準財政需要額を算定します。そして、各行政項目の基準財政需要額の合算額がその地方団体の基準財政需要額となります。これを算式にすると次のようになります。

基準財政需要額＝単位費用×（測定単位の数値×補正係数）

(3)　行政項目

行政項目とは、都道府県・市町村別に、地方自治法に規定する地方団体の予算の項目（款）に準じて定められています。市町村の中には、政令指定都市・中核市など権限が一般の市町村と異なる市がありますが、補正係数により対応

図表4-4　基準財政需要額の算定方法

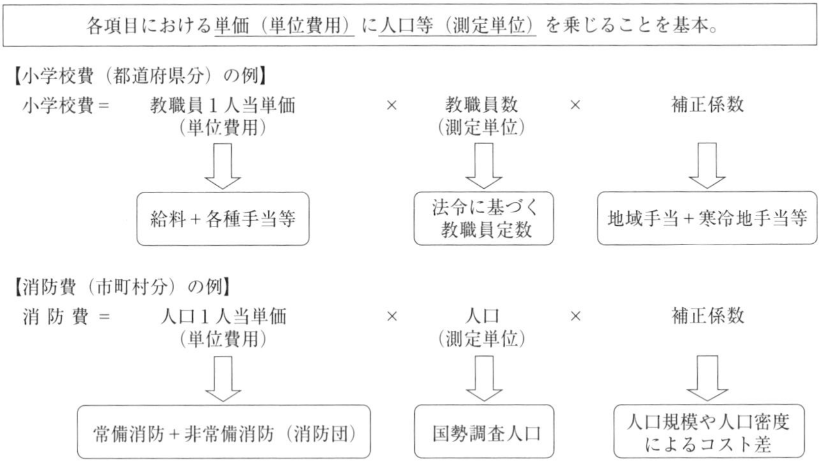

することとしています。

行政項目は、都道府県分については、警察費、土木費（道路橋りょう費、河川費、港湾費、その他の土木費）、教育費（小学校費、中学校費、高等学校費、特別支援学校費、その他の教育費）、厚生労働費（生活保護費、社会福祉費、衛生費、高齢者保健福祉費、労働費）、産業経済費（農業行政費、林野行政費、水産行政費、商工行政費）、総務費（徴税費、恩給費、地域振興費）、地域の元気創造事業費、人口減少等特別対策事業費に区分されます。市町村分については、消防費、土木費（道路橋りょう費、港湾費、都市計画費、公園費、下水道費、その他の土木費）、教育費（小学校費、中学校費、高等学校費、その他の教育費）、厚生費（生活保護費、社会福祉費、保健衛生費、高齢者保健福祉費、清掃費）、産業経済費（農業行政費、林野水産行政費、商工行政費）、総務費（徴税費、戸籍住民基本台帳費、地域振興費）、地域の元気創造事業費、人口減少等特別対策事業費に区分されます。

また、行政項目のうち投資的経費を含むものは、昭和44年度から、「経常経費」と「投資的経費」に分けられていましたが、平成19年度から、経常経費と投資的経費の区分が廃止され、個別算定経費とそれ以外の経費に区分するとともに、個別算定経費以外の経費については、包括算定経費として人口と面積を基本とする簡素な新しい基準により算定する方式（いわゆる新型交付税）が導入されました。

⑷　測定単位

測定単位とは、行政項目ごとに、その行政項目にかかる財政需要を表す最もふさわしいと考えられる指標をいいます。行政項目ごとの具体的な測定単位は地方交付税法に規定されています。

測定単位として具体的に用いられる指標は、「警察費」における「警察職員数」、「小学校費」における「教職員数」や「児童数」、「社会福祉費」における「人口」、「道路橋りょう費」における「道路の面積・延長」などです。

測定単位は、行政項目ごとに、その経費の多寡を最も的確かつ合理的に反映する「物差し」を選ぶ必要があります。少なくとも、①それぞれの行政項目の財政需要との間に高い相関関係があること、②その数値が地方団体ごとに客観的に、指定統計や公信力のある資料に基づき算定できるものであることの条件を満たす必要があります。例えば、測定単位で用いる「人口」は、官報で公示された最近の国勢調査の結果による人口であり、「道路の面積」は、道路台帳に記載されている道路の面積とされています。

⑸　単位費用

㋐　意義

単位費用とは、測定単位１単位当たりの単価（一般財源所要額）をいいます。具体的には、道府県・市町村ごとに、標準的条件を備えた地方団体が合理的、かつ、妥当な水準において地方行政を行う場合又は標準的な施設を維持する場合に要する経費を基準として算定します。具体的には、警察費では警察官１人当たりの費用、道路橋りょう費では道路の面積１千 m^2当たりの費用になります。

また、地方債の償還に要する経費（公債費）については独立した区分が設けられています。公債費として基準財政需要額に算入されるものは、①災害復旧事業債、②補正予算債、③特別の法律の規定によりその元利償還金を基準財政需要額に算入することとされている地方債（合併特例債、過疎対策事業債など）、④地方財源不足に対処するための特例的な地方債（臨時財政対策債など）などがあります。

単位費用は、その具体的な数値が地方交付税法に定められます。単位費用の積算基礎は、地方行財政に関する制度改正、公務員の給与改定、国庫補助負担事業の予算額の変更、物価の変動などにより影響を受けるため、毎年度、地方交付税法の改正により単位費用の改定が行われています。

⑴ 標準団体

単位費用を算出するために、まず、標準的な地方団体（**標準団体**）又は標準的な施設（標準施設）が設定されます。標準団体は、人口、面積、行政規模が道府県や市町村の中で平均的なものであって、自然的・地理的条件などが特異でないものを想定します。標準団体について必要経費を積算し、単位費用を定めれば、個別の団体の財政需要については、各団体の実情に応じて測定単位の数値の補正を通じて妥当な算定が得られるという考え方です。

現在の単位費用の積算において想定されている標準団体は、道府県分については人口170万人、面積6,500km^2、世帯数71万世帯の県を想定しており、市町村分については人口10万人、面積210km^2、世帯数42,000世帯の市と想定しています。

また、測定単位が人口や面積でない行政項目（道路橋りょう費や農業行政費など）については、それぞれ平均的な行政規模（県分の道路橋りょう費では道路延長3,900km、農業行政費では農家戸数５万戸）を設定しています。

単位費用は標準団体において行われる行政に必要な経費を基礎として定められる測定単位の１単位当たりの費用とされます。行政の規模及び内容が道府県又は市町村の平均的なレベルに近く、自然的・社会的条件に格別の特異性のない標準的な条件の下にあることとなります。

⑵ 算定

単位費用に積算される経費の範囲は、給与費、法令などにより地方団体の負担が義務づけられている経費、国庫負担を伴う普通建設事業費、地方団体が単独で実施する普通建設事業費、国庫補助を伴う一般行政経費その他地方団体の行政執行上必要な経費が算入されます。具体的には次の基準によって算入され、地方団体の行う行政の平均的な実態が精緻に勘案されています。

(a)　給与費

地方財政計画で定められる給与水準、すなわち国家公務員の給与水準などに準じて算定されたものが用いられます。職員数についても、地方財政計画の考え方（各省庁の定めた基準あるいは実態調査に基づいて決定される）に従います。

(b)　国の負担を伴う建設事業費あるいは一般行政経費

各年度の国の予算に伴う地方負担額の総額が、おおむね基準財政需要額の全国総額に算入されるような水準において定められています。国庫補助金（地方財政法16条に定める奨励的補助金）を伴う経費についても、普遍性の少ないものを除き、国の予算計上額・義務的正確の程度等を考慮して算定されます。

(c)　国の補助負担金等を伴わない地方団体施行の建設事業費及び一般行政経費

地方財政計画、地方団体の決算状況等を参考に経費の積算が行われています。

(エ)　特定財源の扱い

単位費用は、測定単位の数値１単位当たりの一般財源所要額であり、その積算基礎においては、国庫補助金、使用料・手数料、分担金・負担金、目的税など特定財源は、原則として除外されます。

以上に述べた単位費用の算定例のうち、市町村分の消防費の算定例は**図表4-5**のとおりです。

(6)　補正係数

(ア)　補正の必要性

基準財政需要額の算定は、各地方団体について、費目ごとに「単位費用」×「測定単位の数値」で計算されます。また、「単位費用」は、すべての道府県又は市町村について同一の額を用います。しかし、実際の地方団体の行政経費は、人口規模、人口密度、都市化の程度、自然条件の相違などによって大きな差があります。また、政令指定都市や中核市など一般の市町村とは異なった事務を義務づけられている団体もあります。そこで、基準財政需要額の算定においては、地方団体の置かれた自然的・社会的条件などの違いによって生じる行政経費の差を反映させるため、その差が生ずる理由ごとに測定単位の数値を割増し又は割落としする方法をとっています。これを**補正**といい、測定単位の数値の補正に用いる乗率を**補正係数**といいます。

補正は、基準財政需要額の算定に当たり、各地方団体の置かれた自然的・社

図表4-5　単位費用の算定例（市町村分：消防費）

標準団体の行政規模

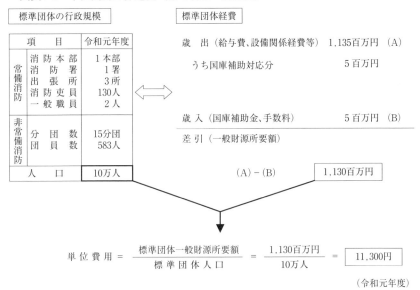

項目		令和元年度
常備消防	消防本部	1本部
	消防署	1署
	出張所	3所
	消防吏員	130人
	一般職員	2人
非常備消防	分団数	15分団
	団員数	583人
人口		10万人

標準団体経費

歳　出（給与費、設備関係経費等）　1,135百万円　(A)

うち国庫補助対応分　5百万円

歳　入（国庫補助金、手数料）　5百万円　(B)

差　引（一般財源所要額）

(A)－(B)　1,130百万円

$$\text{単位費用} = \frac{\text{標準団体一般財源所要額}}{\text{標準団体人口}} = \frac{1{,}130\text{百万円}}{10\text{万人}} = 11{,}300\text{円}$$

（令和元年度）

会的条件などの違いによって生じる行政経費の差を反映させることにより、各団体について公正妥当な算定ができるようになるために必要となるものです。

(イ)　補正の種類

補正の種類は、各地方団体の個別事情をできる限り正確に反映させるためには、多いほど良いのですが、一方で、補正の種類が多いほど算定方法が複雑となりますので、その数には自ずから限界があります。このため、行政経費に差をもたらしている事由のうち、その影響が顕著なものであり、かつ、ある程度普遍的なものであって、その影響を客観的な資料によって係数化できるものを補正係数としています。

補正係数については、その種類や方法、測定単位ごとにどの補正を適用するかについて地方交付税法に規定されるとともに、具体的な算式や採用している数値については省令で定められています。

(a)　種別補正

種別補正は、同じ測定単位のうちに種別があり、その種別ごとに単位当たり費用に差があるものについて、その費用の差に応じて測定単位の数値を補正するものです。

例えば、市町村分の高等学校費のうち生徒数を測定単位とするものについては、生徒１人当たりの所要経費が、全日制の生徒であるか定時制の生徒であるかにより、また全日制の生徒であっても普通科、商業科、工業科などの課程によって差異があります。一方、各課程別の生徒数を測定単位とし、種別ごとに単位費用を設けると算定が複雑になることから、測定単位は高等学校の生徒数とし、各課程（種別）ごとの経費の差を係数化し、各課程別の生徒数に乗ずる補正を行うものです。

(b)　段階補正

段階補正は、人口や面積など、地方団体の測定単位が増加又は減少する段階に応じて単位当たりの経費が割安又は割高になるものについて、その段階ごとの経費の差に応じて測定単位の数値を補正するものです。

地方団体は、その規模の大小に拘わらず、一定の組織体制を有する必要があります。また、行政事務は一般的に規模の経済（いわゆるスケールメリット）が働き、規模が大きくなるほど測定単位当たりの経費が割安になる傾向があります。例えば、人口500人の村と50万人の都市とでは、人口１人当たりの首長に要する経費は人口が少ないほど割高になります。この経費の差を反映させるのが段階補正です。

(c)　密度補正

密度補正は、人口密度によって単位当たり費用が割高又は割安になるものについて、人口密度などの大小に応じて測定単位の数値を補正するものです。

人口規模が同じであっても、人口密度が希薄になるに従い（面積が広くなるに従い）、行政経費は割高になります。また、人口密度以外でも、道路の面積当たりの自動車交通量が多く（密度が大きく）なれば、道路の維持修繕費が多く必要となるため、補正を行うものです。

このような「密度」のほかに、特定の行政経費を実態に応じて基準財政需要額に算入するために、その経費の多少を示す指標を「密度」として補正しているものがあります。例えば、生活保護に要する経費は、生活保護費において人口を測定単位として算定されます。同様に、保育所の運営に要する経費は、社会福祉費において人口を測定単位として算定されます。しかし、これらの経費は、より正確には、生活保護の受給者や保育所に入所している児童数に比例します。このため、測定単位当たりの要保護者数・保育所児童数をそれぞれ「要保護者数密度」「保育所児童数密度」として、この数値の標準団体の密度（全国平均値）の大小に応じて割増し又は割落としを行い、経費を算定しています。

(d)　態容補正

態容補正は、都市化の程度、法令上の行政権能、公共施設の整備状況など、地方団体の「態容」に応じて、単位当たり費用が割安又は割高になるものについて、その態容に応じて測定単位の数値を補正するものです。

態容補正の種類は、普通態容補正、経常態容補正と投資態容補正に区分されます。

(i)　普通態容補正

普通態容補正は、都市的形態の度合いや行政権能の差によって生じる単位当たり経費の差を基準財政需要額に反映させるために適用されるものです。

具体的には、「行政の質量差による補正」のうち、都市化の度合いによるものにあっては、全市町村を都市的形態の程度（人口集中地区人口、昼間流入・流出人口等の多少等）に応じて20段階に区分し、大都市ほど行政需要が増加する経費（道路の維持管理費、ごみ処理経費など）について割増し又は割落としを行います。また、隔遠の度合いによるものにあっては、離島やへき地の市町村やそのような地域を持つ道府県における旅費、資材費が割高となる状況を算定するものです。さらに、農林業地域の度合いによるものにあっては、農林水産業を主産業とする市町村の産業振興・地域振興のための経費が割高になる状況を算定するものです。「給与差による補正」は、地域ごとに異なる地域手当などの給与差を算定するものです。「行政権能差による補正」は、法令に基づく行政権能の差（例えば、保健所は都道府県が設置しますが、政令で指定された市には保健所の設置が義務づけられます）による経費の差を算定するものです。

(ii)　経常態容補正

経常態容補正は、普通態容補正のような市町村の種地又は級地区分（都市化の度合いによる区分又は地域手当等の給与差などを反映した区分）と関係のない態容に基づく経常経費の差を基準財政需要額に反映させるために適用されるものです。

例えば、小・中学校費において、教職員の平均年齢の差による都道府県ごとの平均給与の差を補正するためのものがあります。

(iii)　投資態容補正

投資態容補正は、公共施設の整備の状況その他の態容に基づいて、投資的経費の必要度を反映するための補正です。投資態容補正は、用いる指標の種類によってさらに投資補正と事業費補正の２種類に区分されます。

投資補正は、投資的経費の必要度を示す客観的な統計数値（道路橋りょう費にあっては、道路の未整備率など）を用いて算定するものです。

事業費補正は、実際の投資的経費（公共事業費の地方負担額、特定の事業実施のために借り入れた地方債の元利償還金の一定割合など）を財政需要に反映するものです。事業費補正は、「当該年度の事業量によるもの」と「元利償還金によるもの」とに区分されます。事業費補正は、他の補正とは性格を異にし、地方団体の投資的経費に関する現実の財政需要を基準財政需要額に反映させようとするものであり、人口や面積などの統計数値を基礎する静態的な算定に対して、地方団体の事業実施量に応じた動態的な算定方法とよばれます。普通交付税の算定は、静態的な算定を基本としていますが、小中学校の整備、ダム・港湾などの公共事業などについては、特定の年度に事業費が集中することから、静態的な算定だけでは地方団体の財政需要を的確に算定することは困難です。そこで現実の事業量に応じた算定が用いられています。

(e)　寒冷補正

寒冷補正は、寒冷地域・積雪地域の度合いによって経費が割高となるものについて、寒冷・積雪の度合いに応じて、測定単位の数値を補正するものです。

寒冷補正には、寒冷地に勤務する公務員に対して支給される寒冷地手当にかかる財政需要の増加分を算定するもの（給与差）、寒冷地における暖房用施設、暖房用燃料費、道路建設に必要な特殊経費、生活保護費に係る冬季加算分などの行政経費の増加分を算定するもの（寒冷度）、積雪地における道路・建物などに係る除排雪経費、雪囲費、道路建設費における道路幅員の通常以上の拡張に要する経費などを算定するもの（積雪度）があります。

(f)　数値急増補正・数値急減補正

数値急増補正は、人口を測定単位とする費目分については、算定の基礎となる国勢調査人口の数値の更新に5年間を要するため、この間に人口が急増する市町村について、住民基本台帳登載人口などを用いて増加分を反映させるものです。

数値急減補正は、人口や農家数などが急激に減少しても、行政規模は同じペースで減らせないことなどを反映するものです。

(g)　財政力補正

財政力補正は、地方債の元利償還金を算入する際に、その償還額の税収入に対する割合の高い団体について、算入率を引き上げるものです。災害復旧費のうち単独災害復旧事業債償還費及び小災害債償還費を算入するに当たって適用される特別な補正です。

(h)　合併補正

合併補正は、合併市町村に対して、行政の一体化に要する経費や行政水準・住民負担水準の格差是正に要する経費など、合併直後に必要となる経費を割増

図表4-6　消防費（市町村分）の算定例

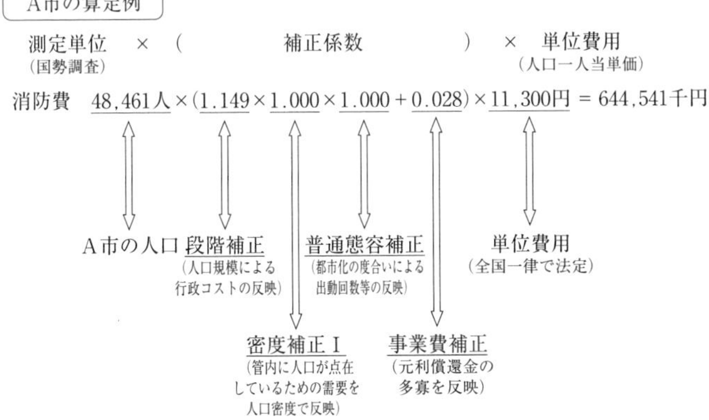

しして算入するものですが、平成21年度限りで廃止され、経過措置が残っています。

(ウ) 実際の適用

以上に述べた補正を適用して、算定項目ごとに基準財政需要額を計算します。適用する補正は、算定項目ごとに複数にわたる場合があり、例えば、市町村分の消防費については、段階補正、密度補正、普通態容補正、経常態容補正、事業費補正を組み合わせて適用します（図表4-6）。

コラム4-1　合併算定替と市町村の姿の変化に対応した交付税算定

平成11年以降、地方分権の担い手となる基礎自治体にふさわしい行財政基盤の確立を目的として、市町村合併が積極的に推進されてきました。この「平成の合併」により、全国の市町村数は、平成11年度末の3,232団体から、平成29年４月１日現在では1,718団体まで減少しました。

合併した市町村においては、合併後の当面の間は、行政経営に係る経費を急激に節減することは困難であることを考慮し、合併特例法に基づき、合併後一定期間は、合併市町村の普通交付税額について、合併前の市町村がそのまま存続したと仮定した場合に算定される普通交付税の額を下回らないよう算定する特例措置が講じられています。

具体的には、合併後の市町村（一つの自治体として算定されるため、「一本算定」といいます）に係る財源不足額と、その市町村が合併前の状態にあるものと仮定した場合の財源不足額の合算額（「合併算定替」といいます）を比較し、合併算定替の額が有利な場合には、その額をもって合併市町村の財源不足額とします。

合併算定替は、合併から一定期間経過後は、激変緩和措置として、合併算定替による増加額を段階的に縮減することとされています。

「平成の合併」から約10年を経過する平成22年度以降、合併算定替による増加額が段階的に縮減される期間に入り、合併算定替の特例期間の終了が近づくにつれて、市町村の面積が大きく拡がるなど市町村の姿には大幅な変化が生じており、行財政改革に取り組んだとしても、合併算定替の特例期間が終了することによる普通交付税の減少の影響が大きく、合併市町村の財政運営に支障が生じかねないとの懸念が各方面から指摘されるようになりました。

こうした状況を踏まえ、平成26年度から、「平成の合併」により、行政区域の広域化等に伴い、合併時点では想定されなかった新たな財政需要として、①支所に要する経費の算定、②人口密度等による需要の割増し、③標準団体の面積の見直しについて、５年程度の期間をかけて、普通交付税の算定に順次反映されています。

5　基準財政収入額の算定方法

⑴　基準財政収入額とは

基準財政収入額とは、各地方団体の財政力を合理的に測定するために、それぞれの団体における標準的な地方税収入などを一定割合により算定した額のことです。地方交付税制度が標準的な行政水準を確保・維持していくために必要な財源を地方団体に保障するとともに、地方団体間の財源の偏在を調整することを目的としていることから、その算定に当たっては、基準財政需要額の算定と同様、客観的かつ合理的に行われる必要があります。このため、算定方法の基本的事項（対象税目、基準税率など）については、地方交付税法で定められています。

⑵　算定方法

基準財政収入額は、①算定対象となる税目（対象税目）について標準税率又はこれに相当するものによって算定した標準的な地方税収入見込額に、②原則として100分の75（基準税率）を乗じ、③地方譲与税などの収入見込額を合算して算定されます。

㈠　対象税目

基準財政収入額の算定の対象となる税目は、法定普通税を主体とした標準的な地方税収入になります。

ここで、法定外普通税については、課税自主権に基づいて地方団体が任意に課す税であることから、算定対象外とされています。また、目的税のうち、自動車取得税、軽油引取税と事業所税については、収入額が大きく、課税することが法定されており、かつ普遍的に存在する税であることから算定対象とされています。他方、目的税のうち入猟税（道府県税）、入湯税、都市計画税、水利地益税（以上市町村税）と法定外目的税については、特定の財政支出に充てられる特定財源であること、受益者負担金的な性格が強いことから、算定対象外とされています。

また、国庫補助負担金、使用料・手数料などの収入は、特定の経費の財源となり、かつ、当該経費の支出に応じてその額が定まる関係にあることから、基準財政収入額には算入せず、基準財政需要額の算定の際、特定財源として控除されます。

⑷　基準税率（算入率）

基準財政収入額の算定に当たっては、その算定対象となる地方税収入額については、原則としてその75％を算入します。この割合を**基準税率**（**算入率**）とよんでいます。

各地方団体の地方税収入額の全額を算入しないのは、次の理由によるものです。

第1に、地方税収入の100％を算入することとすれば、これに見合う基準財政収入→需要額についても、地方団体が行うあらゆる行政に関する経費を完全に把握して算入しなければなりません。しかし、地方団体が自らの政策判断に基づいて実施する特色ある施策、臨時的な施策などを基準財政需要額に完全に反映させることは技術的に不可能です。こうした個々の地方団体の固有の財政需要に充てるべき財源として、一定の地方税収入を留保しておく必要があります。

第2に、地方税収入の100％を算入することとすれば、各団体が企業誘致や産業振興などの取組みにより税収を増加させたとしても、それと同額の地方交付税が減額されることとなり、各地方団体の努力の余地が著しく狭められることとなってしまいます。地方団体の自主性・独立性を尊重し、自主財源である地方税の税源のかん養や税収の確保に対する意欲を失わせないよう、一定の地方税収入は算入しない取扱いとする必要があります。

ただし、三位一体の改革による国庫補助負担金の廃止・縮減に伴う所得税から個人住民税への税源移譲相当額については、税源移譲により財政力格差が拡大しないよう、当分の間、100％を算入することとされています。また、地方消費税の税率引上げによる増収分についても、国の制度に係る社会保障給付費の地方負担の増加に対応するものであり、税率引上げにより財政力格差が拡大しないようにするため、当分の間、100％を算入することとされています。

また、地方譲与税と交通安全対策特別交付金は、地方団体の課税努力と関係なく、国の定める一定の基準によって交付されるものであることから、その全額が基準財政収入額に算入されます。全額を算入しても地方団体の財政運営の自主性・自立性を阻害するおそれがないからです。

(ウ)　留保財源

基準財政収入額の算定において、地方税収見込額の25％分は算入されず、各地方団体に留保されます。この留保分の財源（**留保財源**）の割合は、留保財源率といわれています。

留保財源率は、都道府県分については、昭和29年度の地方交付税制度創設から平成14年度まで20％とされ、市町村分については昭和29年度から38年度までは30％、昭和39年度以降は25％とされてきました。

留保財源率については、地方分権推進委員会最終報告（平成13年６月20日）において、「地方の課税努力、税源かん養努力、独自財源充実の自助努力を更に促すような仕組みの検討」の必要性が指摘されたことを踏まえ、平成15年度から道府県分の留保財源率を20％から25％に引き上げ、これに対応した道府県分の基準財政需要額の圧縮が行われました。

留保財源率のあり方をめぐっては、地方団体が企業誘致等を行って税収を増加させても、その75％は地方交付税の減額で相殺されてしまい、地方交付税に依存する体質を生み出しているのではないかとの批判があります。他方、財政基盤のぜい弱な地方団体にとっては、留保財源を圧縮し（基準税率を引き上げ）、その分だけ基準財政需要額の算定内容を充実させることにより、交付税の算定を通じた財源調整を強化すべきとの主張がなされています。

(エ)　算定の基礎

基準財政収入額は、地方団体における標準的な一般財源収入として、地方団体の現実の課税状況や徴税努力により団体間に不公平が生じないよう、合理的に算定する必要があります。各団体の収入実績をそのまま用いるのであれば、徴収努力を行った団体は基準財政収入額が増加して普通交付税が減るのに対して、徴収努力を怠った団体は基準財政収入額が減少して普通交付税が増えることとなり、不合理な結果となります。このため、基準財政収入額の算定は、課税客体の数量や課税実績などについて客観性の高い資料を基礎としています。

具体的には、①課税客体の数量や課税実績などを用いるものについては、例えば、道府県民税・市町村民税の均等割・所得割や個人事業税は、前年度の課税の基礎となった納税義務者数を算定の基礎とします。また、道府県民税・市町村民税の法人税割・法人事業税は、前年度の課税標準などの額を基礎とします。②譲与又は交付の実績を用いるものについては、前年度の譲与額・交付額を用います。

また、各税目の税率は、標準税率（標準税率を定めない税目にあっては地方税法に定める率）が採用されます。このため、超過課税による超過分や減税による軽減分は算入されません。

基準財政収入額は、税目ごとの算定の基礎と標準税率などを用いて「課税標準額」が算出され、これに「基準税率」を乗じ、さらに各税目につき妥当と考えられる「徴収率」を課税額に乗ずることにより、税目ごとの「基準税額」が算定され、これらを合算した額が基準財政収入額となります。

⑶　基準財政収入額の精算制度

㈠　精算制度とは

基準財政収入額は、標準的な地方税収入などを算定するものですから、実際の課税実績とのかい離が生じても精算は行わないのが原則です。しかし、一部の税目については特例として**精算措置**が行われます。

精算措置の対象となる税目は、道府県民税の法人税割・利子割・所得割（分離譲渡所得分）、法人事業税、市町村民税の法人税割・所得割（分離譲渡所得分）、利子割交付金、特別とん譲与税です。これらの税目については、景気の変動などを敏感に受け、年度ごとの額の変動が大きく、基準額と課税実績額との間に著しく格差が生ずることがあるため、精算を認めるものです。精算制度には、減収補てん債と普通交付税の精算措置の２つの方法があります。

㈡　減収補てん債

地方団体において、法人関係税（道府県民税の法人税割・利子割、法人事業税及び地方法人特別譲与税、市町村民税の法人税割及び利子割交付金）が、基準財政収入額の算定において見込んだ収入見込額を下回ると見込まれる場合は、この減収を補てんするために特別な地方債（**減収補てん債**）を発行することができます。

発行された減収補てん債については、発行年度の基準財政収入額に加算

(75%) するとともに、後年度の元利償還金の一定割合が基準財政需要額に算入されます。減収補てん債は、地方財政法５条の特例として発行される特別な地方債であり、一般財源の扱いになります。

(ウ)　精算措置

法人事業税などの算定において、課税実績との間に算定過大又は算定過少があった場合、減収補てん債の発行によって措置されない額については、翌年度以降の基準財政収入額に加算又は減額されます。

なお、法人税割、法人事業税、利子割（交付金を含む）及び地方法人特別譲与税については、減収補てん債の発行による方法と精算措置による方法のいずれも可能です。

(4)　課税免除等に係る減収補てん制度

地方団体が任意に行う課税免除又は不均一課税による減収部分については、その団体の個別の事情に基づくものであり、基準財政収入額の算定上考慮しないのが原則です。しかし、各種の地域振興立法に基づいて地方団体が特定地域への企業立地に対して行う課税免除又は不均一課税については、政策的配慮から、一定のものに限って基準財政収入額から控除する特例が認められています。これにより、企業立地に対して行う課税免除などによる減収については、普通交付税により補てんされます。

減収補てん制度が認められている地域振興立法は、地域再生法など10法律に上ります（平成31年４月現在)。減収補てん制度が課税免除の特例として認められるのは、地域振興に資すること、将来の税源かん養につながることなどの公共性や経済波及効果が認められるからです。もっとも、地方交付税の算定の公平性を確保する観点からは、課税免除などの特例は必要最小限にとどめることが必要となります。

6　特別交付税

(1)　特別交付税とは

特別交付税は、普通交付税で捕捉されない特別の財政需要などを勘案して交付され、普通交付税の画一的な算定方法を補完する役割を果たしています。特

図表4-7　特別交付税制度の概要

1．総額

■ 地方交付税総額の６％に相当する額
（地方交付税法６条の２）

2．役割

■ 普通交付税の補完的機能（地方交付税法 15 条）
※ 個別の算定項目等については、省令に規定
○ 基準財政需要額の算定方法によっては捕捉されなかった特別の財政需要があること
例）地域医療（公立病院等）、地域交通（地方バス・離島航路等）、文化財保存、消防救急関係　等
○ 普通交付税の額の算定期日後に生じた災害等のため特別の財政需要があり、又は財政収入の減少があること　等
例）災害関係（地震・台風・豪雨等）、除排雪関係　等

3．交付時期

■ 年２回に分けて交付
（地方交付税法15条、16条）

〈第１回〉12月に交付（総額のおおむね1/3以内）
〈第２回〉３月に交付

4．特別交付税総額

【平成29年度】
9,797億円
（12月分　2,784億円）
（３月分　7,013億円）
【平成30年度】
9,605億円（予算額）
（対前年度比　▲2.0%、▲192億円）

別交付税の総額は、交付税総額の６％に相当する額です。

(2)　算定項目

特別交付税が交付されるのは、①基準財政需要額の算定方法によっては捕捉されなかった特別の財政需要がある場合、②基準財政収入額のうちに著しく過大に算定された財政収入がある場合、③地方交付税の額の算定期日後に生じた災害等のため特別の財政需要があり、又は財政収入の減少がある場合、④その他特別の事情がある場合です。

具体的な算定項目と算定方法は、「特別交付税に関する省令」に定められています。例えば、①については、地方バス路線や離島航路維持に要する経費、活動火山対策や有害鳥獣駆除対策、廃棄物の不法投棄対策など地方団体の置かれた地理的・社会的特殊性に基づく財政需要が該当します。②については、市町村民税の法人税割に過大算定額があり、普通交付税において精算できない額が生じた場合が該当します。③については、普通交付税の算定期日（毎年４月１日）以後に生じた自然災害や大規模火災などにより被害が発生した場合の復旧費などが該当します。

なお、普通交付税の算定において財源超過額がある場合、競馬・競輪などの公営競技による収益金の額が多額である場合、地域手当について国家公務員に

つき定められた支給割合を超えて支給した場合などには、これらの額の全部又は一部について、特別交付税の算定上、控除されます。これら減額は、地方団体間の財源配分の均衡を図ることを目的として行われるものです。

(3)　決定・交付時期

特別交付税の額の決定は、毎年度、12月と３月の２回とされています。

このうち、12月交付分は、特別交付税の総額の３分の１以内とされています。実務上は、12月交付分は、普通交付税の算定方法の画一性を補完する項目（ルール分）を中心に算定され、３月交付分は、各地方団体の財政事情等を総合的に勘案して算定されています。なお、大規模災害の発生時においては、12月又は３月の決定・交付とは別に、その都度、災害の発生後速やかに特別交付税の額を決定することができる特例が設けられています。

コラム4-2　**災害と特別交付税**

特別交付税は、普通交付税の基準財政需要額の算定方法によっては捕捉されなかった特別な財政需要がある場合など特別の事情がある場合に交付されるもので、単に「特交」ともいわれます。平成29年度の特別交付税交付額9,797億円における主な算定項目は、地震・台風等の災害関連に係る算定額が526億円、除排雪経費にかかる算定額が654億円などとなっており、予期し得ない災害や自然現象に係る特別の財政需要が主な対象となっています。

例えば、現年災害に係る特別の財政需要としては、その災害による災害復旧事業費、り災世帯数、農作物被害面積、死者・行方不明者数等を算定の基礎として算定され、国費や地方債を補完し、被災団体における円滑な災害復旧・復興事業の実施を支えています。また、除排雪経費については、普通交付税において標準的な必要額を措置するとともに、実際の除排雪経費の見込額が普通交付税の措置額を超える場合には、３月分の特別交付税により算定されています。

さらに、我が国全体に未曾有の被害をもたらした東日本大震災においては、地方交付税について通常収支分とは別枠で震災復興特別交付税を設け、被災団体の復興・復旧事業の事業実施状況に合わせて、地方負担分の全額を震災復興特別交付税で措置することにより、被災団体の実質的な財政負担をゼロとする措置が講じられています。この措置については、復興・創生期間（平成28年度から令和２年度）においても、復興の基幹的事業や原子力災害に由来する復興事業に対して、集中復興期間（平成23年度から平成27年度）と同様、震災復興特別交付税により被災団体の実質的な負担をゼロとすることとし、復旧・復興に係る地方単独事業の実施に要する経費や地方税等の減収補てんについても、基本的に、引き続き震災復興特別交付税による措置を継続し、被災団体の実質的な負担をゼロとされています。一方、被災団体の「自立」につなげていく観点から、地域振興策や将来の災害への備えといった全国に共通する課題への対応との性質をあわせ持つ事業については、被災団体においても一定の負担をするものとされています。

7　算定方法の見直し

(1)　背景

地方交付税は、昭和29年の制度創設以来、地方団体の財源保障機能・財源調整機能を果たすために、その算定方法について、法令等による地方団体の事務・事業の増加等を踏まえ、個々の地方団体の財政需要をより的確に反映するべく改正を積み重ねてきました。こうした制度改正の結果、普通交付税の算定は極めて精緻なものとなっています。しかし、こうした精緻な算定方法に対しては、交付税制度は複雑で分かりにくい、あるいは、きめ細かな財源保障がかえって地方団体の行革意欲を削ぐ結果になっているなどの批判を招くこととなりました。

こうした批判を踏まえ、地方分権推進計画などにおいて、**地方交付税の算定方法の見直し**が進められてきました。

(2)　算定の簡素化・透明化

(ア)　背景

地方分権推進計画は、「地方交付税制度の運用のあり方については、国と地方の役割分担の見直しや法令等による地方公共団体の事務の義務付けの廃止・緩和等に対応して、地域の実情に即した地方公共団体の自主的・主体的な財政運営に資する方向で、算定方法の簡素化を進める」としました。また、「今後の経済財政運営と構造改革に関する基本方針」（平成13年6月26日閣議決定）においても、「今後、国の関与の廃止・縮小に対応して、できるだけ客観的かつ単純な基準で交付額を決定するような簡素な仕組みにしていくべきである」とされました。こうした方針に基づいて、算定の簡素化・透明化が進められてきました。

(イ)　地方団体の意見申出制度

地方交付税の算定について、地方団体の意見をより的確に反映するとともに、その過程を明らかにするために、地方分権一括法により、地方団体の意見申出制度が新設されました。

地方団体は、交付税の額の算定方法に関し、総務大臣に対し、意見を申し出ることができます。総務大臣は、地方団体の意見を誠実に処理するとともに、その処理の結果を地方財政審議会に報告することが義務づけられています。

(ウ)　算定の簡素化

(a)　単位費用化

基準財政需要額の算定方法のより一層の簡明化を図る観点からは、測定単位として用いることが可能な信頼度の高い客観的な統計数値が存在する経費については、省令で定める補正係数を用いて算定するよりも、法律に基づく単位費用を用いて算定することが求められます。このため、従来は補正係数を用いて算定していた公立大学運営経費、幼稚園運営経費、老人医療費等について、新たに測定単位と単位費用を地方交付税法で定めて算定することとなりました。

(b)　経費の種類の統合

基準財政需要額の算定に用いる行政項目が細分化されていて、複雑で分かりづらいという意見に対応して、経費の種類の統合が進められました。

具体的には、平成17年度に、投資的経費の抑制に伴い、経費を分類して算定する必要性が弱まったことなどを考慮して、都道府県分の投資的経費のうち、「その他の土木費」、「企画振興費」及び「その他の諸費（人口）」の３つの経費を「その他の諸費（人口）」に統合するなどの見直しが行われました。

さらに、平成19年度から、経常経費と投資的経費の区分を廃止し、個別算定経費以外の経費を人口と面積を基本とする簡素な基準により算定する方式（包括算定方式）が導入されました。

(c)　都道府県分の補正係数の半減

補正係数の見直しに当たって、特に都道府県分については、市町村に比べて財政規模のばらつきが小さいことを踏まえ、補正係数の半減を目指した取組みが行われました。

具体的には、寒冷地手当に関する寒冷補正などについて、１つの費目で一括して適用する対象を大幅に拡大するとともに、各費目における補正の見直しなどを行った結果、平成13年度には146であった補正係数が、平成19年度には73に半減しました。

⑶　段階補正の見直し

地方団体は、その規模の大小に拘わらず一定の組織や人員を確保する必要があります。また、行政事務はいわゆるスケールメリットが働きますから、規模が大きいほど人口一人当たりのコストが割安になる一方、規模が小さいほど割高になる傾向があります。こうした規模のメリット・デメリットを反映するのが段階補正です。

段階補正については、地方交付税の算定方法の簡素化の一環として、平成10年度から平成13年度にかけて、人口4,000人未満の地方団体について、商工行政費、消防費、保健衛生費、社会福祉費などにおいて、順次、その割増率が一律になりました。

また、平成14年度から平成16年度にかけて、小規模団体であっても職員の兼務や外部委託等により、合理的・効率的に行財政運営を行っている地方団体があることから、そのような実態を反映した割増率を算出する見直しが行われました。

一方、条件不利地域や小規模市町村等において必要な行政サービスを実施できるよう、平成22年度には、人口や面積による機械的な算定では捕捉できない財政需要をきめ細かく算定し、財政力の弱い市町村等に手厚く配分するため、段階補正の割増率の一部復元が行われました。

⑷　包括算定経費（新型交付税）の導入

㋐　経緯

算定方法の簡素化を更に抜本的に進め、地方交付税の予見可能性を高める観点から、「基本方針2006」（平成18年７月７日閣議決定）において、「地方団体の財政運営に支障が生じないよう必要な措置を講じつつ、簡素な新しい基準による交付税の算定を行うなど見直しを図る」とされ、平成19年度から、包括算定経費（新型交付税）が導入されました。

具体的には、①国の基準づけがない、あるいは弱い行政分野について、人口と面積を基本とする算定を行う包括算定経費（新型交付税）を導入する、②その際、各自治体の人口規模や、宅地・田畑など土地の利用形態から生じる行政コストの差を反映する、③離島や過疎など、真に配慮が必要な自治体に対応する仕組みを確保する、④自治体の財政運営に支障が生じないよう制度を設計することとされました。一方、福祉・教育などの国の義務づけ・基準づけがなされている行政分野については、個別算定経費において的確に算定を行うこととされました。

包括算定経費の対象となる基準財政需要額は、国の基準づけがない、あるいは弱い行政分野が少なくとも１割程度あることを踏まえて、平成19年度の導入後、公債費を除く基準財政需要額の約１割程度で推移しています。具体的には、投資的経費を中心に包括対象経費の対象となりましたが、「道路橋りょう費」と「港湾費」は従来の算定方式どおりとなりました。また、経常経費については、地方団体の内部管理経費や地域振興関係経費など国の基準付けが弱い経費が主である「企画振興費」と「その他の諸費」が対象となりました。

また、個別算定経費の数については、投資的経費を中心とした大幅な見直し・統合により、約３割減（平成18年度：95→平成19年度：68）となりました。

包括算定経費は、基準財政需要額の算定面における改革であり、現行の地方交付税の基本的機能である財源保障機能と財源調整機能に直接影響を与えるものではありません。また、地方交付税の総額は、地方財政計画における歳入・歳出水準の設定を通じて確保されるものであり、今回の算定面における改革は、そのようにして確保された交付税総額をどのように各地方団体に配分するかとの観点から行うものであり、交付税総額に関係するものではありません。

(イ)　地域振興費の創設

包括算定経費の導入に際しては、離島や過疎など真に配慮が必要な地方団体に対するしくみを確保することとされました。また、包括算定経費に統合する算定項目においては、行政改革や地域振興を促進するためのインセンティブとなる算定など、時代のニーズに即した政策課題に対処するための経費についても算定していました。

このため、包括算定経費に統合する費目の中から、条件不利地域への配慮や政策課題への対応に係る経費を抜き出し、新たな算定項目として「地域振興費」を創設して算定することとなりました。具体的には、へき地・離島、寒冷地、市町村合併、行革インセンティブ、基地、地域手当などに関係する経費を算定することとなりました。

包括算定経費の導入は、地方団体の現実の財政運営に支障が生じないよう制度を設計することとされた結果、地域振興費の創設によって変動額が最小限に抑えられました。

(ウ)　課題

算定の簡素化の一方で、生活保護をはじめ福祉や教育など、法令の規定に基づき一定の義務づけや基準づけがされている事務事業については、その財政需要について、普通交付税の算定を通じて的確に財源保障を行う必要があります。このため、こうした行政分野における地方負担額を的確に算定する目的で設けられている補正係数の簡素化は慎重に考える必要があります。また、地方団体からは、地域の実情に応じた財政需要を的確に算定するよう求める意見が多いことも事実です。

したがって、地方交付税の算定方法については、必要な地方財源を的確に保障するという交付税制度の趣旨を踏まえ、各行政経費の義務づけ・基準づけの度合いに応じて、実情に応じたきめ細かな算定と、簡素化・透明化のバランスを保ちながら見直しを行うことが重要です。

(5)　行政改革や地域振興の成果を反映した算定

(ア)　経緯

地方団体の財政運営に当たっては、不断の行革努力が求められているところであり、基準財政需要額の算定の基礎となる地方団体の標準的な経費も、その時点における地方団体の効率的な財政運営への取組みを反映して算定されなければなりません。

地方交付税制度にはそもそも、制度全体の構造として、行政改革を促すしくみが内在しています。すなわち、単位費用には、標準的に計上された人員数と標準的な給与単価により計上された給与費が算定されます。また、地方団体の標準的な経費については、民間委託による効率化を前提とした算定が行われています。このため、各地方団体において、地方交付税に算定されている水準以上に行革努力をして経費を節減した場合には、行革努力をした分だけ、他の行政施策に活用できる財源が確保されるしくみとなっています。また、基準財政収入額の算定に際しては、法定税について標準的な税率と徴収率を用いて算定されています。したがって、法定外税や超過課税を実施している場合には、その分だけ他の行政施策に活用できる財源が確保されるしくみとなっています。

一方、極めて厳しい地方財政の下、不断の行革努力が求められている中で、「地方分権推進計画」は、「地方交付税の算定に当たり、各地方公共団体の課税努力、自主的な財政再建努力や行革努力等を促す観点（中略）からの財政需要を反映することとする」とされ、また、「基本方針2004」（平成16年６月４日閣議決定）は、「地方団体の効率的な行財政運営を促進するよう、地方交付税の算定の見直しを検討する」としました。こうした観点から、行政改革や地域振興に努力する地方団体の成果を反映した算定が進められてきました。

(イ)　行革インセンティブ算定

行革インセンティブ算定については、平成17年度から、歳出削減の取組強化に伴い増加が見込まれる事務のIT化の経費や、徴税の取組強化に伴い増加が見込まれる休日・時間外滞納整理経費等を基準財政需要額に算入するとともに、その一定割合を歳出削減や徴税強化の実績を示す指標等に応じて算定することにより、行革努力をより直接的に反映する算定を行うこととされました。また、平成18年度には、上記の２つの算定に加えて、行革努力の実績を地域振興関係経費に反映させる算定が実施されました。具体的には、行政改革を積極的に実施している地方団体にあっては、厳しい財政状況下にあっても、行革努力により捻出した財源を地域振興策に充てている実態を踏まえ、人件費等の対象経費の削減率が全国平均を上回る団体について、単位費用（企画振興費）を割り増す補正係数が新設されました。

行革インセンティブに関係する経費については、平成19年度より包括算定経費の導入に伴い地域振興費において算定され、平成25年度からは「地域の元気づくり推進費」において、平成26年度からは「地域の元気創造事業費」において算定されています。

(ウ) トップランナー方式

トップランナー方式とは、歳出の効率化を推進する観点から、民間委託などの業務改革を実施している地方団体の経費水準を基準財政需要額の算定に反映するものです。「基本方針2015」を踏まえ、民間委託等の積極的な活用等による更なる業務改革の推進に努めるよう地方団体に要請するとともに、交付税の算定において、平成28年度からトップランナー方式が導入されています。

トップランナー方式の対象となる業務は、地方行政サービス改革の取組状況等に関する調査（平成28年3月25日）によって把握することとした地方団体の業務改革のうち、単位費用に計上されている23業務について検討対象とし、平成28年度は、多くの地方団体が業務改革に取り組んでいる16業務についてトップランナー方式を導入し、平成29年度は、2業務を追加しました。他方、法令などにより国が基準を定めている業務や、産業振興・地域振興などの業務は、トップランナー方式になじまないことから対象外とされています。

トップランナー方式は、多くの団体が民間委託等の業務改革に取り組んでいる経費について、その経費水準を単位費用の算定基礎とし、合理的かつ妥当な水準の経費として単位費用を積算しているものです。もちろん、トップランナー方式の対象業務をどのような手法で実施するかは各地方団体が自主的に判断するものです。

(エ) 「まち・ひと・しごと創生事業費」に対応した算定

地方団体が自主性・主体性を最大限発揮して地方創生に取り組み、地域の実情に応じたきめ細かな施策の展開を可能にする観点から、平成27年度地方財政計画の歳出において「まち・ひと・しごと創生事業費」1兆円が計上され、令和元年度においても、同額が確保されています。

「まち・ひと・しごと創生事業費」については、地方交付税の算定に当たって、「地域の元気創造事業費」（4,000円程度、うち100億円程度は特別交付税）及び「人口減少等特別対策事業費」（6,000億円程度）において措置されています。

このうち「人口減少等特別対策事業費」については、平成27年度と平成28年度は、「取組の必要度分」として5,000億円、「取組の成果分」として1,000億円を算定していましたが、地方創生の取組みを一層促進するため、平成29年度から３年間かけて、段階的に「取組の必要度分」から「取組の成果分」へ1,000億円シフトすることとされています。また、「地域の元気創造事業費」については、平成27年度と平成28年度は、「行革努力分」として3,000億円、「地域経済活性化分」として1,000億円を算定していましたが、平成29年度から３年間かけて、段階的に「行革努力分」から「地域経済活性化分」へ1,000億円シフトすることとされています。

なお、これらの算定に当たっては、成果を発揮する際の条件が厳しいと考えられる条件不利地域等への配慮を行うこととされています。

コラム4-3　地域おこし協力隊の展開

地域おこし協力隊は、都市部の人材を地域社会の新たな担い手として受け入れる取組みとして、平成21年度に創設されました。地域おこし協力隊のしくみは、三大都市圏などから過疎・農山漁村・離島・半島などのいわゆる条件不利地域に住民票を移動させ、生活の拠点を置いた者を地方自治体が「地域おこし協力隊員」として任命し、地域活動に従事してもらうものです。任期はおおむね1年以上3年以下で、隊員は、地域行事の応援、地場産品の開発・販売、空き店舗の活用、移住者の受入れ支援、農作業、高齢者の見守りサービスなどに従事します。隊員の活動に要する経費については、一人当たり400万円を上限として特別交付税措置が講じられます。

地域おこし協力隊の根幹にある考え方は、自治体の自主性・主体性を尊重し、地域ごとにオーダーメイドで実施することにあります。国が募集定員を定めるものではなく、地方自治体は国に対して事前に申請したり、承認を受けたりするなどの手続は必要ありません。募集や採用の時期・方法をはじめ、どのような活動を行ってもらうかについても、受入れ自治体がそれぞれの地域の実情を踏まえて自ら考えて判断し、その実績を踏まえ、国が地方財政措置を講じるのです。

地域おこし協力隊の制度を立ち上げた当初は、隊員の増加は思うように進みませんでした。しかし、隊員の卒業生が地域に定着したり、地域に根ざした仕事を始めたりするようになってから、マスコミで取り上げられるようになり、注目度が高まりました。それに伴って地域おこし協力隊への応募が伸びるという好循環を生むようになり、平成30年度には隊員5,530人が各地域で活動するまでになりました。隊員の構成は、性別では女性が約4割、年齢別では20～30歳代で約4分の3を占めており、特に若い世代の感性と活力が、地域に元気を注いでいます。また、任期終了後に約6割（62.6%）の隊員が同じ地域（活動地と同一市町村または近隣市町村）に定住しています。受入れ自治体の首長からは、隊員によく頑張ってもらっている、隊員のおかげで地域に元気が出た、といった話を聞くことが多くなりました。これも隊員の皆さんの努力と受入れ自治体や地域のサポートが結実したものと思います。

地方から三大都市圏への人口移動は依然として続き、東京一極集中の傾向が続いている一方で、生活の質や豊かさを求めて、自然環境や歴史、文化に恵まれた地域で生活することを志向する都市住民が増えています。人口減少と少子高齢化に直面している地域において、地域外の人材を積極的に誘致し、その定住・定着を図ることは、都市住民のニーズに応えながら、地域社会の維持・活性化に資する取組みであり、地域おこし協力隊はその中核を担う施策として期待されています。

Chap. 5

国庫支出金
――国の関与と支援

1 補助金制度

(1) 補助金とは

国庫補助金とは、国から、自治体、民間企業やNPO法人などに対して、特定の政策目的に基づいて支出されるものです。

国庫補助金は、国から自治体などに支出される資金ですが、受け取る側は補助金の対象となる施策や事業に係る支出を行う義務を負います。したがって、補助金はその対象となる施策又は事業に対する特定財源、いわば「ひも付きの財源」として交付されるものです。

国庫補助金は、国にとっては一定の行政水準を維持したり、特定の施策を奨励したりするための手段として重要な機能を担っていますが、自治体にとっても事業を実施するための財源となっています。他方、国庫補助金は使い道が特定されていることから、ともすれば補助金を通じて国が地方行政に介入して自治体の自主性・自立性を阻害したり、また、自治体も補助金に安易に依存したりするといった弊害が指摘されてきました。このため、地方分権改革や三位一体の改革を通じて、様々な改革案が示され、実行されてきました。

なお、国庫補助金と類似する名称として、**国庫支出金**があります。国庫支出金は、地方財政法上の名称であり、狭い意味での国庫補助金に加え、**国庫負担金**、**国庫委託金**など自治体に対する国からの支出金の総称をいいます。また、都道府県から市町村などに対して、同様に支出されるものを**都道府県支出金**といいます。本書では、原則として「国庫補助金」の表現を用い、地方財政法に関する解説においては「国庫支出金」の名称を用いることとします。

(2) 国庫補助金の役割

国庫補助金の役割は、国の責任と関与の下に、自治体に対して必要な資金を交付することにより、特定の政策目的を実現することにあります。具体的には、次に掲げる場合に、国庫補助金の役割を認めることができます。

(ア)　全国的に均一な行政水準の確保

いわゆるシビルミニマムの考え方に基づき、義務教育や生活保護その他の社会福祉のように、その実施について一定の行政水準を確保する必要がある分野については、国としても責任を有していることから、全国的に均一な行政水準の確保のために、国庫負担金を交付します。

(イ)　重要な社会基盤の計画的な整備

国土の均衡ある発展の理念に基づき、道路、河川、港湾等の重要な社会基盤の整備については、全国的な整合性を確保しつつ計画的に実施する必要があることから、自治体が実施する公共事業などに対して、国庫負担金を交付します。

(ウ)　重要課題に対応した施策の奨励

国の特に重要課題に係る施策や事業を推進するに当たり、国から自治体への命令・強制よりは奨励・誘導の方が効果的である場合には、自治体の施策推進や事業実施を奨励する手段として、国庫補助金を交付します。

(エ)　特殊な財政需要に対する援助

自治体の財政力が弱い場合や災害復旧など特別の財政需要を抱えている場合に、特定の事務事業の実施について、補助率のかさ上げや利子補給などの財政援助を行うため、国庫補助金を交付します。

(オ)　国の事務の代行

国政選挙や国勢調査など本来国が実施すべき事務事業について、国民の利便性や事務の効率性なの観点から自治体に委託することが適当な場合に、国庫委託金を交付します。

2　国庫支出金制度の概要

(1)　歴　　史

我が国の国庫補助制度は、戦前の義務教育に係る国庫負担制度を出発点としています。すなわち、明治21年の市制町村制の施行により小学校教育が市町村の責務とされましたが、義務教育費に係る市町村の負担が多額に上ることから、大正７年に「市町村義務教育費国庫負担法」が制定され、国と市町村が共同で負担する考え方が導入されました。昭和15年には「義務教育国庫負担法」が制定され、教員の俸給に係る地方負担を市町村の負担から府県の負担とするとともに、府県の支出額の２分の１を国庫が負担することとなり、現在の義務教育費国庫負担金に引き継がれています。

戦後、昭和24年に来日したシャウプ使節団による、いわゆる「**シャウプ勧告**」では、国と地方の「行政責任の明確化」を図るため、国・都道府県・市町村の行政事務の再配分を行い、行政事務の責任を有する団体がその経費を全額負担すべきであり、国庫補助負担金は、原則として廃止すべきとされました。そして、地方の独自財源を強化した上で、自治体間の財政調整は地方財政平衡交付金制度により行うべきとされたのです。ただし、シャウプ勧告は、行政事務を再配分してもなお新しい施策を推進する必要があるという観点から、奨励的補助金と公共事業費補助金は存続させることとしました。

シャウプ勧告を踏まえ、昭和25年に義務教育費国庫負担制度はいったん廃止されましたが、国・都道府県・市町村の行政事務の再配分は見送られました。このため、国庫補助金の廃止・削減も本格的に実行されないままに終わり、昭和27年に改正された地方財政法では、国と地方の負担区分に関する枠組みが規定され、義務教育国庫負担金も昭和28年に復活し、これらが現行の国庫支出金制度の骨格となっています。

⑵　国・地方の負担区分の原則と補助金

地方財政法では、自治体の事務を行うために要する経費は、同法がめるものを除き、自治体が全額これを負担すると定め、原則としてシャウプ勧告の理念を尊重する規定を置いています（９条）。その上で、例外として国庫負担金、国庫委託金、国庫補助金の３種類を定めています。

具体的には、①国と自治体相互の利害に関係ある事務に要する経費のうち、その円滑な運営を期するためには、なお国が進んで経費を負担する必要があるもの（地方財政法10条）、②国民経済に適合するように樹立された計画に従って実施しなければならない、法令で定める建設事業費（同法10条の２）、③災害に関わる事務に要する経費（同法10条の３）については、国はその全部又は一部を負担するとしています。これらが冒頭に述べた国庫負担金です。

また、国会議員の選挙など、もっぱら国の役割であろう事務に要する経費（地方財政法10条の４）については、自治体は負担する義務を負わず、国がその全部を負担することとしています。これが**国庫委託金**です。

さらに、国がその施策を行うため特別の必要があると認めるとき、又は自治体の財政上特別の必要があると認められるときに限り交付できるとされているものを**国庫補助金**といいます。

(3)　国庫支出金の分類

(ア)　国庫負担金

国庫負担金は、国と自治体が相互に密接に関連を揺する事務事業について、国と自治体の共同責任という観点から、国が義務的に支出するものであり、いわば国が“割り勘”的に負担する国庫支出金です。

国庫負担金については、国と自治体の負担のルールを法令で定めることが義務づけられています。また、国庫負担金の対象経費のうち自治体の負担分については、地方交付税の算定に用いる基準財政需要額に算入することとされ、財源保障が行われます。

国庫負担金は、次の３種類からなります。

(a)　一般行政費国庫負担金

経常的な経費に係る国庫負担金です。自治体が法令に基づいて実施しなければならない事務であって、国と自治体相互に利害関係がある事務のうち、その円滑な運営を期するためには、なお、国が進んで経費を負担する必要がある経費に対し交付されます（地方財政法10条）。

具体的には、義務教育職員の給与に要する経費、生活保護に要する経費、介護保険事業、児童手当に要する経費、国民健康保険の事務の執行等に要する経費などに係る国庫負担金です。

(b)　公共事業費国庫負担金

道路、河川、砂防、海岸、港湾、空港、農道、公営住宅、義務教育施設の整備などの公共事業費に係る国庫負担金です。国民が等しく便益を受けられるよう総合的に樹立された計画に従って実施しなければならない、法令で定める土木その他の建設事業に要する経費のうち、国が負担すべきものとして交付されます（地方財政法10条の２）。

(c)　災害復旧事業費等国庫負担金

災害救助に要する経費、道路・河川・砂防・海岸・港湾などに係る重要な土木施設の災害復旧に要する経費に交付される国庫負担金です。自治体が実施しなければならない法令で定める災害に係る事務であって、地方税や地方交付税では財源を賄うことが困難なものを行うために要する経費に対して交付されます（地方財政法10条の３）。

(イ)　国庫委託金

国庫委託金とは、国会議員の選挙、最高裁判所裁判官国民審査、国勢調査など、もっぱら国が行う事務について、国民の利便性や事務執行の効率性の観点から、国が自治体にその仕事を委託する場合に支出するものです。

(ウ)　国庫補助金

国庫補助金とは、国が自治体に対し特定の事業を奨励するなど、その施策を行うため特別の必要があると認めるとき、また、自治体の財政上特別の必要が

図表5-1　国庫支出金の分類

国庫負担金

①　法令に基づいて実施しなければならない事務で、国と地方公共団体相互の利害に関係のあるものに要する経費を負担するもの（地方財政法10条）
　［例］　義務教育費国庫負担金（1/3）、生活保護費負担金（3/4）

②　国民経済に適合するように総合的に樹立された計画に従って実施しなければならない法律又は政令で定める土木その他の建設事業に要する経費を負担するもの（同法10条の２）
　［例］　道路、河川及び港湾等公共事業費国庫負担金（おおむね1/2）

③　法律又は政令で定める災害に係る事務で、地方税法又は地方交付税法によってはその財政需要に適合した財源を得ることが困難なものに要する経費を負担するもの（同法10条の３）
　［例］　災害救助事業費国庫負担金（おおむね8/10）

国庫委託金

もっぱら国の利害に関係のある事務に要する経費の全額を負担するもの（地方財政法10条の４）
　［例］　国政選挙事務費委託金（10/10）

国庫補助金

①　特定の施策を行うため必要があると認めるときに補助するもの（奨励的補助金：地方財政法16条）
　［例］　私立高等学校等経常費助成費補助金

②　財政上特別の必要があると認めるときに補助するもの（財政援助的補助金：同法16条）
　［例］　交通安全対策特別交付金

（注）（　）書きの数値は、国の補助又は負担率を表している。

図表5-2　国庫補助負担金の区分と予算額（地方財政法上の区分毎の予算額）

●平成30年度地方財政計画（通常収支分）　　（単位：億円）

区分			主な補助負担金	平成30年度予算額
国庫負担金	(1) 一般行政経費等に係る国庫負担金		義務教育費国庫負担金	15,228
			生活扶助費等負担金	14,177
			医療扶助費等負担金	14,112
			介護扶助費等負担金	738
			障害者自立支援給付費等負担金	13,538
			児童手当等交付金	13,795
			公立高等学校授業料不徴収交付金及び高等学校等就学支援金交付金	3,635
			原爆被爆者介護手当等負担金	11
			等	
	10条及び34条関係		小計	94,677
	(2) 建設事業費に係る国庫負担金		社会資本整備総合交付金の内数	1,670
			農山漁村地域整備交付金の内数	635
			等	
	10条の2関係		小計	8,149
	(3) 災害復旧事業等に係る国庫負担額		河川等災害復旧事業費補助	152
			農業用施設災害復旧事業費補助	48
			等	
	10条の3関係		小計	304
	中計			103,130
委託金	10条の4関係		生涯職業能力開発事業等委託費	654
			統計調査事務地方公共団体委託費	97
			等	
			小計	1,214
奨励的・財政援助的補助金等	(1) 補助金	16条関係	都道府県警察費補助金	308
			私立高等学校等経常費助成費補助金	994
			厚生労働科学研究費補助金（特定疾患治療研究費補助金）	7
			介護保険事業費補助金	45
			等	
			小計	27,868
	(2) 交付金		国有提供施設等所在市町村助成交付金	283
			交通安全対策特別交付金	602
			電源立地地域対策等交付金	1,178
			特定防衛施設周辺整備調整交付金	370
			等	
			小計	4,300
	中計			32,168
	合計			136,512

あるときに交付されるものです。国庫補助金には、次の２つがあります。

(a)　奨励的補助金

国が特定の施策の実施上特に必要があると認めるときに奨励的に交付するものです。通常「国庫補助金」というときには、この奨励的補助金を指すことが多いです。具体的には、都道府県の警察費、廃棄物処理施設の整備費、簡易水道施設費、土地区画整理事業費、農業改良資金助成費、農業構造改善事業費、中小企業近代化促進費、在宅福祉事業費等に対する国庫補助金があります。

(b)　財政援助的補助金

自治体の財政上特別の必要があるときに交付されるものです。具体的には、国有施設等所在市町村助成金、交通安全対策特別交付金、電源立地促進対策交付金などがあります。

(エ)　その他の分類

国庫支出金は、その支出の根拠により、法律補助と予算補助に分類されます。法律補助は、法令に基づき交付されるものであり、予算補助は予算上の根拠に基づき交付されるものです。国庫負担金は、すべて法令で算定基準が定められるものとして、法律補助に当たります。また、国庫支出金は、その支出形態により、「定率補助負担金」と「定額補助負担金」に分類されます。定率補助負担金は、自治体が行う事務事業に要する経費の一定割合を交付するものであり、定額補助負担金は、一定の額を交付するものです。このその他の分類は参考程度にとどめておいてください。

(4)　国庫補助金の現状と推移

国庫補助金は、国の財政においても大きなウェイトを占めています。平成30年度当初予算でみると、国の一般会計・特別会計における自治体向けの国庫補助金の額は26.0兆円となっており、特殊法人や独立行政法人向けなどを合わせた国の国庫補助金総額50.3兆円の５割強を占めています。

自治体向け補助金等の総額は、平成16年度から平成18年度までの三位一体の改革によって削減が進みました。しかしながら、公共事業や義務教育関係の国庫負担金が削減・抑制される一方で、社会保障関係経費の自然増に伴い、社会保障関係の国庫負担金の増加が顕著となっており、平成30年度では、総額の７割強を占めるに至っています。

図表5-3　地方向け国庫補助負担金の推移

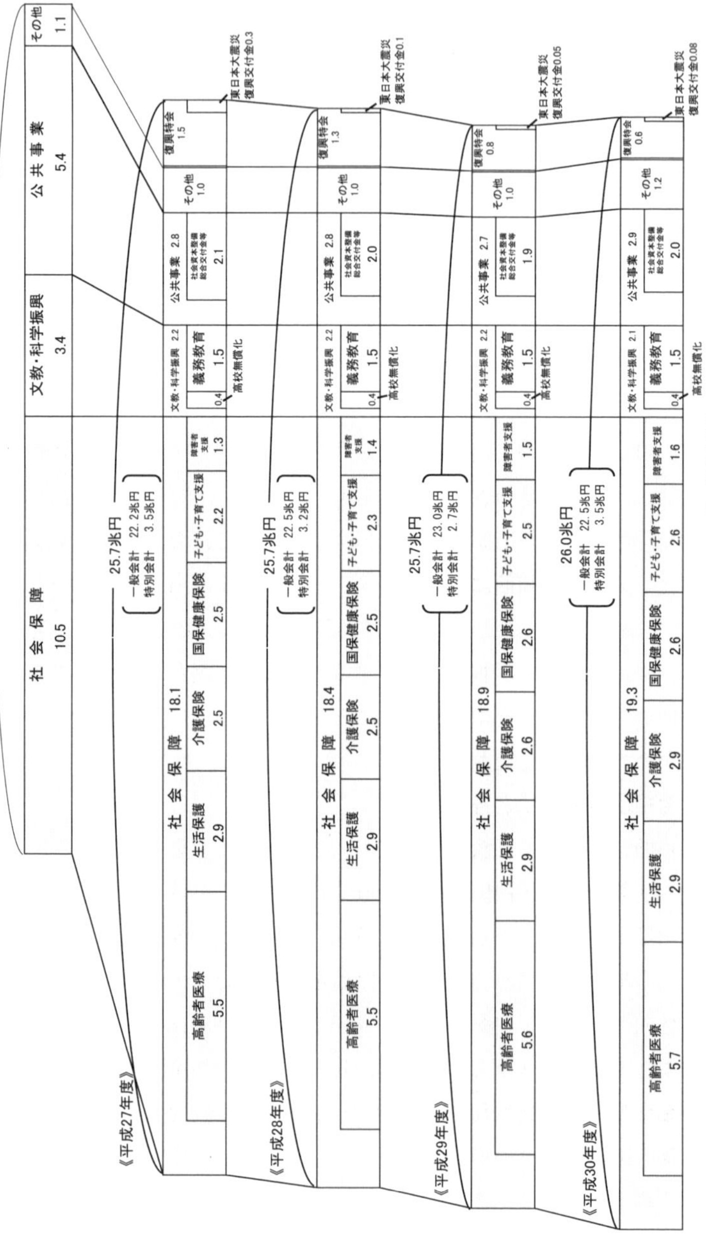

※　総務省推計
※　端数処理の結果、各区分の積み上げと合計が一致しない箇所がある

3　国庫補助負担率

⑴　基本的な考え方

国と自治体との負担区分を踏まえ国庫支出金が交付される際の割合（国庫補助負担率）は、国庫負担金については法律又は政令で、国庫補助金については基本的には国の予算でそれぞれ定められています。国庫委託金はその性質上全額が交付されます。

国庫補助負担率については、個別の事務事業ごとに、国としての関与の度合やその実施を確保しようとする関心の強さ、地方の住民に与える利益の程度などを総合的に勘案して定められています。一般的には、国と自治体の双方で等しく負担を分かち合う性格の事業の補助率は2分の1とし、国の関与の度合いなどを勘案してこれより高い又は低い補助率を適用されています。例えば、生活保護費負担金については、憲法に定める国民の健康で文化的な最低限度の生活水準を保障する手段として交付されることから、3分の4と高い負担率となっています。

また、特定の地域の振興のための特別立法などに基づいて、国庫補助負担率の引上げなどの特例措置が設けられています。例えば、「後進地域の開発に関する公共事業に係る国の負担割合の特例に関する法律」は、財政力の弱い道府県に対する公共事業の負担率をかさ上げする措置を講じています。

⑵　超過負担問題

超過負担とは、国庫補助金の算定が適切ではないため、自治体が法令や予算で定められた本来の自己負担分を超えて負担をすることをいいます。具体的には、①補助単価が実際に要した経費よりも低く設定されているために生ずるもの（単価差）、②補助対象の数量が実際の数量よりも低く見積もられているため生ずるもの（数量差）、③補助対象となる経費の範囲が、実際に要した経費よりも限定されているため生ずるもの（対象差）などがあります。

国と自治体の経費負担区分に関して、地方財政法は、国庫補助負担金の額は、自治体が当該補助事業を行うため、必要でかつ十分な額を基礎として算定しなければならないと定めています。しかしながら、各府省が必要な予算を確保できないため、地方団体に“薄まき”に交付して財政負担を強いる事態が生じたため、超過負担は国と地方との負担ルールの上で問題となってきました。

超過負担問題が大きく取り上げられたのは、昭和48年８月に大阪府摂津市が保育所の設置経費について行政訴訟を提起した、いわゆる摂津訴訟（第一審・東京地判昭和51年12月13日行政事件裁判例集27巻11・12号1790頁、控訴審・東京高判昭和55年７月28日行政事件裁判例集31巻７号1558頁）でした。この訴訟は、摂津市が設置した保育所の設置費に対し、児童福祉法上は２分の１の定率補助と定められているにも拘わらず、設置費の１割にも満たない定額補助金しか交付されなかったことから、同市が法定補助と実際の補助金との差額支払いを求める行政訴訟を提起したものでした。最終的には控訴審で原告である摂津市が敗訴しましたが、これをきっかけに超過負担が全国的な問題となったのを受け、超過負担が生じている国庫補助金について、補助単価の改善、補助基準の改善など逐次超過負担の解消が行われました。超過負担問題については、実態とかい離した補助単価など、自治体が財政負担を強いられることが不合理な事例が依然としてみられることから、国と地方の財政秩序の観点からその是正が強く求められます。

⑶　国庫補助負担率の引下げ

国庫補助負担率については、昭和60年度以降、経済成長率の鈍化に伴う国の財政状況の悪化を背景に、「国の補助金等の整理及び合理化並びに臨時特例等に関する法律」により、２分の１を超える高率補助金について一律に一割削減する暫定措置が実施されました。昭和61年度には、なお３年間補助率の暫定引下げ措置が継続されるとともに、２分の１以上の高率補助のものについて再度の引下げがなされました。さらに、昭和62年度には、公共事業費の国庫補助負担率をさらに２年間の暫定措置として再々度引き下げることとなりました。

こうした国の財政再建の手段として行われた補助負担率一律カットに対して、自治体は反発し、暫定措置の廃止を求めました。こうした動きを受け、国庫補助負担率の暫定引下げ措置は昭和63年をもって終了し、平成元年には、総合的な見地から国庫補助負担率の見直しが行われ、その結果、国庫補助負担率の体系化・恒久化とそれに伴う国から自治体への財源移譲が行われました。具体的には、経常経費に係る事務事業のうち、生活保護費については４分の３、措置費などについては２分の１で恒久化され、その他の経常費については補助率の一部復元がなされました。また、これに伴う国から自治体への財源移譲として、国のたばこ税の25％が地方交付税の対象税目に加えられました。さらに、公共事業に係る国庫補助負担率については、平成３年度において昭和61年度の水準に復元され、平成５年度に恒久化することで決着をみました。具体的には、直轄事業については原則３分の２、河川、道路などの大規模事業のみ10分の７とし、補助事業については原則２分の１、一部緊急性の高い事業は10分の5.5とされました。

コラム5-1　直轄事業負担金の見直し

公共事業の中には、国自らが事業主体となって実施するもの（直轄事業）、自治体が事業主体となる事業に国が負担するもの（補助事業）、自治体が独自の財源で実施するもの（地方単独事業）があります。

国の直轄事業として実施されているのは、道路、河川、砂防、海岸、港湾などの重要な社会資本の新設改良等であり、事業区域が二つの府県以上の地域にわたるとき、事業の規模が著しく大きいとき、高度の技術や機械力が必要であるときなどに実施することが法令に定められています。例えば、道路については、国道の維持、修繕その他の管理は、政令で指定する区間（指定区間）内は国土交通大臣が自らが行い、その他の部分は都道府県知事が行うとされています。また、河川については、一級河川の管理は原則として国土交通大臣が自ら行い、国土交通大臣が指定する区間（指定区間）内については、都道府県知事がその管理の一部を行うとされています。

直轄事業負担金は、国が直轄事業を行う場合に、その受益を受ける地域の自治体に相応の負担を求めるものです。自治体の事業に対して国が補助するのが国庫補助金であるのに対して、国の事業に対して自治体が負担するのが直轄事業負担金です。

個別の国直轄事業に係る直轄事業負担金の自治体の負担割合については、法令で規定されています。具体的には、建設費に係る自治体の負担割合は概ね３分の１に設定されており、補助事業（概ね２分の１）と比較して低く（国の負担割合が高く）となっています。また、「後進地域の開発に関する公共事業に係る国の負担割合の特例に関する法律」などによって、財政力の低い道県や特別の地域における国の負担割合をかさ上げする特例措置が定められています。さらに、平成21年度までは、維持管理費に係る直轄負担金があり、自治体の負担割合（おおむね10分の4.5）は、建設費に係るそれよりも高く（国の負担割合が低く）なっていました。
　直轄事業負担金については、従来から、自治体にとって不合理な面を有することが指摘されてきたことを踏まえ、地方分権推進計画は見直しの方針を示しました。特に、維持管理費に関しては、管理主体である国が本来負担すべきであること、自治体が行う事業の維持管理費に対しては一般的に国の負担がないことなどを理由に、維持管理に係る直轄事業負担金の廃止が自治体側から主張されてきたことを踏まえ、地方分権推進計画では、「段階的縮減を含め見直しを行う」との方針が示されました。また、直轄事業負担金は、特定の自治体に負担が集中し、その自治体の財政を圧迫するおそれがあることから、直轄事業負担金の積算内容について、通知の時期の早期化や、人件費、事務費等を含めた詳細な積算内容の開示を求める指摘がなされてきました。このため、地方分権推進計画は、自治体に対する説明責任の観点から、国直轄事業負担金の内容について、その積極的公開を進めると明記しました。
　直轄事業負担金の見直しに言及した閣議決定や答申はそれまでなかっただけに、これらの見直し方針は画期的なものでしたが、実際には具体的な進展がみられない状況が続きました。ところが、平成21年になって、一部の知事が直轄事業負担金の見直しがなされない限り、その支払いを拒否する姿勢を示したことから見直しの動きが本格化しました。背景には、三位一体の改革により自治体が厳しい財政運営を余儀なくされる中で、補助事業は削減される一方、直轄事業負担金は削減されず、自治体がその支払いに苦しむ事態になっていたことがあります。民主党政権は、全国知事会の要請を踏まえ、最初の予算となる平成22年度当初予算編成において維持管理経費に係る直轄事業負担金の廃止を決定しました。直轄事業負担金への批判の高まりが、長年の懸案の解決につながったのです。

4　地方分権改革と国庫補助金の見直し

(1)　国庫支出金の弊害

　国庫補助金は、国と自治体が協力して施策や事業を推進するに際し、一定の行政水準を維持したり、一定の施策を普及奨励したりする機能を担っています。他方、①国庫補助金の交付によって、国と自治体の責任の所在が不明確になりやすい、②国庫補助金の交付を通じた国の関与が、知恵や創意工夫を活かした自治体の自主的な財政運営を阻害しがちである、③国庫補助金という誘導手段を国が有していることから、国の側に自治体より強い立場に立つという錯覚が生じる一方、自治体の側に「補助待ち」や陳情合戦などにみるように国への安易な依存体質を生み出している、④細部にわたる補助条件や煩雑な交付手続が行政の簡素・効率化や財政資金の効率的な執行を妨げる要因となっている、などの弊害が指摘されてきました。こうした弊害を踏まえて、地方行政の自主性・自立性の観点から、地方制度調査会においても幾度となく国庫補助負担金の問題が議論されてきました。

⑵　第一次分権改革における国庫補助負担金の整理合理化

㈀　地方分権推進計画

平成に入り地方分権の実現に向けた機運が高まる中、平成７年５月に成立した地方分権推進法に基づき設置された地方分権推進委員会は、平成９年７月８日の第２次勧告において、国庫補助金の見直しの基本的な方向を示しました。

同勧告を受けた**地方分権推進計画**（平成10年５月29日閣議決定）は、国と地方の経費負担区分を定めた地財法９条の基本原則（自治体が担う事務に要する経費については、原則として当該自治体が全額負担するという原則）を堅持するとともに、国庫負担金と国庫補助金の区分を明確化した上で、国庫補助負担金の整理合理化の具体的な方策と存続する国庫補助負担金の運用等の改革について明示しています。

第一に、国庫補助負担金に共通する整理合理化方針として、次の方針を示しています。

①　既に目的を達し、あるいは社会経済情勢の変化に伴い存在意義の薄れた事務事業及びこれに対する国庫補助負担金は廃止すること。

②　自治体の事務として同化、定着、定型化しているものに係る補助金等、すなわち、法施行事務費、会館等公共施設の運営費をはじめとする自治体の経常的な事務事業に係る国庫補助負担金については、原則として一般財源化を図ること

③　国庫補助負担金が少額のもの、自治体が行う事務・事業全体に係る経費のうち国庫補助負担事業部分が一部にすぎないもの等については、原則として、廃止又は一般財源化を図ること。

次に、地財法16条に基づく国庫補助金については、①国策に伴う国家補償的性格を有するもの及び地方税の代替財源の性格を有するもの、②災害による臨

時巨額の財政負担に対するもの、③いったん国において徴収し自治体に交付する形式をとっているが、自治体の事務に付随する収入で地方財源の性格を有するもの、を除き原則として廃止・縮減を図っていくこととしています。また、国庫補助金については、原則として終期の設定を図り、サンセット化を更に推進することとしています。つまり、一定期間（5年）の終期を設け、特別の理由がなければ、期限延長は行わないこと、補助率が低いもの（3分の1未満）又は創設後一定期間経過したものについては、廃止又は一般財源化などの見直しを行うこととしているのです。

また、国庫負担金については、①国が一定水準を確保することに責任を持つべき行政分野に関して負担する経常的国庫負担金は、国と自治体の役割分担の見直しや社会経済情勢等の変化をも踏まえ、その対象を生活保護や義務教育など真に国が義務的に負担を行うべきと考えられる分野に限定していくこと、②総合的に樹立された計画に従って実施させるべき建設事業に係る国庫負担金は、その対象を国家的なプロジェクトに限定するなど、投資の重点化を図るとともに、住民に身近な生活基盤の整備に係る国庫負担金については、国の補助負担対象の縮減・採択基準の引上げ等を図り、自治体の単独事業に委ねていくこととしています。

第二に、整理合理化してもなお存続する国庫補助金については、運用・関与の改革を図ることとされました。具体的には、①類似ないし同一の目的を有する国庫補助負担金の「統合・メニュー化」を積極的に推進し、自治体の自主性の尊重及び事務の簡素化を図る、②事業箇所や方法などを明示せず、客観的な基準により総括的に助成する「交付金化」を推進し、自治体の自主性を高める、③施設の設置に対する補助金について他の施設との合築を積極的に認めるなど「運用の弾力化（複合化）」を図る、④補助目的の達成・運用を図るための補助条件については必要最小限のものとするなど、「補助条件等の適正化・緩和」を図り、自治体の自主性の発揮及び総合的な事業実施を可能とする、⑤補助対象施設について一定期間経過後に住民のニーズに応じて他の施設への転用が実施できるよう「補助対象資産の有効活用・転用」を進めるなどです。

第三に、国庫補助負担金の廃止・縮減を行った場合、引き続きその事務事業の実施が必要な場合には、地方財政計画の策定を通じて必要な財源を明確にし、地方税・地方交付税などの必要な一般財源を確保することとされました。これを補助金の一般財源化といいます。

(イ) 第２次地方分権推進計画

平成９年12月の行政改革会議最終報告に沿って、内閣機能の強化、国の行政機関の再編等を定めた「中央省庁等改革基本法」が平成10年６月12日に施行されました。同法において、国の行政組織等の減量・効率化の一環として、国庫補助金や公共事業の見直しを行うこととされたことを踏まえて、**第２次地方分権推進計画**（平成11年３月26日閣議決定）は、公共事業のあり方の見直し、国が策定又は関与する各種開発・整備計画の見直しの方針を示しました。

第２次地方分権計画では、補助事業については、地方分権推進計画を踏まえ、国庫負担金と国庫補助金の区分に応じて、積極的に整理合理化を進めるとともに、中央省庁等改革基本法の趣旨を踏まえ、中央省庁等のスリム化にも資するよう、一層の見直しを行うとの方針が示されました。

(3) 三位一体の改革

(ア) 経　　緯

地方分権推進計画を踏まえ、平成12年４月に、「地方分権の推進を図るための関係法律の整備等に関する法律」（いわゆる**地方分権一括法**）が施行され、機関委任事務を廃止し、自治体が実施する事務を自治事務と法定受託事務とに再構成するなど、国と自治体の役割分担について一定の整理が行われました。しかし、地方税財源の充実確保については、衆議院における地方分権一括法案の修正により、「政府は、地方団体が事務及び事業を自主的かつ自立的に執行できるよう、国と地方団体との役割分担に応じた地方税財源の充実確保の方途について、経済情勢の推移等を勘案しつつ検討し、その結果に基づいて必要な措置を講ずるものとする」（同法附則251条）とされ、残された課題となりました。

その後、地方分権推進委員会は平成13年６月に、これまでの分権改革を第一次分権改革と位置付け、次なる改革の焦点を「地方税財源の充実確保方策とこれを実現するために必要な関連諸方策」、とりわけ「地方税源充実に伴う国の地方への移転的支出の削減に当たっては、まず国の関与の強い特定財源である国庫補助負担金を対象にすべきである」とする「最終報告」を提出し、同委員会は解散しました。

平成13年４月に発足した**小泉内閣**は、構造改革の一つの柱として、「地方にできることは地方に」との考えの下、同年６月に閣議決定された「基本方針」において、「地方自立・活性化プログラム」を掲げ、「行政サービスの権限を住民に近い場に」を基本原則として、国庫補助負担金を整理合理化すること、地方税の充実確保により社会資本整備・社会保障サービスなどを自治体が自ら賄える形にすることが必要として、地方税財政の改革が重要課題として取り上げられることとなりました。

三位一体の改革は、平成14年６月７日に開催された経済財政諮問会議において、「国庫補助負担金、交付税、税源移譲を含む税源配分のあり方を三位一体で検討する」との小泉総理の指示がその言葉の由来です。この総理指示を盛り込んだ「基本方針2002」が同年６月25日に閣議決定され、これにより三位一体の改革の柱の一つとして、国庫補助負担金の改革がスタートしました。

(イ)　補助金改革の全体像

平成15年６月の「基本方針2003」では、国庫補助負担金について、「４兆円程度を目途に廃止、縮減」を行い、「廃止する国庫補助負担金の対象事業の中

図表5-4　三位一体の改革における補助金改革の全体像

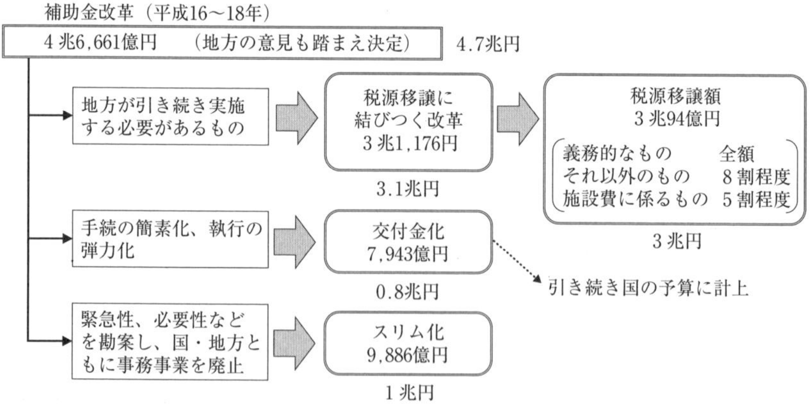

（注）　税源移譲に結びつく改革額の中には、平成16～18年改革分のほか、平成15年の政府・与党合意で税源移譲額を決定した平成15年の改革分（義務教負担金（共済分）等2,344億円）が含まれている。

で引き続き地方が主体となって実施する必要のあるものについては、税源移譲する」とされ、翌年６月の「基本方針2004」では、税源移譲の規模を「おおむね３兆円」と明示し、併せて、「地方団体に対し、国庫補助負担金改革の具体案をとりまとめるように要請」することとされました。

地方六団体は、政府の要請を受けて、同年８月に自治体としての改革案「国庫補助負担金等に関する改革案」（以下、「改革案」といいます）を提出しました。改革案は、義務教育費国庫負担金を含む経常的な国庫補助負担金、施設整備に関する国庫補助負担金、公共事業等投資的な国庫補助負担金を併せ、3.2兆円の国庫補助負担金を税源移譲の対象としており、また、税源移譲との一体的実施、確実な税源移譲、地方交付税による確実な財源保障など７項目の前提条件が付されていました。

各府省は、地方六団体の「改革案」に対して、補助金の必要性を訴え調整は難航しましたが、平成16年度は、政府・与党協議会において「三位一体の改革の全体像」（平成16年11月26日政府・与党）が取りまとめられ、国庫補助負担金改革は、平成17年度・18年度予算において３兆円程度の廃止・縮減等の改革を行うこと、税源移譲は、平成16年度の措置額を含め、おおむね３兆円規模を目指すことなどを改めて政府・与党の合意事項とした上で、2.4兆円の税源移譲及び2.8兆円の補助金改革の具体的対象項目と改革工程が示されました。

「基本方針2005」においては、平成16年の「政府・与党合意」及び累次の「基本方針」を踏まえ、税源移譲はおおむね３兆円規模を目指すことを確認した上で、国庫補助負担金改革については税源移譲に結びつく改革、自治体の裁量度を高め、自主性を大幅に拡大する改革を実施することとし、残された課題について平成17年秋までに結論を得る方針を示しました。

地方六団体は、３兆円規模の税源移譲に結びつく改革案の実現を求めるため、平成17年７月19日には、「国庫補助負担金に対する改革案⑵」（以下、「改革案⑵」といいます）を取りまとめました。改革案⑵では、改革案で掲げた3.2兆円の補助金改革案のうち、税源移譲に結びつく改革が未実施の部分をベースとして、経常的補助金と施設整備費関係の補助金の改革を要請しました。これに対して財務省は、建設国債発行の施設費に係る補助金は税源移譲の対象になりえないとの主張を展開しました。

国と地方六団体との協議や政府・与党間の議論が積み重ねられた結果、最終的には、平成17年11月の政府・与党合意「三位一体の改革について」において、４兆円超の国庫補助負担金の改革、３兆円の税源移譲の実施、地方交付税見直しの確実な実現として取りまとめられました。

国庫補助負担金の具体的内容は、①税源移譲に結びつく国庫補助負担金の改革が３兆1,176億円、②スリム化の改革が9,886億円、③交付金化の改革が7,943億円の合計４兆6,661億円となりました。そのうち、公共事業に係る補助金については、主にスリム化・交付金化の改革が行われましたが、施設費に係る補助金については、地方六団体の意見を尊重し、最終的には690億円程度の施設費を税源移譲の対象とすることで決着をみました。

(ウ)　三位一体の改革の成果と課題

三位一体の改革を補助金改革として自治体からみて評価できる点としては、①３兆円の税源移譲が基幹税である所得税から住民税への税源移譲として実現したこと、②自治体が求めていた施設整備が税源移譲の対象とされたこと、③自治体が反対していた生活保護負担金の削減は回避されたことなどが挙げられます。一方で、自治体からみて評価されない点としては、①自治体が求めていなかった国民健康保険に対する国負担の引下げと都道府県負担の導入や児童手当・児童扶養手当といった現金給付の国庫負担率の引下げが行われたこと、②義務教育国庫負担金は負担率が1/3に一律に引き下げられ自治体の自由度の拡大につながらなかったことなどが挙げられます。また、スリム化の改革が行われ、同時に行われた地方交付税の削減とあいまって地方財源の大幅な圧縮が行われ、特に財政力の弱い自治体は厳しい財政運営を強いる結果となりました。

(4)　一括交付金の改革

三位一体の改革においては、自治体の自主性・裁量性を拡大させるものとして、国庫補助負担金を統合する交付金化の改革（総額7,943億円）が行われました。「骨太方針2003」は、「国庫補助負担金の廃止・縮減を推進するとともに、地方の自主性を高める観点から、国の義務付けの縮減、交付金化、統合メニュー化、統合補助金化、運用の弾力化等の改革を進める」としており、これを踏まえ、事務手続の簡素化や執行の弾力化などを盛り込んだ交付金化の改革が進められました。具体的には、まちづくり交付金、地域再生基盤強化交付金、地域住宅交付金などが創設されました。

平成21年度に発足した民主党政権は、地域主権改革の推進を掲げ、マニフェストにおいては「国から地方への『ひもつき補助金』を廃止し、基本的に地方が自由に使える『一括交付金』として交付する」としました。これを踏まえ、平成22年度予算では、社会資本整備総合交付金と農山漁村地域整備交付金が創設されました。さらに、地域主権戦略大綱（平成22年６月22日閣議決定）では、「国から地方への『ひも付き補助金』を廃止し、基本的に地方が自由に使える一括交付金にするとの方針の下、現行の補助金、交付金等を改革する。義務教育・社会保障の必要額は確保する」と明記され、この方針の下に、地域主権戦略会議において一括交付金の制度設計の検討が進められました。

地域主権戦略会議における検討の結果、一括交付金への取組みの第一段階として、社会資本整備総合交付金の一部など、都道府県向けの投資補助金の一括交付金化を行うこととされ、平成23年度予算には、地域主権戦略交付金として5,210億円が内閣府に一括計上されました。平成24年度は、都道府県分の対象事業の拡大や政令市への導入など一括交付金の拡充が行われ、8,329億円が計上されました。

地域主権戦略交付金は、都道府県・政令市が対象事業から自主的に事業を選択して実施計画を作成し、その計画に基づく事業に要する経費に対して国が交付金を交付する仕組みとなっていました。都道府県・政令市にとっては、対象事業が従前の投資補助金に係る事業に限定されるものの、各府省の枠を超えて地域にニーズに応じた形で事業量や実施箇所の選択が行うことができました。しかし、内閣府への事業実施計画の提出、各府省への予算移替えの手続が追加されるとともに、交付金が交付されると、従前の投資補助金と同様に、補助金適正化法上の管理や会計検査院の実地検査など、事業を所管する府省の管理の下で行われることから、手続の簡素化や窓口の一元化などの課題が指摘されました。そして、平成24年12月の自民党・公明党の連立政権の発足に伴い、地域主権戦略交付金は、廃止することとされ、各府省の交付金などに移行されました。その際、事務手続の簡素化など各府省の交付金などの運用改善を図ることとされました。

交付金化の改革は、従来の補助金よりも使い勝手が良くなる点においては前進と評価されるものです。しかしながら、交付金はあくまでも権限や財源を国に残すものである点において、課題を残すものともいえます。

Part. III
自治体の家計簿――支出のはなし

Chap. 6

自治体の支出

1 自治体の支出のあらまし

自治体の支出する経費、家計でいえば出費には、大きく分けて住民に直接サービスを提供するための経費と自治体自身の内部管理的な経費があります。

住民サービスのための経費には、教員、保育士、消防士、警察官などのマンパワーによるサービスのために支出される経費、生活保護や老人医療費の支給など住民に対して直接に支出される経費、道路、学校などの公共施設の整備のために支出される経費、融資や利子補給など金融的な方法によるサービス経費など、様々な種類のものが含まれます。

地方自治法は、「地方公共団体は、その事務を処理するに当っては、住民の福祉の増進に努めるとともに、最少の経費で最大の効果を挙げるようにしなければならない」と定めています（2条14項）。自治体が支出する住民サービスのための経費は、地域の実情や社会経済の変化に伴い多様化する行政需要に応じて、公平・公正な配分と効率的な管理を行うことが求められます。また、同じく地方自治法は、「地方公共団体は、常にその組織及び運営の合理化に努め……なければならない」と定めています（2条15項）。様々な行政ニーズに対応していくためには、行政改革を通じて、自治体自身の内部管理的な経費を絶えず見直していくことが求められます。

自治体の経費の分類方法には、目的別分類と性質別分類があります。**目的別分類**とは、「何のためにお金を使ったのか」というお金の使い道を示すものです。具体的には、議会費、民生費、土木費、教育費などのように、支出する行政目的に従って行われる分類で、自治体における行政サービスの水準や特色を知るのに役立つ分類方法です。これに対して、**性質別分類**とは、「どのようなお金の使われ方をしたか」というお金の使い方を示すものです。具体的には、人件費、物件費、扶助費、投資的経費などのように、支出の経済的な性質に着目して行われる分類で、自治体の財政構造や財政運営の実態を知るために用いられます。例えば、学校の教室や役場の窓口で点けられている照明には電気代がかかります。学校と役場の電気代（光熱水費）は、目的別ではそれぞれ教育費と総務費に分類されますが、性質別ではどちらも物件費に当たります。このほかに、「義務的経費」、「投資的経費」と「それ以外の経費」、「経常的経費」と「臨時的経費」などの分類があります。

2　目的別にみた自治体の支出

(1)　目的別経費——お金の使い道

自治体の経費は、「**何のためにお金を使ったか**」という出費の目的によって、議会費、総務費、民生費、衛生費、労働費、農林水産業費、商工費、土木費、消防費、警察費、教育費、災害復旧費、公債費などに分類することができます。

自治体の目的別経費及びその構成比の状況を平成29年度決算についてみると、**図表6-1**のとおりとなっています。

都道府県と市町村を合わせた純計額（都道府県と市町村の間の重複額を控除したもの）97兆9,984億円の中で最も大きい比重を占めているのは民生費の25兆9,834億円で、その構成比は26.5%に達しています。民生費に次いで支出額が大きいのが教育費の16兆8,886億円で、その構成比は17.2%、以下、公債費12兆6,753億円（構成比12.9%）、土木費11兆9,195億円（同12.2%）、総務費9兆1,219億円（同9.3%）となっています。

目的別経費の構成比を団体別にみると、都道府県においては、政令指定都市を除く市町村立の義務教育諸学校教職員の人件費を負担しているため教育費が最も大きな割合（20.2%）を占め、以下、民生費（16.3%）、公債費（14.3%）、土木費（11.1%）、警察費（6.6%）の順となっています。一方、市町村においては、保育所の運営などの児童福祉、生活保護に関する事務など社会福祉事務の比重が高いため民生費が最も大きな割合（36.5%）を占め、以下、教育費（12.1%）、総務費（11.8%）、土木費（11.4%）、公債費（9.7%）の順となっています。

図表6-1　目的別経費の状況（平成29年度）　（単位：百万円、％）

区分	都道府県		市町村		純計額	
議会費	77,541	0.2	345,008	0.6	421,846	0.4
総務費	2,840,093	5.7	6,846,765	11.8	9,121,944	9.3
民生費	8,072,566	16.3	21,169,696	36.5	25,983,397	26.5
衛生費	1,677,336	3.4	4,747,399	8.2	6,262,562	6.4
労働費	164,888	0.3	104,984	0.2	262,837	0.3
農林水産業費	2,342,015	4.7	1,430,229	2.5	3,299,187	3.4
商工費	3,217,745	6.5	1,729,546	3.0	4,901,049	5.0
土木費	5,476,260	11.1	6,633,820	11.4	11,919,457	12.2
消防費	229,883	0.5	1,857,119	3.2	2,006,217	2.0
警察費	3,263,440	6.6	—	—	3,260,360	3.3
教育費	9,979,316	20.2	7,018,816	12.1	16,888,597	17.2
災害復旧費	572,782	1.2	303,134	0.5	844,831	0.9
公債費	7,081,041	14.3	5,628,970	9.7	12,675,316	12.9
諸支出金	28,325	0.1	127,126	0.2	150,507	0.2
前年度繰上充用金	—	—	264	0.0	264	0.0
利子割交付金	34,613	0.1	—	—	—	—
配当割交付金	104,334	0.2	—	—	—	—
株式等譲渡所得割交付金	108,193	0.2	—	—	—	—
分離課税所得割交付金	4,715	0.0	—	—	—	—
道府県民税所得割臨時交付金	557,545	1.1	—	—	—	—
地方消費税交付金	2,343,803	4.7	—	—	—	—
ゴルフ場利用税交付金	31,452	0.1	—	—	—	—
特別地方消費税交付金	1	0.0	—	—	—	—
自動車取得税交付金	135,472	0.3	—	—	—	—
軽油引取税交付金	128,804	0.3	—	—	—	—
特別区財政調整交付金	976,299	2.0	—	—	—	—
歳出合計	49,448,460	100.0	57,942,877	100.0	97,998,369	100.0

市町村分について、さらに政令指定都市、中核市、一般市、町村に分けてみますと、市町村の規模に拘わらず、民生費の比重が最も高くなっていますが、その他の経費については、その権限の違いや産業構造などの違いによって、比重がかなり違っています。例えば、政令指定都市は、国道や港湾の管理を行っているほか、平成29年度からは義務教育諸学校の教職員の人件費を負担しています。また、市における生活保護事務は市が行いますが、福祉事務所を設置していない町村では都道府県が行うことになっています。このため、政令指定都市では、民生費に次いで教育費や土木費の比率が高くなっていますが、町村では、民生費に次いで総務費、土木費の順に比率が高くなっています。

⑵　目的別経費の推移

目的別経費の決算額の平成以降の推移をみてみると、**図表6-2**のとおりとなっています。

目的別経費の決算額の推移をみると、最も多い民生費は、平成元年度と比べ

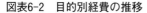

図表6-2　目的別経費の推移

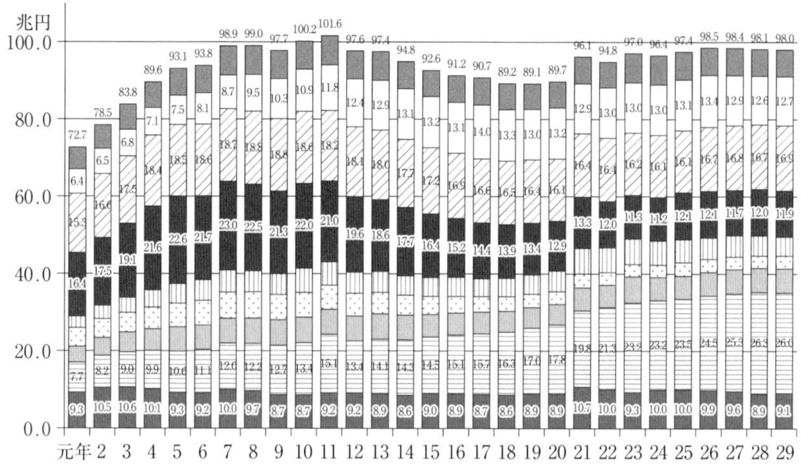

（凡例）　下から、総務費、民生費、衛生費、農林水産業費、商工費、土木費、教育費、公債費、その他

ると約3.4倍となっています。次いで教育費が約1.1倍、公債費が約2.0倍となっています。一方、土木費はピークだった平成７年度の約52％まで減少しています。また、構成比の推移をみると、民生費が平成元年度は10.6％でしたが、その後上昇を続け、平成29年度は26.5％と最も大きな割合を占めています。次いで教育費が平成元年度の21.0％から平成29年度は17.2％と若干減少していますが、民生費に次ぐ比重を占めています。一方で、土木費は平成元年度は22.6％と最も大きな割合を占めていましたが、平成29年度は12.2％と大きく低下しています。

民生費が増加してきたのは、高齢化の進展などにより社会保障関係の経費の比重が増加してきたからです。自治体における社会保障関係費に相当する決算額（民生費のうち社会福祉費、老人福祉費、児童福祉費及び生活保護費と、衛生費のうち公衆衛生費、結核対策費及び保健所費を合計したもの）の推移をみると、**図表6-3**のとおりとなり、平成29年度決算29.6兆円と、平成元年度と比較して19.5兆円（193.1％）の増加となっています。

図表6-3　社会保障関係費（民生費等）の推移

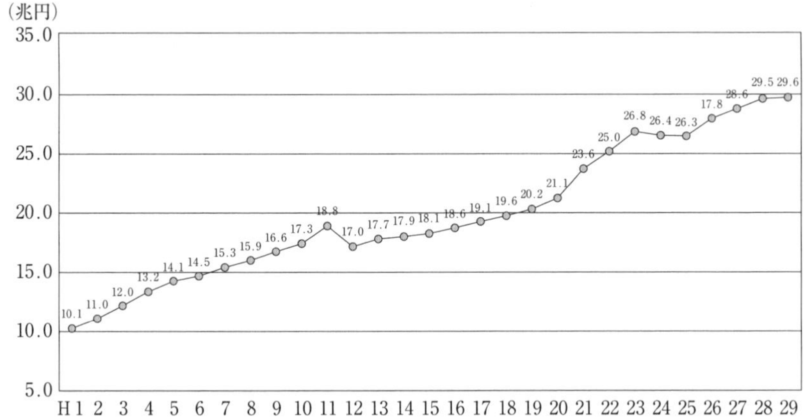

民生費等：民生費及び衛生費の以下の経費をいう。
※民生費：社会福祉費、老人福祉費、児童福祉費及び生活保護費を計上。災害救助費は含めていない。
※衛生費：公衆衛生費、結核対策費及び保健所費を計上。清掃費は含めていない。

⑶　主な目的別経費の状況

目的別経費を主な行政目的に従って、福祉（民生費、労働費）、教育・文化（教育費）、土木建設（土木費）、産業振興（農林水産業費、商工費）、保健衛生（衛生費）、警察・消防（警察費、消防費）、議会・総務（議会費・総務費）に分けてみると、次のとおりとなります。

㈠　福祉・労働（民生費、労働費）

(a)　福　　祉

自治体は、児童、高齢者、障害者等のための福祉施設の整備や運営、生活保護の実施などの施策を行っています。これらの福祉関係施策に要する経費である民生費の平成29年度決算額は25兆9,834億となっており、歳出総額に占める割合は26.5%（都道府県16.3%、市町村36.5%）で、最も大きな割合となっています。

また、決算額を団体種類別にみると、市町村の民生費は都道府県のそれの約2.6倍となっています。これは、児童・障害者・高齢者などの福祉施策や生活保護事務、国民健康保険・介護保険などの運営が主として市町村によって行われていることによるものです。

民生費の内訳をみると、児童福祉行政に要する経費である児童福祉費が最も大きな割合（民生費総額の32.8％）を占め、以下、障害者福祉や総合的な福祉対策に要する経費である社会福祉費（同26.5％）、老人福祉費（同24.2％）、生活保護費（同15.4％）、大規模災害の被災者に対して行われる応急救助などに要する経費である災害救助費（同1.2％）の順となっています。目的別の構成比を団体種類別にみると、都道府県においては老人福祉費の構成比（39.6％）が最も大きく、以下、社会福祉費（32.1％）、児童福祉費（21.4％）、災害救助費（3.8％）、生活保護費（3.1％）の順となっています。また、市町村においては児童福祉費の構成比（37.5％）が最も大きく、以下、社会福祉費（26.0％）、老人福祉費（18.0％）、生活保護費（17.9％）、災害救助費（0.6％）の順となっています。

民生費を性質別にみると、児童手当の支給や生活保護に要する経費などの扶助費が最も大きな割合（民生費総額の52.0％）を占め、以下、国民健康保険事業会計、介護保険事業会計、後期高齢者医療事業会計などに対する繰出金（同17.0％）、補助費等（同15.0％）、人件費（同7.0％）、物件費（同4.4％）、普通建設事業費（同2.8％）の順となっています。

(b)　労　　働

自治体は、地域の雇用確保のため、職業能力開発の充実や失業対策などの施策を行っています。これらの雇用施策に要する経費である労働費の平成29年度決算額は2,628億円となっており、歳出総額に占める割合は0.3％（都道府県0.3％、市町村0.2％）となっています。

労働費の内訳をみると、失業対策費は労働費総額の3.7％を占め、職業訓練などに要する経費であるその他の経費が残りの96.3％を占めています。

(イ)　教育・文化

自治体は、学校教育、社会教育などの教育文化行政を行っています。これらの教育文化施策に要する経費である教育費の平成29年度決算額は16兆8,886億円となっており、歳出総額に占める割合は17.2％（都道府県20.2％、市町村12.1％）と、民生費に次いで大きな割合を占めています。

教育費の内訳をみると、小学校費が最も大きな割合（教育費総額の27.9％）を占め、以下、教職員の退職金や私立学校の振興等に要する経費である教育総務費（同17.9%）、中学校費（同16.4%）、高等学校費（同13.2%）、体育施設の建設・運営や体育振興、小中学校の給食などに要する経費である保健体育費（同8.9%）、公民館、図書館、博物館などの社会教育施設等に要する経費である社会教育費（同7.5%）の順となっています。目的別の構成比を団体種類別にみると、都道府県においては小学校費が最も大きな割合（27.8%）を占め、以下、高等学校費（20.8%）、教育総務費（20.8%）、中学校費（16.6%）の順となっています。これは、小中学校の教職員の人件費を都道府県が負担していることによるものです（ただし、平成29年度からは政令指定都市の小中学校の教職員の人件費は政令指定都市が負担することとなりました）。また、市町村においては、小学校費が最も大きな割合（27.6%）を占め、以下、保健体育費（19.0%）、社会教育費（15.4%）の順となっています。

また、教育費を性質別にみると、教職員の人件費が最も大きな割合（教育費総額の60.0%）を占め、以下、教材費などの物件費（同14.3%）、学校建設費などの普通建設事業費（同12.2%）の順となっています。これを団体種類別にみると、都道府県においては、都道府県立学校教職員の人件費のほか、小中学校の教職員の人件費を負担していることから、人件費が大部分（77.4%）を占めています。市町村においては、物件費が最も大きな割合（29.2%）を占め、以下、人件費（34.3%）、普通建設事業費（23.9%）の順となっています。

㈢　土木建設

自治体は、道路、河川、住宅、公園等の公共施設の建設、整備等を行うとともに、これらの施設の維持管理を行っています。これらの土木建設に要する経費である土木費の平成29年度決算額は11兆9,19億円となっており、歳出総額に占める割合は12.2%（都道府県11.1%、市町村11.4%）と、民生費、教育費、公債費に次いで大きな割合を占めています。

土木費の内訳をみると、区画整理事業や公園・下水道の整備などに要する経費である都市計画費が最も大きな割合（土木費総額の35.6%）を占め、以下、道路・橋りょうの整備に要する経費である道路橋りょう費（同35.2%）、河川の改修や海岸の保全などに要する経費である河川海岸費（同11.1%）、公営住宅の整備などに要する経費である住宅費（同9.2%）、の順となっています。目的別の構成比を団体種類別にみると、都道府県においては道路橋りょう費が最も大きな割合（42.3%）を占め、以下、河川海岸費（21.1%）、都市計画費（17.2%）の順となっています。一方、市町村においては都市計画費が最も大きな割合（50.7%）を占め、以下、道路橋りょう費（28.8%）、住宅費（10.1%）の順となっています。

(エ)　産業振興

(a)　農林水産業

自治体は、農林水産業の振興を図るため、農業生産基盤の整備、生産技術の開発・普及、六次産業化の推進や農村漁村の活性化などの施策を行っています。これらの農林水産業の振興に要する経費である農林水産業費の平成29年度決算額は３兆2,992億円となっており、歳出総額に占める割合は3.4%（都道府県4.7%、市町村2.5%）となっています。

農林水産業費の内訳をみると、土地改良事業などに要する経費である農地費が最も大きな割合（農林水産業費総額の34.1%）を占め、以下、農業振興や農業改良普及事業などを含む農業費（同28.3%）、林道の整備などを含む林業費（同20.2%）、水産業費（同11.6%）の順となっています。

(b)　商 工 業

自治体は、地域における商工業の振興などを図るため、中小企業の経営指導、企業誘致、商店街対策などの施策を行っています。これらの商工業の振興に要する経費である商工費の平成29年度決算額は４兆9,010億円となっており、歳出総額に占める割合は5.0%（都道府県6.5%、市町村3.0%）となっています。

商工費の性質別の内訳をみると、貸付金が最も大きな割合（商工費総額の69.2%）を占め、以下、補助費等（同11.2%）、普通建設事業費（同6.5%）の順となっています。

(オ)　保健衛生

自治体は、地域医療の確保や公衆衛生の向上などの対策を推進するとともに、ごみなど一般廃棄物の収集・処理など、住民の日常生活に密着した保健衛生施策を行っています。これらの保健衛生施策に要する経費である衛生費の平成29

年度決算額は６兆2,626億円となっており、歳出総額に占める割合は6.4％（都道府県3.4％、市町村8.2％）となっています。

衛生費の内訳をみると、保健衛生・精神衛生・母子衛生や自治体病院への繰出金などに要する経費である公衆衛生費が最も大きな割合（衛生費総額の59.3％）を占め、次いで、ごみなどの一般廃棄物の収集処理に要する経費などの清掃費（同37.0％）、保健所を設置している都道府県・市において支出される保健所費（同3.4％）、結核対策費（同0.3％）となっています。これを団体別にみると、都道府県においては公衆衛生費がほとんど（90.7％）を占め、市町村においては公衆衛生費（48.7％）、清掃費（48.7％）の順となっています。

㈫　警察・消防

⒜　警　　察

都道府県は、犯罪の防止、交通安全の確保などの警察行政を行っています。これらの警察行政に要する経費である警察費の平成29年度決算額は３兆2,604億円となっており、歳出総額に占める割合は3.3％（都道府県歳出総額の6.6％）となっています。

警察費を性質別にみると、約26万人にのぼる警察官の給与などの人件費が最も大きな割合（警察費総額の81.8％）を占め、以下、物件費（同10.8％）、警察施設や信号機の設置などに要する経費である普通建設事業費（同6.2％）の順となっています。

⒝　消　　防

自治体は、火災、風水害、地震など災害から国民を守るとともに、傷病者の救急搬送を行っています。これらの消防行政に要する経費である消防費の平成29年度決算額は２兆62億円となっており、歳出総額に占める割合は2.0％（都道府県0.5％、市町村3.2％）となっています。消防行政は、原則として市町村によって行われますが、例外として、特別区の区域においては東京都が消防行政を実施し、また、都道府県は消防学校の設置運営や市町村官の連絡調整などの事務を実施しています。

消防費を性質別にみると、約16万人に上る消防職員の職員給などの人件費が最も大きな割合（消防費総額の67.5％）を占め、以下、消防施設の整備、消防車の購入などに要する経費である普通建設事業費（同15.4%）、物件費（同10.5%）の順となっています。

(キ)　議会・総務

議会費は、議員の報酬その他議会の運営に要する経費であり、平成29年度決算額は4,218億円と、歳出総額に占める割合は0.4%（都道府県0.2%、市町村0.6%）となっています。

総務費は、人事、広報、文書、財政、出納、財産管理、徴税、戸籍住民登録、選挙などの内部管理的経費のほか、職員への退職手当などの共通的な経費であり、平成29年度決算額は９兆1,219億円と、歳出総額に占める割合は9.3%（都道府県5.7%、市町村11.8%）となっています。

3　性質別にみた自治体の支出

(1)　性質別経費――お金の使われ方

自治体の経費は、「**どのようなお金の使われ方をしたか**」という出費の経済的な性質により、人件費、物件費、維持補修費、扶助費、補助費等、普通建設事業費、災害復旧事業費、失業対策事業費、公債費、積立金、投資及び出資金、貸付金、繰出金、前年度繰上充用金に分類されます。

性質別経費のうち、職員給与などの人件費、生活保護費などの扶助費、地方債の元利償還金などの公債費は、決まった額を支出しなければならない経費であるため、**義務的経費**といいます。また、普通建設事業費、災害復旧事業費、失業対策事業費は、インフラや公共施設の整備に充てられる経費であるため、**投資的経費**といいます。

自治体の性質別経費とその構成比の状況を平成29年度決算についてみると、**図表6-4**のとおりとなっています。

都道府県と市町村を合わせた純計額（都道府県と市町村の間の重複額を控除したもの）97兆9,984億円の中で最も大きい比重を占めているのは、人件費の22兆4,652億円で、その構成比は22.9%となっています。人件費の構成比が高いのは、自治体が教育・福祉・警察・消防など住民に密着した第一線の行政を担当するために、多くの職員の配置を必要としていることによるものです。次いで

図表6-4　性質別経費の状況（平成29年度）　（単位：百万円、％）

区分	都道府県		市町村		純計額	
人件費	12,593,615	25.5	9,871,546	17.0	22,465,161	22.9
物件費	1,669,724	3.4	7,749,444	13.4	9,419,168	9.6
維持補修費	504,031	1.0	775,744	1.3	1,279,775	1.3
扶助費	1,101,176	2.2	13,180,190	22.7	14,281,366	14.6
補助費等	14,375,358	29.1	4,098,228	7.1	9,837,546	10.0
普通建設事業費	7,114,429	14.4	7,871,312	13.6	14,320,560	14.6
うち 補助事業費	3,981,271	8.1	3,610,360	6.2	7,301,030	7.5
うち 単独事業費	2,473,865	5.0	4,069,567	7.0	6,297,829	6.4
災害復旧事業費	572,756	1.2	302,993	0.5	844,775	0.9
失業対策事業費	―	―	51	0.0	51	0.0
公債費	7,060,806	14.3	5,622,911	9.7	12,649,085	12.9
積立金	1,259,347	2.5	1,857,181	3.2	3,116,528	3.2
投資及び出資金	107,775	0.2	214,799	0.4	322,574	0.3
貸付金	2,953,773	6.0	1,162,130	2.0	4,089,762	4.2
繰出金	135,670	0.3	5,236,085	9.0	5,371,755	5.5
前年度繰上充用金	―	―	264	0.0	264	0.0
歳出合計	49,448,460	100.0	57,942,877	100.0	97,998,369	100.0
うち 義務的経費	20,755,597	42.0	28,674,647	49.5	49,395,612	50.4
うち 投資的経費	7,687,185	15.5	8,174,356	14.1	15,165,386	15.5

支出額が多いのが投資的経費の15兆1,654億円で、その構成比は15.5％、以下、扶助費14兆2,814億円（構成比14.6％）、公債費12兆6,491億円（同12.9％）、補助費等９兆8,375億円（同10.0％）、物件費（光熱水費、旅費、賃金、備品購入費、委託料など）９兆4,192億円（同9.6％）となっています。人件費・扶助費・公債費を合わせた義務的経費は49兆3,957億円で、全体の50.4％を占めています。義務的経費は、収入が減ったからといって減らすことが容易ではないため、その構成比が高いほど財政支出の硬直化が進んでいることを意味します。

性質別経費の構成比を団体別にみると、人件費の構成比は、都道府県（25.5％）が、市町村（17.0％）を上回っています。これは、都道府県が政令指定都市を除く市町村立小中学校の教職員の人件費を負担していることなどによるものです。また、扶助費の構成比は、市町村（22.7％）が、都道府県（2.2％）を大幅に上回っています。これは、市町村は、社会保障制度の一環として児童・高齢者・障害者・生活困窮者など（被扶助者）への給付を行っていることなどによるものです。なお、その他の経費のうち、補助費等の構成比は、都道府県（29.1％）が市町村（7.1％）を上回っています。これは、都道府県は、市町村に対する税交付金や各種団体への補助金が多いためです。

市町村分について、さらに政令指定都市、中核市、一般市、町村に分けてみますと、義務的経費の構成比は、政令指定都市58.3%と最も高く、次いで、中核市53.3%、一般市46.1%、町村34.3%となっており、人口規模が大きいほど人件費と扶助費の比重が高まる傾向にあるため、義務的経費の占める割合が高くなっています。一方、投資的経費の構成比は、町村が20.2%と最も高く、次いで一般市15.1%、中核市13.2%、政令指定都市10.9%となっています。

⑵　性質別経費の推移

性質別経費の決算額と構成比の平成以降の推移をみると、**図表6-5**のとおりとなっています。

性質別経費の決算額の推移をみると、義務的経費のうち、人件費は平成元年度と比べると約1.1倍、扶助費は約3.6倍、公債費は約2.0倍と、扶助費と公債費が大幅に増加しています。一方、投資的経費は、ピークだった平成７年度の約47%まで減少しています。

性質別経費の構成比の推移をみると、義務的経費の構成比は、平成元年度の42.9%から平成29年度は50.4%と、平成を通じて経費全体の約半分を占めています。義務的経費の内訳をみると、人件費の構成比は、平成元年度の28.6%から平成29年度は22.9%と減少傾向にあるのに対して、扶助費の構成比は、平成

図表6-5　性質別経費の推移

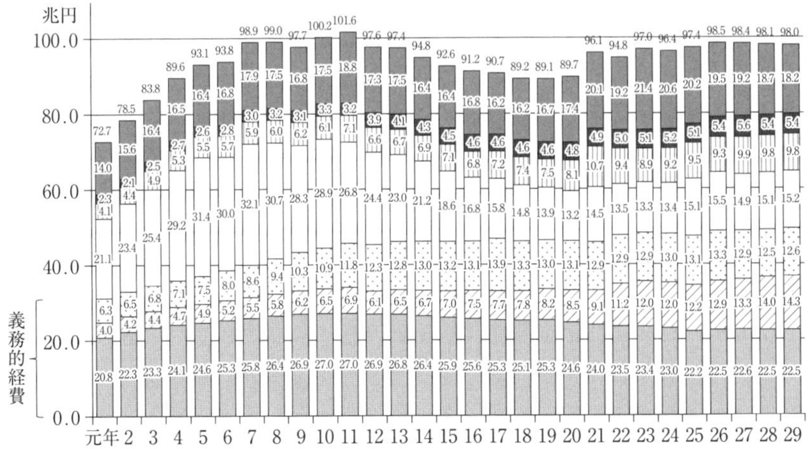

（凡例）下から、人件費、扶助費、公債費、投資的経費、補助費等、繰出金、その他

元年度の5.5％から平成29年度は14.6％と増加傾向にあり、公債費の構成比は、平成元年度の8.7％から平成18年度には15.4％まで増加しましたが、その後は減少傾向にあり、平成29年度には12.9％となっています。社会保障関係費の増加を背景とした扶助費の増加を人件費の抑制によって賄う形で義務的経費全体の増加を押さえてきたといえます。一方、投資的経費の構成比は、平成５年度には33.8％と全体の３分の１を超える水準でしたが、平成29年度には15.5％まで低下しています。

⑶　主な性質別経費の状況

㈠　義務的経費

⒜　人 件 費

人件費は、都道府県や市町村に勤務する約238万人の地方公務員（普通会計分）の給与や退職金、都道府県や市町村の議員の報酬手当などからなっています。

人件費は、歳出総額の４分の１近くを占めており、その給与水準は人事院勧告や人事委員会勧告によって決まります。また、人件費のうち義務教育職員（小・中学校の先生）の給与は、その３分の１が国庫負担金によって賄われていますが、平成29年度では、自治体が自由に使える一般財源総額のうち約３分の１（32.4％）は人件費に充てられています。したがって、自治体の財政運営においては、職員の数とその給与の適切な管理を行うことが最も重要な課題の一つとなります。

自治体の職員数（普通会計分）は、行政改革（事務事業の見直し、組織のスリム化など）や民間委託の推進などにより、平成７年以降21年連続して減少していましたが、平成28年から増加に転じ、平成29年４月１日現在の職員数は238万3,778人となっています。職員数を部門別にみると、教員などの教育関係職員が102万2,651人（職員総数（普通会計分）の42.9％）と最も多く、以下、民生・衛生関係を除く一般行政関係職員55万2,197人（同23.2％）、警察関係職員28万8,347人（同12.1％）、民生・衛生関係職員35万9,948人（15.1％）、消防関係職員16万635人（同6.7％）となっており、国が定員に関する基準を幅広く定めている教育部門、警察部門、消防部門、福祉関係が約４分の３を占めています。

また、国家公務員の給与水準を100としたときの、地方公務員の給与水準（これを「**ラスパイレス指数**」といいます）は、平成29年４月１日現在で99.2となっています。ラスパイレス指数を団体別にみると、都道府県100.2、政令指定都市99.9、市99.1、町村96.4となっています。地方公務員の給与水準は、以前から国家公務員の給与水準よりも高いと指摘されてきました。近年は全体として100を下回る水準になっていますが、給与水準が国に比くらべて依然として高い自治体があります。給与水準が高い自治体は、住民サービスに充てられるべき財源がその分だけ少なくなっているわけですから、職員の給与の適正化を行うことが強く要請されます。なお、都道府県議会議員の定数は、平成29年12月31日現在で2,687人、市区町村議会議員の定数は、３万565人となっています。

人件費の決算額の推移をみると、**図表6-6**のとおりとなっています。平成に入ってから職員数の増加などに伴い、平成10年度には27.0兆円まで増加しましたが、各自治体における職員定数や給与水準の適正化の取組みなどにより、平成29年度には22.4兆円とピーク時から4.6兆円（17.0%）減少しています。

(b)　扶 助 費

扶助費は、社会保障制度の一環として、生活保護や児童手当など、生活保護法や児童福祉法、老人福祉法、障害者の日常生活及び社会生活を総合的に支援するための法律などに基づいて、児童・高齢者・障害者・生活困窮者など（被扶助者）に対して支出するものと、自治体が独自の施策として支出するものとがあります。扶助費は、社会保障制度を実施するための中心的な経費で、法律に基づく扶助費については、すべて高率の国庫負担の対象とされています。また、近年では、子ども医療費助成など、自治体が独自の施策として支出するものも増加しています。

扶助費の内訳をみると、平成29年度決算額14兆2,814億円のうち、児童福祉費が６兆597億円で最も大きな割合（扶助費総額の42.4%）を占め、以下、生活保護費の３兆7,065億円（同26.0%）、社会福祉費の３兆5,230億円（同24.7%）の順となっています。

扶助費の決算額の推移を**図表6-6**でみると、平成元年度は4.0兆円と義務的経費の13%程度を占めていましたが、高齢化などを反映して増加の一途をたどり、平成27年度からは公債費の決算額を上回り、平成29年度は14.3兆円と義務的経費の３割程度を占めるに至っています。

扶助費は、その性格上硬直性が強い経費です。例えば、子ども医療費の支給対象を一旦拡大すれば、財政状況が悪化したからといって、支給対象を縮小することは困難になります。したがって、自治体の財政運営に当たっては、国の制度に基づく扶助費の動向に十分注意するとともに、自治体の独自施策として支出する扶助費については、財政状況を踏まえた適切な水準を検討することが求められます。

(c)　公 債 費

公債費は、地方債の元金の返済と利子の支払いに要する経費であり、一時借入金の利子の支払いに要する経費も含まれます。

公債費の内訳をみると、平成29年度決算額12兆6,491億円のうち、地方債元金償還金が11兆2,544億円（公債費総額の89.0%）、地方債利子が１兆3,939億円（同11.0%）、一時借入金利子が22億円（同0.0%）となっています。

公債費の決算額の推移を**図表6-6**でみると、バブル経済崩壊後の景気対策としての投資的経費の拡大に伴う地方債の増発や、減税による減収を補てんするための特例的な地方債の発行などにより、平成元年度の8.7兆円から平成17年度には13.9兆円まで増加しました。平成13年度以降の投資的経費の抑制により平成18年度からは減少に転じましたが、臨時財政対策債の元利償還額の増加に

図表6-6　義務的経費（人件費・扶助費・公債費）の推移

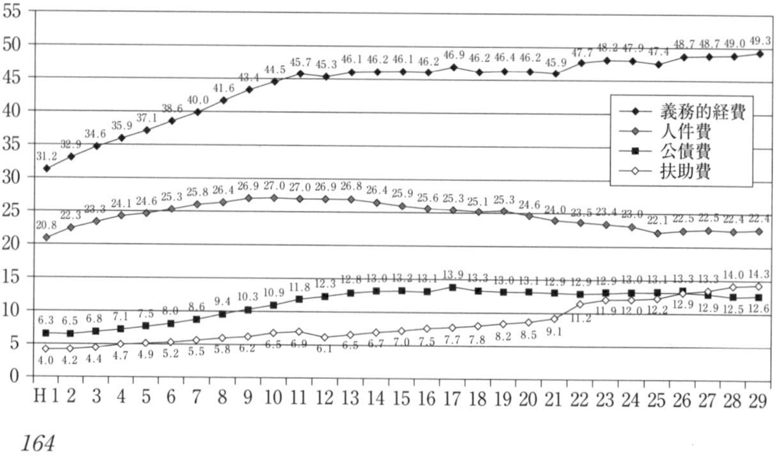

より、13兆円程度で推移し、平成29年度は12.6兆円となっています。

公債費の増加とその対策は、地方財政の課題の中で最も重要なものの一つとなっています。公債費は、自治体が支出する経費の中でも最も義務的な性格の強いものであるだけに、地方債の管理については細心の注意を払う必要があります。地方債の発行については、将来の公債費負担を十分見極めながら、財政運営上無理が生じないようにしなければなりません。また、地方債の利払いも大きな負担となりますから、資金の借入れに当たっては、金利の動向を踏まえ、できるだけ低利率の資金の導入に努めなければなりません。さらに、将来の公債費負担が重いものとならないよう、地方債の償還の財源に充てるための基金（減債基金など）に適切に積立てを行っておくことも重要です。

(イ)　投資的経費

(a)　投資的経費のあらまし

投資的経費のうち**普通建設事業費**は、道路、橋りょう、公園、公営住宅、学校の建設など、インフラや公共施設の新増設や改修に投入される経費で、投資的経費の中心をなすものです。**災害復旧事業費**は、災害によって被害を受けた公共施設などを元の形に復旧するための経費で、災害の発生状況によって大きく変動します。失業対策事業費は、失業者に就業の機会を与えることを目的として行われる土木事業などの経費です。

(b)　補助事業費と単独事業費

投資的経費の中には、国家的な見地から**国庫補助負担金**を受けて支出されるものがあります。普通建設事業については、地方財政法などの法令や予算措置によって、道路、河川、砂防、海岸、港湾、土地改良、漁港、住宅、公園、学校、社会福祉施設などが国庫補助負担金の対象とされています。また、災害復旧事業については、公共土木施設災害復旧事業費国庫負担法などによって、一定規模以上の災害復旧事業が国庫補助負担の対象とされており、さらに激甚災害の場合には国庫補助負担の特例が設けられています。これらの国庫補助負担金を受けて実施される普通建設事業・災害復旧事業に係る経費は、**補助事業費**に区分されます。他方、自治体の自己財源によって自主的に実施される事業にかかる経費は、**単独事業費**に区分されます。普通建設事業費のうち、補助事業

コラム6-1　災害復旧にかかる財政措置

平成は大きな災害に見舞われた時代でした。阪神・淡路大震災、新潟県中越地震、そして２万人を超える犠牲者を出した東日本大震災が我が国を襲いました。その後も、地球温暖化に伴う気候変動により豪雨・台風などによる大規模な土砂災害や渇水被害が発生するとともに、南海トラフ地震や首都直下地震などの発生が懸念されています。

大規模災害対策時には、政府が非常災害対策本部会議を立ち上げ、自治体・関係機関と緊密に連携し、災害対応に当たる人的支援、ライフラインの早期復旧に向けた支援などに全力で取り組みます。また、被災した自治体では、応急対策や復旧・復興に多大の財政負担が見込まれますが、被災自治体の財政運営に支障が生じないよう、これらの復旧・復興に係る財政負担に対しては、以下のとおり、地方交付税や地方債による財政措置が講じられます。

１．特別交付税措置

災害時においては、被災した自治体おいて災害対応のための様々な経費が生じます。これらの災害関連経費に対しては、特別交付税が措置されます。主なものは以下のとおりです。

（１）災害廃棄物処理に係る経費

がれき等の災害廃棄物の処理については、環境省の国庫補助金が交付されるほか、これらの廃棄物処理に係る地元負担に対しては、その８割について特別交付税が措置されます。

（２）応援職員の受入れに係る経費

被災した自治体が他の自治体から、地方自治法に基づいて中長期の応援職員を受け入れた場合、その経費は派遣先の被災自治体が負担することとされています。被災自治体が負担する応援職員派遣の受入れに係る経費に対しては、その８割について特別交付税が措置されます。

なお、県内の自治体から被災自治体に応援職員を派遣した場合には、その旅費等の経費は派遣元の自治体が負担することとされていますが、派遣元の自治体が負担する応援経費に対しても、その８割について特別交付税が措置されます。

（３）り災世帯に対する見舞金の支給などに係る経費

被災自治体おいては、り災世帯に対して見舞金などを支給することが見込まれるため、一定の基準（り災世帯数、全壊・半壊家屋戸数、浸水家屋の戸数、農作物被害面積、死者・行方不明者数等×単価）により算定した額が特別交付税で措置されます。

２　公共施設等の復旧に係る地方財政措置

被災自治体においては、被災した公共施設や公用施設を原形に復旧するか、原形に復旧することが困難な場合には、代替施設を建設することとなります。その場合、国からの補助の有無などに応じて、以下のとおり地方財政措置が講じられます。

（1）補助災害復旧事業

道路、河川など公共土木施設の復旧事業を国庫補助金事業で実施する場合には、原則として、その地方負担の100％に対して補助災害復旧事業債を充てることができます。この補助災害復旧事業債の元利償還金に対しては、その95％について普通交付税が措置されます。

（2）単独災害復旧事業

公共施設の復旧事業を被災自治体が単独事業で実施する場合には、原則として、その事業費の100％に対して単独災害復旧事業債を充てることができます。この単独災害復旧事業債の元利償還金に対しては、その47.5％～85.5％について普通交付税が措置されます。

（3）公営企業災害復旧事業

上下水道などの公営企業の施設の復旧事業を実施する場合には、その事業費の100％に対して公営企業災害復旧事業債を充てることができます。この公営企業災害復旧事業債の元利償還金見合いの額を一般会計から公営企業会計に繰り出す場合には、その２分の１について特別交付税が措置されます。

３　その他の地方財政措置

（1）普通交付税の繰上げ交付

普通交付税の交付時期は、法律上は４月・６月・９月・11月となっていますが、災害により多大な被害を受けた自治体の資金繰りを円滑にするために、普通交付税の交付時期を繰り上げて交付することができる制度があります。

（2）激甚災害による補助率のかさ上げ

激甚災害制度は、被災者に対する特別の助成を行うことが特に必要と認められる災害が発生した場合などに、その災害を激甚災害として指定し、災害復旧事業等に対する国庫補助のかさ上げ措置を講じるものです。

（3）特別立法

阪神・淡路大震災及び東日本大震災時には、円滑かつ迅速な復興のため財政上の特別な措置などを定めた特別立法が制定されました。特に、東日本大震災においては、地方交付税について、通常収支分とは別枠で震災復興特別交付税を設け、被災団体の復興・復旧事業の自治体担分を措置しています。さらに東日本大震災の教訓を踏まえ、大規模な災害からの復興のための特別の措置について定めた「大規模災害からの復興に関する法律」が平成25年に施行されています。同法の「特定大規模災害等」に指定された災害時には、被災した道路の復旧事業を国が代行して行う特例などが設けられています。

費の構成比は、都道府県（8.1%）が市町村（6.2%）を上回る一方、単独事業費の構成比は、市町村（7.0%）が都道府県（5.0%）を上回っています（**図表6-4**）。

投資的経費のうち補助事業費と単独事業費の推移をみると**図表6-7**のとおりとなっています。平成に入り、地域の活性化や住民に身近な社会資本整備の必要性が高まったことを背景に、単独事業が増加しました。また、バブル経済崩壊後の景気対策の一環として補助事業の大幅な追加が実施された際に、単独事業もその実施に協力したことから、補助事業を上回る規模で推移し、ピーク時の平成5年度では、単独事業は17.9兆円となりました。補助事業は、全国的な観点から社会資本整備を進めるために実施されるものですが、その役割の中には、不況の時は事業を拡大して景気を下支えするという、景気調整の手段としての機能も含まれます。単独事業は、地域の実情に応じて自治体が独自に社会資本の整備を進めるために実施するものですが、その総額は国民経済に相当の比重を持っていますので、景気対策において単独事業も大きな役割を担ったのです。しかし、その後は減少に転じ、特に三位一体の改革期間中の平成15年度から18年度にかけては、地方交付税等が大幅に抑制され、自治体が厳しい財政運営を強いられる中で、社会保障関係費の増加に対応するため、定員削減などによる人件費の削減に加え、投資的経費のうちの単独事業の大幅な削減を実施しました。その結果、単独事業の決算額は、平成24年度には5.2兆円とピーク時の3割を下回る規模に減少しましたが、防災・減災対策や公共施設の老朽化対策の必要性などを背景に、最近はやや増加傾向にあります。地域の実情に即した防災・減災対策や公共施設の老朽化対策を推進するため、単独事業の果たすべき役割は引き続き重要です。

(c)　直轄事業負担金

普通建設事業費・災害復旧事業費の中には、自治体が事業を実施するもの（補助事業・単独事業）のほか、国が行う直轄事業に対する負担金が含まれます。**直轄事業負担金**は、道路、河川、砂防、海岸、港湾などの事業のうち国が実施するものについて、法令の規定に基づき、事業費の一定割合を地元自治体が負担金として国に納付するもので、平成29年度の決算額は、7,217億円（投資的経費総額の0.7%）となっています。

㈲　その他の経費

その他の経費には、物件費、維持補修費、補助費等、繰出金、積立金、投資及び出資金、貸付金並びに前年度繰上充用金があります。

物件費は、賃金、旅費、役務費、委託料等の経費であり、平成29年度決算額は９兆4,192億円（歳出総額に占める割合は9.6%）となっています。物件費の内訳をみると、委託料が最も大きな割合（物件費総額の58.4%）を占めています。

維持補修費は、自治体が管理する施設の維持に要する経費であり、平成29年度決算額は１兆2,798億円（歳出総額に占める割合は1.3%）となっています。維持補修費の内訳をみると、土木費が最も大きな割合（維持補修費総額の70.6%）を占めています。

補助費等は、公営企業会計（法適用企業（公営企業のうち、地方公営企業法の全部又は一部が適用されるものです））に対する負担金、国民健康保険制度における都道府県調整交付金などの都道府県の負担金、各種団体への補助金などの経費であり、平成29年度決算額は９兆8,375億円（歳出総額に占める割合は10.0%）となっています。

繰出金は、普通会計から他会計などに支出する経費であり、平成29年度決算額は５兆3,718億円（歳出総額に占める割合は5.5%）となっています。繰出金の繰出先内訳をみると、後期高齢者医療事業会計に対するものが１兆5,784億円

図表6-7　投資的経費（補助事業・単独事業）の推移

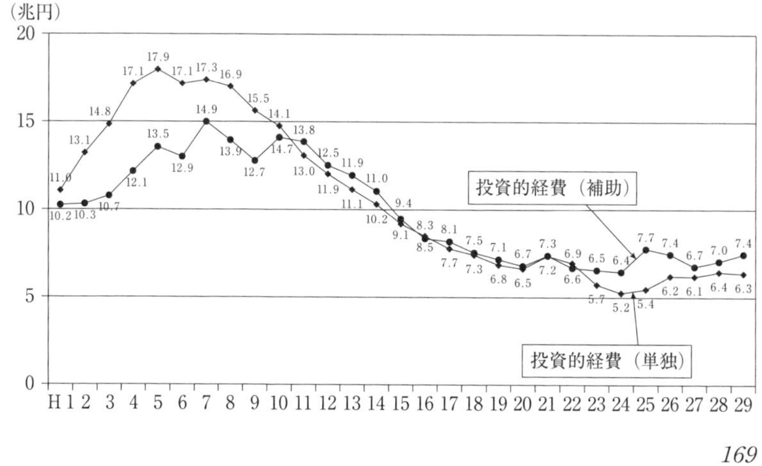

で最も大きな割合（繰出金総額の29.4%）を占めており、以下、介護保険事業会計に対するもの１兆5,507億円（同28.9%）、国民健康保険事業会計に対するもの１兆2,656億円（同23.6%）の順となっています。

積立金は、基金などに資金を積み立てるための経費であり、平成29年度決算額は３兆1,165億円（歳出総額に占める割合は3.2%）となっています。

投資及び出資金は、第三セクターへの出資などのための経費であり、平成29年度決算額は3,226億円（歳出総額に占める割合は0.3%）となっています。

貸付金は、自治体が様々な政策目的のために地域の住民や企業などに貸し付ける経費であり、平成29年度決算額は４兆898億円（歳出総額に占める割合は4.2%）となっています。貸付金の内訳をみると、商工費が最も大きな割合（貸付金総額の82.9%）を占めています。

4　財政構造の弾力性

(1)　財政構造の弾力性とは

自治体が財政運営の健全性を確保する上で重要なのは、**財政構造の弾力性**です。

財政構造の弾力性は、自治体の財政運営が、景気の悪化による税収の減少や、行政ニーズの増加に伴う支出の増加といった変化に対応できるゆとりがあるかどうかによって判断されます。例えば、歳入については自由に使える一般財源が乏しい場合、歳出については人件費・扶助費・公債費のように支出が義務付けられた経費のウエイトが高い場合においては、財政のゆとり度が低く、弾力性に欠けるということになります。財政構造の弾力性を示す指標としては、経常収支比率や公債費負担比率などが用いられます。

(2)　経常収支比率

(ア)　経常収支比率とは

経常収支比率とは、人件費、扶助費、公債費などの経常的経費に、地方税、普通交付税、地方譲与税を中心とする経常一般財源がどの程度充当されているかを示す比率です。家計に例えれば、衣食住など家族が生活していく上でなくてはならない出費や住宅ローンの返済などに、お父さんの給料やお母さんのパート収入をどの程度充てているかを示す指標になります。

経常収支比率＝経常的経費充当一般財源／経常一般財源等×100（%）

ここで経常一般財源等とは、毎年度経常的に収入され、自由に使える財源であり、普通税、普通交付税、地方譲与税のほか、臨時財政対策債などが含まれます。また、経常的経費とは、自治体が毎年度経常的に支出する経費であり、人件費、物件費、維持補修費、扶助費、公債費などが該当します。

自治体は、その時々の住民ニーズに応じて、臨時的な支出を行ったり、独自の事業を実施したりすることが求められます。こうした臨時的な支出や独自の事業に対応するためには、経常的な収入で経常的な支出を賄った上で、できる限り経常的な収入を残しておくことが望ましいといえます。したがって、経常収支比率が低いほど財政のゆとりがある一方、高いほど臨時的な支出などへの対応力は低くなり、財政構造の硬直化が進んでいるといえます。

(イ)　経常収支比率の推移

経常収支比率は、普通会計決算統計において昭和44年度から用いられており、その推移をみると、**図表6-8**のとおりとなっています。経常収支比率は、昭和40年代後半の水準をみると、道府県の平均が80%程度、都市の平均が75%程度、町村の平均が70%程度であったため、経験的にこれらの水準が妥当であり、これがそれぞれ５%以上上昇すると財政の硬直化が進みはじめたと見るべきとされてきました。しかし、昭和48年のオイルショック以降は、歳入では地方税が落ち込む一方、歳出では人件費がインフレにより増加したため、経常収支比率は80%台後半へと急激に悪化しました。その後は改善し、特にバブル景気の平成２年度には69.8%まで低下しましたが、バブル経済崩壊により地方税が減収に転じた平成４年度以降は急激に上昇し、公債費負担の増加もあいまって、平成10年度は89.4%とオイルショック時の財政危機時の最高値を超え、特に都道府県では94.2%まで悪化しました。さらに、扶助費の増加により市町村の経常収支比率も悪化し、平成29年度は93.5%（都道府県94.2%、市町村92.8%）と、財政の硬直化が一段と進み、硬直化の要因もかつての人件費による硬直化から、公債費・扶助費による硬直化に変化しています。

個別の自治体の経常収支比率をみると、経常収支比率が100%を超える団体が、都道府県で１団体、市町村で41団体となっています。これらの自治体は、経常的経費に経常一般財源をすべて充てても足りず、臨時的な財源を充ててやりくりしている状態であり、極めて硬直化しているといえます。

(3)　公債費負担比率

公債費は、義務的経費の中でも特に弾力性が乏しいため、公債費負担に焦点を当てた指標として、公債費負担比率が用いられてきました。公債費負担比率は、一般財源等の総額のうち、公債費に充てられた一般財源等がどの程度の割合となっているかを示すものです。裏返せば、公債費が一般財源等の使途の自由度をどの程度制約しているかをみる指標です。

家計に例えれば、住宅ローンの毎年の返済額が、給料などの収入に対してどのくらいの割合があるのかというのを示すもので、比率が高いほど他の出費に充てられる収入が限られてくるため、やりくりが苦しくなります。

公債費負担比率＝公債費充当一般財源等／一般財源等総額×100（%）

公債費負担比率は、普通会計決算統計において昭和59年度から用いられており、経験的に、20%が危険水準、15%がその手前の警戒水準とされてきました。

図表6-8　経常収支比率の推移

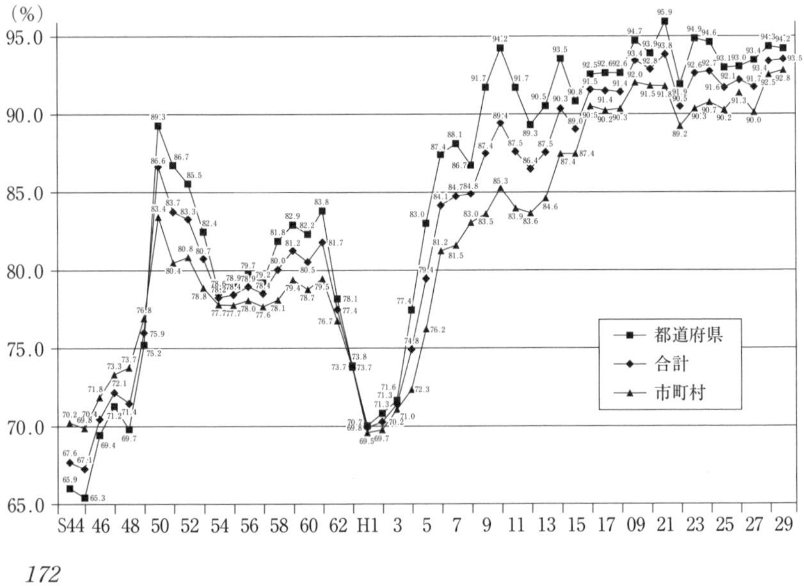

公債費負担比率の推移をみると、昭和50年度以降上昇した後、平成３年度には10.8%まで低下しましたが、景気対策に伴い発行した地方債の償還が本格化したため再び上昇に転じ、平成15年度に19.4%に悪化しました。しかし、投資的経費の抑制により公債費が減少に転じたため、平成29年度は17.4%に低下しています。

なお、公債費負担を示す指標としては、地方公共団体の財政の健全化に関する法律（一般に「健全化法」ともいわれています。８章で詳しく述べることとします）に基づく健全化判断比率の一つとして、実質公債費比率が定められ、平成21年度から用いられています。実質公債費比率は、自治体の実質的な公債費の大きさを、その自治体の標準財政規模に対する割合で表したものです。

Part. IV
自治体のやりくり

Chap. 7

自治体の借金
――地方債のはなし

1　はじめに

自治体の借金に当たるものが**地方債**です。地方債とは、自治体が財政上必要とする資金を外部から調達することによって負担する債務で、その履行が一会計年度を超えて行われるものをいいます。地方債を発行することを、**地方債を起こす**といい、地方債の発行手続を「**起債**」とよびます。

一般の家庭で自宅を購入したり建てたりする場合には、一時にたくさんのお金がかかるので、金融機関で住宅ローンを組むのが一般的です。自治体でも、道路や学校などの公共施設を建設する場合には、地方債を発行して資金を調達します。地方債は、自治体の歳入項目のなかでも、地方税、地方交付税や国庫支出金と並んで、大きなウェイトを占めています。

一方、地方債は、自治体が負担する債務ですから、後年度にその元金と利子を償還（お返しすることです）しなければなりません。個人が住宅ローンを借りれば、自宅に抵当権を設定した上で給料やボーナスで返済していくことになります。自治体が地方債を発行した場合には、その償還に充てられるべき財源は、普通会計では地方税、地方交付税などの一般財源、企業会計では公営企業の経営による料金収入になりますが、最終的には、自治体の課税権が実質的な担保となります。借りすぎると**公債費**（地方債の償還や利子の支払いに要する費用のことです）が増加して、財政運営に支障が生じます。このため、地方財政法は、財政運営の健全化や世代間の負担の公平の観点から、地方債の発行を原則として禁止し、公共施設の建設事業の財源とする場合など一定の場合に限定して発行できることとしています。したがって、自治体は、地方債がもつ機能をよく理解した上で、中長期的な財政運営を見通して計画的に活用することが重要になります。

なお、自治体の借金には、地方債のほかに**一時借入金**があります。一時借入金は、その会計年度における一時的な資金繰りのために行われ、その償還もその会計年度の歳入をもってしなければなりません。地方債は、債務の履行が一会計年度を超えて行われるものである点で、一時借入金とは異なります。

2　地方債を起こすことができる経費

(1)　基本的な考え方

地方自治法第230条第１項は、「普通地方公共団体は、別に法律で定める場合において、予算の定めるところにより、地方債を起こすことができる」としています。「別に法律で定める場合」として地方財政法第５条の規定が設けられています。

地方財政法第５条は、「地方公共団体の歳出は、地方債以外の歳入をもって、その財源としなければならない」とした上で、ただし書において地方債の対象とすることができる経費を限定列挙（すべて列挙されているということです）しています。これは、自治体の借金である地方債の発行が無制限に行われると、将来世代に負担が転嫁されるなどの問題を引き起こすことから、将来の財政運営の健全性や住民負担の公平性を確保する見地から設けられた原則です。この原則を「**非募債主義**」といいます。

なお、国が発行する国債についても、財政法第４条第１項において「国の歳出は、公債又は借入金以外の歳入を以て、その財源としなければならない」ことが原則とされ、その発行は、公共事業費などに限定して認められています。ただし、国においては特例公債（赤字国債）の発行が常態化しているのに対して、地方財政では、臨時財政対策債などの特例地方債はありますが、赤字地方債は限定的となっています。

(2)　地方債を起こすことができる経費（地財法５条によるもの）

地方財政法第５条ただし書は、例外として地方債を財源とすることができる場合として、次に掲げるものを列挙しています。これらの事業は、**適債事業**とよばれます。

㋐　公営企業に要する経費

公営企業は、上下水道事業、交通事業、病院事業など、住民生活に密着したサービスを提供するために自治体が経営する企業です。公営企業は、経済性の発揮と公共の福祉の増進を2つの目的を達成するため、その経費は、不採算経費を除いて、企業の経営に伴う収入をもってこれに充てなければなりません（独立採算制）。公営企業が行う建設改良費などの財源とする場合には、それぞれの事業により生じる料金収入や一般会計からの繰入金により償還財源を確保することができることから、**適債性**が認められています。

㋑　出資金・貸付金

出資金については、その出資に伴う配当金が生じ、また、貸付金については、その回収金が見込めるなど、資本的な価値や債権が生ずるものであることから、適債性が認められています。

㋒　地方債の借換えのために要する経費

地方債の借換えは、既に借入れ済みの地方債を償還するために借り入れるものであり、新たな債務を負うものではないことから、適債性が認められています。例えば、特定の期間に集中する公債費の負担を平準化するために借り換える場合などが想定されます。ただし、既に借入れ済みの地方債を財源として建設した公共施設・公用施設の耐用年数を超える借換えは認められません。また、金利負担の軽減を図るために低利の資金に借り換える場合も想定されます。

㋓　災害応急事業費・災害復旧事業費・災害救助費

被災した橋梁の応急架設など本格的な復旧が行われるまでの間の暫定措置として行われる災害応急事業、被災した施設を原型に復旧するために行われる災害復旧事業、避難所や生活必需品の提供などの災害救助事業の財源とする場合です。災害復旧などのために要する経費の支出は緊急性を有し、かつ、災害時には税の減免等により収入は減少することから、地方債により財源を得るよりほかに手段がないことから適債性を認められています。また、地方債により財源調達を行って復旧・復興を迅速に進めることにより、税収が回復することを期待することもできます。なお、災害復旧などのために要する経費の財源として地方債を発行した場合、その地方債の償還費の一定額は、地方交付税の基準財政需要額に算入され、地方交付税を通じて財源手当が行われます。

(オ)　公共・公用施設の建設事業費

道路や学校などの公共施設や庁舎などの公用施設の建設事業費（用地の取得・造成費や施設の買取り経費も含みます）の財源とする場合です。いわゆる建設公債とよばれるものです。

公共・公用施設が整備されれば、その施設が使えなくなるまで、後世代の住民も利用することができます。公共・公用施設の便益は、その施設の耐用年数の期間にわたって住民が得ることができるため、地方債を発行し、耐用年数の範囲内で元利償還金を返済していくことにより、住民負担の年度間の調整を図ることが公正といえます。また、公共・公用施設の整備によって地域の経済発展がもたらされることで、将来の地方税の増収が期待され、償還財源が確保されると考えることもできます。建設公債は、こうした住民負担の公平などの観点から適債性が認められています。

ここで、公共・公用施設の建設事業費には、公共的団体又は国・地方団体が一定割合以上出資している法人が設置する公共施設の建設事業に対する負担金・補助金の財源とする場合にも、地方債の発行が認められています。例えば、地方団体が２分の１以上出資する第三セクターが実施する鉄道施設の更新や車両の購入に対する沿線自治体の補助金などです。

(3)　特例法による地方債

地方債の発行は、地財法５条に規定されている経費以外の経費について、個別の立法によって認められているものがあります。国債・地方債ともに、投資的な経費に限定して発行が認められる建設公債主義が原則ですので、国が赤字国債を発行する場合には、別途、特例公債法という法律を制定して、発行が認められることとなります。地方債もこれと同じ考え方で、地方財政法第５条の特例として、別途、個別に法的な根拠を設けて、地方債の発行が認められることとなります。

このような**特例地方債**のうち主なものは次のとおりです。

(ア)　臨時財政対策債

臨時財政対策債は、毎年度の地方財政対策において見込まれる地方全体の財源不足を補てんするための特例地方債です。個別の地方団体の財政運営の結果として生じることとなった財源不足額を補てんするものではなく、地方財政全体の中で標準的に発生すると見込まれる財源不足額について、普通交付税に代わるものとして発行が認められているものです。地方交付税と同様に使途制限のない一般財源であり、その元利償還金は後年度に全額交付税措置されます。

(イ)　退職手当債

退職手当債は、いわゆる団塊の世代の大量定年退職に伴う退職手当の大幅な増加に対処しつつ、地方公務員の総人件費削減を進めるため、平成18年度から令和２年度までの特例措置として、今後の定員管理や給与の適正化についての計画（定員管理・給与適正化計画）を作成し、将来の総人件費の削減に取り組む地方団体を対象に、総務大臣又は都道府県知事の許可により、退職手当の財源に充てるために発行が認められる地方債です。

公務員の退職手当については、民間企業の退職給付引当金のように、基金の積立てなどにより計画的に財源を確保すべきであって、地方債に財源を求めることは問題があるとの指摘もあります。このため、退職手当債は、将来の人件費削減効果により財源を確保している、すなわち将来世代に負担を先送りしないことを確認した上で、発行が許可されるしくみとなっています。今後の定員管理や給与の適正化についての計画を策定し、将来の総人件費の削減に取り組む地方団体を対象に、標準的な退職手当額を上回る部分について、定員削減による将来の総人件費の削減額の範囲内で許可されます。また、元利償還金については、交付税措置は行われません。

(ウ)　減収補てん債

減収補てん債は、普通交付税の算定に用いる基準財政収入額と課税実績との差が生じた場合に、翌年度以降の普通交付税の算定における精算に代えて、減収の発生した年度において精算対象額の範囲内で地方債を発行するものです。

減収補てん債は、普通交付税の算定における精算調整方法の１つであり、減収の生じた地方団体について、その円滑な財政運営の確保の観点から発行が認められるものです。原則として建設事業費に係る通常の地方債を充当した後の残額の範囲内で発行することとされていますが、建設事業以外の経費にも充てることができる特例が定められています。

3 地方債の機能

地方債は借金である以上、将来の税収により金利分も含めて償還していかなければなりません。それでは、自治体にとって地方債を発行してまで様々な事業を行う財政運営を行う必要性はどこにあるのでしょうか。地方債の果たす機能について確認していきましょう。

㈠ 財政支出と財政収入の年度間調整

地方団体が道路や学校などの公共施設を建設する場合には、単年度に多額の財源が必要となります。東日本大震災や熊本地震のような大災害が発生した場合でも、被災した公共施設の早期復旧や避難所の設置など、緊急に多額の財源が必要となります。これらの財源として、地方債の発行による必要な資金を調達することにより、その年度の財政負担を後年度の元利償還金の支払いでやりくりをするという形で**平準化**することができます。

㈡ 住民負担の世代間の公平のための調整

道路や学校などの公共施設は、現世代の住民だけでなく、将来世代の住民もその施設を利用することによって便益を受けることができます。その財源をすべて建設当時の住民負担に求めるのではなく、その一部に地方債を充てることにより、将来便益を受けることとなる住民にもその元利償還金という形で負担を求めることが合理的であり、かつ公平です。こうしたことから、公共・公用施設を建設するための財源として活用する地方債の償還年限は、建設した施設の耐用年数を超えてはならないこととされています。

㈢ 一般財源の補完

自治体にとって、地方税や地方交付税などの使途に定めのない一般財源には限りがあります。地方債は、その発行年度についてみると、道路や学校などの建設事業費に地方債を充てることにより、地方税、地方交付税などの一般財源の不足を**補完**する機能を有しています。地方債は、一定の機動性と弾力性をもった財政運営を行っていくために重要な役割を担っているといえます。

㈣ 国の経済政策との調整

公共事業や公共施設の整備事業の多くは地方団体により実施されており、国が行う経済政策も地方財政と一体となって行うことによりその効果が発揮されます。国が景気対策として公共事業を追加して実施する場合、国は、事業主体となる地方団体に対して補助金を交付します。そして、残りの地方負担額に地方債（補正予算債）が充てられることとなります。このような国庫補助金の額や地方債の発行量によって、事業量を調整することができ、景気対策による**経済波及効果**が期待できます。

コラム7-1　公共施設の解体撤去費に地方債が充てられるか——除却債の考え方

過去に建設された公共施設がこれから大量に更新時期を迎えようとしています。自治体においては、厳しい財政状況の中で、人口減少による利用需要の動向などを踏まえたうえで、施設の統廃合を進めながら建替えを進めています。

地方財政法５条では、地方債の発行は、世代間負担の公平性の観点から、後世代にも効用が及ぶ建設事業に限定して認めています。このため、建替えに必要な除却の経費については、これまでも地方財政法５条を根拠に地方債を発行できましたが、廃止される公共施設の解体撤去に要する経費については、一般財源で賄うものとされています。

しかしながら、過去に建設された公共施設がこれから大量に更新時期を迎えることを勘案すると、解体撤去される公共施設のすべてに一般財源で対応することは困難であることから、平成26年の通常国会において、地方財政法の一部改正が行われ、「公共施設等総合管理計画」に基づいて行われる除却に要する経費については、特例的に地方債の発行が認められることとなりました。

法改正の検討に当たっては、「施設の残らない除却にも借金を認めれば財政規律を乱すことになるのではないか」といった指摘もあり、地方財政法５条との整合性にも留意し、**除却債**は、あらゆる除却経費を対象とはせず、公共施設等総合管理計画に基づく除却に要する経費を対象とすることとなりました。これにより、老朽化対策が長期的視点から総合的かつ計画的に行われ、財政負担の軽減・平準化が期待され、財政規律が維持されるのとの見地から法改正が行われたのです。

図表7-1　地方債制度の変遷

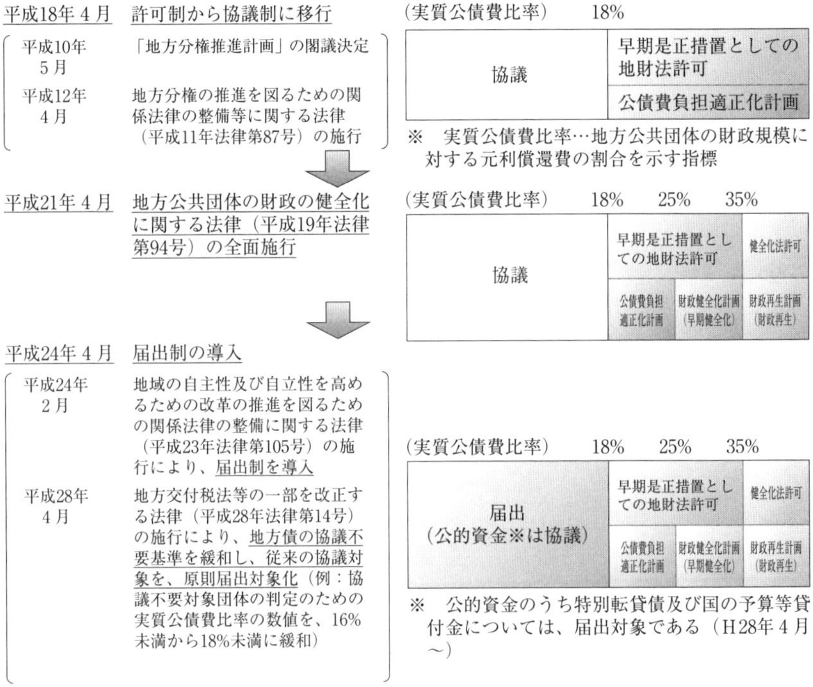
平成18年４月　許可制から協議制に移行
平成10年５月　「地方分権推進計画」の閣議決定
平成12年４月　地方分権の推進を図るための関係法律の整備等に関する法律（平成11年法律第87号）の施行
（実質公債費比率）　18%
協議
早期是正措置としての地財法許可
公債費負担適正化計画
※　実質公債費比率…地方公共団体の財政規模に対する元利償還費の割合を示す指標
平成21年４月　地方公共団体の財政の健全化に関する法律（平成19年法律第94号）の全面施行
（実質公債費比率）　18%　25%　35%
協議
早期是正措置としての地財法許可
健全化法許可
公債費負担適正化計画
財政健全化計画（早期健全化）
財政再生計画（財政再生）
平成24年４月　届出制の導入
平成24年２月　地域の自主性及び自立性を高めるための改革の推進を図るための関係法律の整備に関する法律（平成23年法律第105号）の施行により、届出制を導入
平成28年４月　地方交付税法等の一部を改正する法律（平成28年法律第14号）の施行により、地方債の協議不要基準を緩和し、従来の協議対象を、原則届出対象化（例：協議不要対象団体の判定のための実質公債費比率の数値を、16%未満から18%未満に緩和）
（実質公債費比率）　18%　25%　35%
届出
（公的資金※は協議）
早期是正措置としての地財法許可
健全化法許可
公債費負担適正化計画
財政健全化計画（早期健全化）
財政再生計画（財政再生）
※　公的資金のうち特別転貸債及び国の予算等貸付金については、届出対象である（H28年４月～）

4　地方債は自由に起こせるか——協議制度

(1)　許可制から協議制・届出制へ

地方債制度については、分権改革の流れの中で、許可制から協議制・届出制へと見直しが進められてきました。どのような経緯で現在のような制度となったのか、どのような考え方で見直しが行われてきたのか、その変遷をたどってみることとしましょう。

地方債制度は、戦後から平成17年度までの間、**許可制**により運用されてきました。すなわち、地方団体が地方債を発行する場合には、当分の間、都道府県・指定都市は総務大臣、市町村は都道府県知事の許可が必要とされてきたのです。許可制は、地方債計画を通じた地方債資金の総量調整と一体となって、地方債への信用の付与、政府資金の公平な配分、公共投資に必要な資金の配分調整、国や民間を含めた経済全体の効率的な資金配分といった機能を果たしてきました。

しかし、**地方分権推進計画**（平成10年５月29日閣議決定）と平成12年の**地方分権一括法**により、地方団体の自主性をより高める観点に立って、地方債の許可制度は平成17年度をもって廃止され、翌18年度からは、地方団体が地方債を発行するに当たっては、総務大臣又は都道府県知事と**協議**を行う制度へ移行しました。

ここで協議とは、国と地方団体の「双方が意思の合致を目指して誠実に努力すること」を意味するものであり、国の同意を要する協議ではなく、協議を経た上で国の同意が得られない場合でも地方債を発行できる制度としています。

協議を経た上で同意の得られた地方債については、公的資金の充当のほか、地方財政計画や地方交付税制度を通じて元利償還金への財源措置が講じられることとなりますが、同意が得られなくとも、地方財政法第５条などの法令に定める適債性のある事業について、議会への報告を行った上で、地方債を起こすことができるようになりました。これは「地方債の発行を原則禁止とした上で、許可により禁止を解除するしくみ」から「地方債の発行を原則自由とした上で、協議により公的資金の配分や交付税措置との調整を行うしくみ」に移行したということであり、地方債制度における抜本的な改革といえます。

また、平成24年度からの、いわゆる**第２次分権一括法**の施行により、一定の要件を満たす地方団体が、**民間等資金債**（地方債の引受先が民間であるものです。市場公募債と銀行等引受債からなります）を発行する場合には、総務大臣・都道府県知事への協議を不要とし、事前に届出を行うことにより地方債を発行することができる届出制度が導入されました。さらに、平成28年度から、民間等資金債を発行する場合に協議が不要となる基準を大幅に緩和し、それまでの協議の対象が原則として届出の対象となりました。

一方、協議制の下においても、赤字団体など財政状況が悪化している一定の地方団体については、地方債全体の信用維持などの観点から、許可制度の下に置かれることとなっています。

図表7-2　地方債制度（協議・届出・許可）の概要

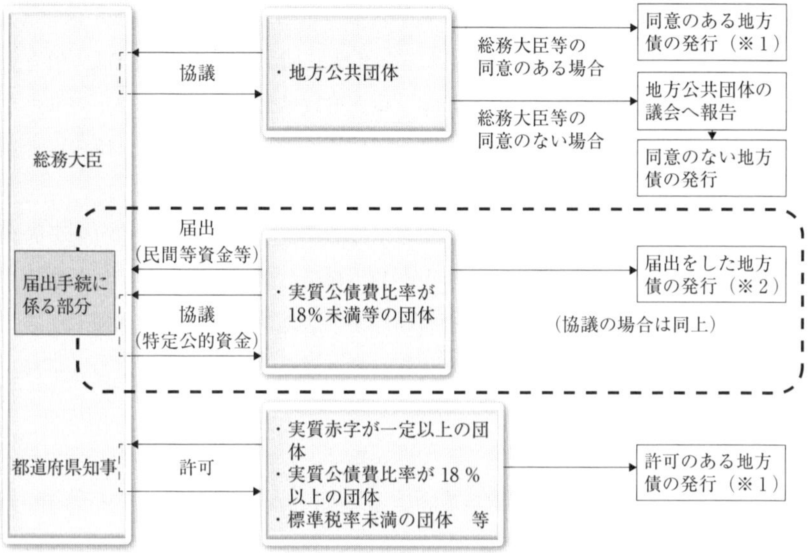

※1　総務大臣等の同意（許可）のある地方債に対し、
・元利償還金の地方財政計画への算入
・公的資金の充当

※2　届出をした地方債のうち協議を受けたならば同意をすると認められるものに対し、
・元利償還金の地方財政計画への算入
・公的資金のうち、特別転貸債、国の予算等貸付金の充当

(2)　協議制度のしくみ

(ア)　協議の手続

地方団体は、地方債を発行しようとする場合は、起債の目的、限度額、方法、資金、利率、償還の方法などを明らかにして、総務大臣又は都道府県知事に**協議**する必要があります。協議の相手方は、都道府県、指定都市、一部事務組合で構成団体に都道府県・指定都市が含まれるものにあっては総務大臣、指定都市以外の市町村・一部事務組合で市町村のみを構成団体とするものにあっては都道府県知事になります。

都道府県知事が市町村から申出を受けた協議において同意をしようとするときは、その地方債の限度額及び資金についてあらかじめ総務大臣に協議し、その同意を得る必要があります。

地方団体は、協議において同意を得た地方債についてのみ、公的資金を借り入れることができます。また、同意をした地方債の元利償還に要する経費（公債費）は、地方財政計画の歳出に計上されます。同意のある地方債は、地方債の円滑な発行の確保、地方財源の保障、地方財政の健全性の確保などの観点から国との協議が調ったものであり、いわば標準的な地方債と位置付けることができるためです。

一方、地方団体は、協議の上、総務大臣等の同意を得ないで、地方債を発行しようとする場合には、その旨をあらかじめ**議会に報告**する必要があります。同意のない地方債は、公的資金が充当されず、また国による財源保障がないため、その団体の財政運営に影響を与えるおそれがあることから、議会に事前に報告を行うこととしたものです。

(イ)　同意等基準・地方債計画

総務大臣は、毎年度、地方債の協議において同意をするかどうかの基準（**同意等基準**）と協議において同意をする地方債の予定額の総額などに関する書類（**地方債計画**）を作成し、これらを公表します。協議制度の運用における公正性・透明性をより高めるため、協議を受けて同意をするに当たり、具体的基準としての同意等基準と、予定額の総額等に関する地方債計画の双方について、法律に根拠を定め、公表を義務付けています。

(ウ)　届　出　制

届出制は、地方団体の自主性・自立性をさらに高める観点から、平成24年度から導入されたものです。実質公債費比率が一定未満であるなど一定の要件を満たす地方団体が、民間等資金債を発行する場合には、総務大臣又は都道府県知事への協議を不要とし、事前に届出を行うことにより地方債を発行することができるしくみです。平成28年度からは、協議が不要となる基準が大幅に緩和され、それまでの協議の対象が原則として届出の対象となりました。これらの見直しにより、民間等資金については、一定の要件を満たす地方団体は、協議によることなく、事前に届け出るだけで地方債を発行することができるようになりました。

届出がされた地方債についても、協議を受けたならば同意をすると認められるものは、同意を得た地方債と同じく、標準的な地方債として、その元利償還金は地方財政計画に算入され、地方交付税制度による元利償還金の財源保障の対象となります。

一方、公的資金については、地方団体の資金調達能力を踏まえ配分を行う必要があることから、引き続き届出の対象外とされました。

届出を活用している地方団体では、協議手続が不要となったことで事務負担が軽減されたり、協議結果を待つことがなくなったことで年度の早い時期に発行が可能となったりするなど、起債運営の自由度が向上しています。また、投資家の需要や市場環境などを踏まえて機動的に市場公募債を発行することが可能になり、結果的に低いコストで資金を調達できるなどのメリットも挙げられています。

⑶　地方債に関する国の関与の特例

㋐　起債が制限される団体

協議制度の下においても、赤字団体等が地方債を発行しようとする場合には、総務大臣又は都道府県知事の**許可**を受ける必要があります。

具体的には、①赤字額が一定水準以上の地方団体、②実質公債費比率が一定水準以上の地方団体、③地方債の元利償還金の支払を遅延している地方団体、④過去において元利償還金の支払を遅延したことのある地方団体のうち総務大臣が指定したもの、⑤協議をせず又は許可を受けずに地方債を発行した地方団体のうち総務大臣が指定したもの、⑥協議又は許可に当たり不正の行為をした地方団体のうち総務大臣が指定したものについては、地方債を発行しようとする場合は、許可を受けなければなりません。また、経営の状況が悪化した公営企業を経営する地方団体も同様に、その公営企業に要する経費の財源とする地方債を発行しようとする場合には、許可を受ける必要があります。

また、標準税率未満の団体が建設地方債を発行するに当たっても、許可制度が適用されます。従来の許可制度の下では、標準税率未満の団体については建設地方債の発行が禁止されていました。地方債の償還は最終的には住民の税負担によって賄うものであることを踏まえ、地方債を建設事業に係る経費に充てようとする場合には、その前提として、現時点において確保すべき財源＝地方税を徴収していることが、財政の健全性や世代間の負担の公平の確保の見地から必要とされることに基づくものでした。協議制度の下において、この趣旨を維持しつつ、地方団体の課税自主権を尊重する観点に立って、標準税率未満の団体に係る地方債について、許可制に移行することとしたものです。

(イ)　早期是正措置

実質赤字比率又は実質公債費比率が一定水準以上となった地方団体については、地方債全体の信用を維持し、地方債のリスク・ウェイトがゼロとされてきたこれまでの位置付けを維持していくため、**早期是正措置**として、地方債の発行に許可を要することとされています。

(a)　実質赤字比率が一定水準以上である場合

実質赤字比率は、普通会計における実質収支の赤字額の標準財政規模に対する比率をいいます。

実質赤字比率が、都道府県・指定都市・標準財政規模500億円以上の市町村については2.5％、標準財政規模200億円の市町村については５％、標準財政規模50億円未満の市町村については10％以上の場合には、許可団体に移行します。

(b)　実質公債費比率が一定水準以上である場合

実質公債費比率は、実質的な公債費負担の重さを示す比率をいい、その基本的枠組みは「実質的な公債費に費やした一般財源の額が標準財政規模に占める割合を表すもの」と整理することができます。

実質公債費比率の過去３年間の平均が18％以上となると、許可団体に移行します。実質公債費比率18％以上の許可団体は、公債費負担適正化計画を策定し、その計画の内容や実施状況が勘案されて、地方債の発行が許可されます。

(ウ)　財政健全化法に基づく措置

平成21年度から**財政健全化法**が全面的に施行され、地方団体における健全化判断比率の公表や、健全化判断比率が一定水準以上となる団体の**財政健全化計画**の策定などが義務付けられました。

健全化判断比率の一つには、実質公債費比率が含まれており、18％以上の地方団体に対する早期是正措置としての許可制度の適用に加え、25％以上35％未満の地方団体については、財政健全化法に基づき財政健全化計画を策定し、そ

図表7-3　実質公債費比率

$$○実質公債費比率=\frac{(A+B)-(C+D)}{E-D}$$

A：地方債の元利償還金（繰上償還等を除く）
B：地方債の元利償還金に準ずるもの（「準元利償還金」）
C：元利償還金又は準元利償還金に充てられる特定財源
D：地方債に係る元利償還に要する経費として普通交付税の額の算定に用いる基準財政需要額に算入された額（「算入公債費の額」）及び準元利償還金に要する経費として普通交付税の額の算定に用いる基準財政需要額に算入された額（「算入準公債費の額」）
E：標準財政規模（「標準的な規模の収入の額」）（臨時財政対策債発行可能額を含む）

※実質公債費比率の算定において除かれる元利償還金（上記A関連）
①繰上償還を行ったもの
②借換債を財源として償還を行ったもの
③満期一括償還方式の地方債の元金償還金
④利子支払金のうち減債基金の運用利子等を財源とするもの

※「準元利償還金」（上記B関連）
①満期一括償還方式の地方債の1年当たり元金償還金相当額
②公営企業会計が起こした元利償還金に対する一般会計からの繰出金
③一部事務組合等が起こした地方債の元利償還金に対する負担金・補助金
④債務負担行為に基づく支出のうち公債費に準ずるもの（PFI事業に係る委託料、国営事業負担金、利子補給など）
⑤一時借入金の利子

の計画の内容を踏まえて、地方債の発行が許可されます。さらに、実質公債費比率が35％以上の地方団体については、財政健全化法に基づき財政再生計画を策定し、その計画について総務大臣の同意を得た場合は、その計画の内容を踏まえて、地方債の発行が許可されます。同意を得ていない場合は、災害復旧事業債など一部の地方債についてのみ発行が許可されます。

このように、早期是正措置としての許可制度や財政健全化制度によって、地方債の適切な管理と確実な償還が確保されるしくみとなっています。

⑷　充当率

道路や学校などの公共施設を整備するために地方債を活用する場合、その事業費のすべてに地方債を充てることができるわけではありません。実際に地方債を充てる額は、地方債の対象となる事業費から国庫補助金などの特定財源を控除した額に充当率を乗じて算出されます。**地方債の充当率**は、総務大臣が、毎年度、事業区分ごとに定めて告示するもので、「地方債をもってその財源とする部分の割合の上限となるべき率」とされています。

地方債の機能の一つとして、住民負担の世代間の公平のための調整があります。充当率を用いて起債額を算出することにより、事業費を地方債で対応する

図表7-4　平成30年度地方債充当率

基本となる事業別地方債充当率
（通常収支分）

項　　目	平成30年度充当率	平成29年度充当率
一　一般会計債		
1　公共事業等	90%	90%
2　公営住宅建設事業	100%	100%
3　災害復旧事業		
4　教育・福祉施設等整備事業		
(1)　学校教育施設等	90%	90%
(2)　社会福祉施設	80%	80%
(3)　一般廃棄物処理	90%	90%
(4)　一般補助施設等	75%	75%
(5)　施設（一般財源化分）	100%	100%
5　一般単独事業		
(1)　一般	75%	75%
(2)　地域活性化	90%	90%
(3)　防災対策	90%	90%
(4)　地方道路等	90%	90%
(5)　旧合併特例	95%	95%
(6)　緊急防災・減災	100%	100%
(7)　公共施設等適正管理	90%	90%
6　辺地及び過疎対策事業 (1)　辺地対策 (2)　過疎対策	100%	100%
7　公共用地先行取得等事業		
8　行政改革推進		
9　調整		
二　公営企業債		
三　臨時財政対策債		
四　退職手当債		
五　国の予算等貸付金債		

（東日本大震災分）
復旧・復興事業

項　　目	平成30年度充当率	平成29年度充当率
一　一般会計債 1　公営住宅建設事業	100%	100%
2　災害復旧事業		
3　一般単独事業		
二　公営企業債		
三　被災施設借換債		
四　国の予算等貸付金債		

部分とその年度の一般財源で対応する部分に区分することができます。前者は将来世代の住民が負担する部分、後者は現世代の住民が負担する部分になります。充当率は、建設された施設の便益を受ける将来世代の住民と現世代の住民との間において、**受益と負担の公平性**を図る機能を有しているのです。

一方、公営企業債や公営住宅建設事業債のように、料金収入や家賃収入など、事業の実施により生じる収入により元利償還を行う事業債の充当率は100%となっています。また、災害復旧事業債は、災害による緊急かつ多額の財政負担を軽減するため、充当率が高く設定されています。さらに、災害復旧事業債の元利償還金の大部分は地方交付税で措置されており、被災団体の財政運営に支障が生じないようになっています。

5　地方財政と地方債

(1)　地方債依存度と地方債残高の推移

地方債は、公共施設の整備を計画的に推進するための重要な財源となっていますが、地方債の発行による将来の元利償還が財政を圧迫し、財政の硬直化を招くおそれがあります。

歳入に占める地方債の割合を示す**地方債依存度**は、バブル経済の崩壊後の様々な景気対策による公共事業の追加や地方単独事業の実施に伴う地方債の増発、減税の実施に伴う減収補てん債の発行などにより上昇し、加えて平成13年度の臨時財政対策債の導入によりさらに上昇しました。ここ数年は地方税収の回復などにより財源不足額が縮小し、地方債依存度も低下しましたが、平成30年度は10.6%と、依然として高い水準となっています。

地方財政の借入金残高（**図表7-5**）は、平成30年度末見込みで192兆円と見込まれています。その内訳は、交付税特別会計借入金残高（地方負担分）が32兆円、公営企業債残高（普通会計負担分）19兆円、地方債残高141兆円（うち臨時財政対策債残高は54兆円）となっています。借入金残高は、景気対策のための地方債の増発や減税による減収の補てんなどにより、平成３年度から2.7倍、122兆円の増となっています。

図表7-5　地方財政の借入金残高の状況

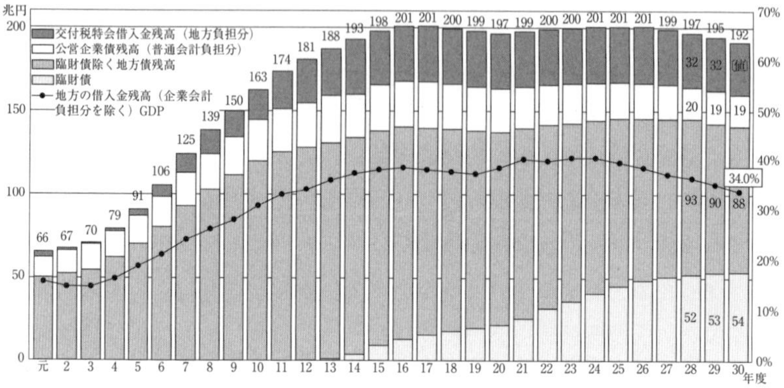

※1 地方の借入金残高は、平成28年度までは決算ベース、平成29年度・平成30年度は実績見込み。
※2 ＧＤＰは、平成28年度までは実績値、平成29年度は実績見込み、平成30年度は政府見通しによる。
※3 表示未満は四捨五入をしている。

（参考）公営企業債残高（企業会計負担分）の状況　（単位：兆円）

年度	H元	H2	H3	H4	H5	H6	H7	H8	H9	H10	H11	H12	H13	H14	H15	H16	H17	H18	H19	H20	H21	H22	H23	H24	H25	H26	H27	H28	H29	H30
公営企業債残高	19	20	21	22	24	25	26	28	29	30	31	32	33	33	33	33	32	32	31	30	30	29	28	27	26	25	25	24	23	22

⑵　地方債計画のしくみ

㋐　地方債計画とは

地方債計画は、毎年度、国が策定し公表する地方債の発行に関する年間計画であり、国の予算、地方財政対策や財政投融資計画などを踏まえて策定されます。許可制度の時代には運用上策定されていましたが、協議制度への移行に当たり、作成と公表が法律で定められ、総務省告示として公表されています。

地方債計画には、①公共事業や災害復旧事業など起債の目的となる事業別の予定額の総額（事業別計画額）、②主に地方税により償還する普通会計分と、主に料金収入により償還する公営企業会計等分とに区分された償還財源別の予定額の総額（普通会計及び公営企業会計別の計画額）、③財政融資資金や市場公募など資金別の予定額の総額（資金区分別計画額）を計上しています。

㋑　地方債計画の役割

(a)　地方債同意・許可の量的基準

地方債計画は、同意・許可をする地方債の予定額の総額等に関する書類であることから、国が地方債の同意・許可を行うに当たっての運用上の量的基準と

図表7-6　平成30年度地方債計画（通常収支分）

（単位：億円、％）

項　　　　　目	平成30年度計画額(A)	平成29年度計画額(B)	差引 (A)－(B)　(C)	増減率 (C)／(B)×100
一　一般会計債				
1　公共事業等	16,476	16,443	33	0.2
2　公営住宅建設事業	1,130	1,130	0	0.0
3　災害復旧事業	873	873	0	0.0
4　教育・福祉施設等整備事業	3,391	3,391	0	0.0
(1)　学校教育施設等	1,245	1,245	0	0.0
(2)　社会福祉施設	383	383	0	0.0
(3)　一般廃棄物処理	656	656	0	0.0
(4)　一般補助施設等	567	567	0	0.0
(5)　施設（一般財源化分）	540	540	0	0.0
5　一般単独事業	22,634	21,927	707	3.2
(1)　一般	2,332	2,795	△　463	△　16.6
(2)　地域活性化	690	690	0	0.0
(3)　防災対策	871	871	0	0.0
(4)　地方道路等	3,221	3,221	0	0.0
(5)　旧合併特例	6,200	6,200	0	0.0
(6)　緊急防災・減災	5,000	5,000	0	0.0
(7)　公共施設等適正管理	4,320	3,150	1,170	37.1
6　辺地及び過疎対策事業	5,085	4,975	110	2.2
(1)　辺地対策	485	475	10	2.1
(2)　過疎対策	4,600	4,500	100	2.2
7　公共用地先行取得等事業	345	345	0	0.0
8　行政改革推進	700	700	0	0.0
9　調整	100	100	0	0.0
計	50,734	49,884	850	1.7
二　公営企業債				
1　水道事業	5,389	5,043	346	6.9
2　工業用水道事業	216	247	△　31	△　12.6
3　交通事業	1,327	1,611	△　284	△　17.6
4　電気事業・ガス事業	225	202	23	11.4
5　港湾整備事業	508	509	△　1	△　0.2
6　病院事業・介護サービス事業	3,822	4,614	△　792	△　17.2
7　市場事業・と畜場事業	358	235	123	52.3
8　地域開発事業	745	622	123	19.8
9　下水道事業	12,298	11,904	394	3.3
10　観光その他事業	169	134	35	26.1
計	25,057	25,121	△　64	△　0.3
合　　　計	75,791	75,005	786	1.0
三　臨時財政対策債	39,865	40,452	△　587	△　1.5
四　退職手当債	800	800	0	0.0
五　国の予算等貸付金債	(　276)	(　266)	(　10)	(　3.8)
総　　　計	(　276) 116,456	(　266) 116,257	(　10) 199	(　3.8) 0.2
内訳　普通会計分	92,186	91,907	279	0.3
内訳　公営企業会計等分	24,270	24,350	△　80	△　0.3

資金区分				
公的資金	45,848	46,609	△ 761	△ 1.6
財政融資資金	28,066	28,545	△ 479	△ 1.7
地方公共団体金融機構資金	17,782	18,064	△ 282	△ 1.6
(国の予算等貸付金)	(276)	(266)	(10)	(3.8)
民間等資金	70,608	69,648	960	1.4
市場公募	38,200	38,200	0	0.0
銀行等引受	32,408	31,448	960	3.1

その他同意等の見込まれる項目
1　資金区分の変更等を行う場合において発行する借換債
2　地方税等の減収が生じることとなる場合において発行する減収補填債
3　財政再生団体が発行する再生振替特例債

(備考)
1　一般補助施設等のうち、特別転貸債分として58億円を計上している。
2　国の予算等貸付金債の（　）書は、災害援護資金貸付金などの国の予算等に基づく貸付金を財源とするものであって外書である。

なります。

なお、地方債計画は、同意する限度額を定めたものではなく、計画額を超えて同意されることがあります。ただし、財政融資資金（政府が財政投融資資金法に基づき金融市場から調達した資金のことです）及び地方公共団体金融機構資金については、地方債計画に計上されている資金の額が当該年度で用意されている資金の額であるため、これを上回っての同意・許可は基本的には行われません。

(b)　必要な資金の確保

将来世代にわたって便益を提供する道路、河川、上下水道などの社会資本の整備には、地方債は欠くことのできない財源となっています。そこで、地方債計画の策定を通じて地方債の原資を事業別に予定しておき、同意・許可する際に地方債の資金供給別内訳を示すことにより、同意・許可が行われる地方債について、公的資金を含めて必要な資金を確保しています。また、財政融資資金については、地方債計画の財政融資資金の額が財政投融資計画の地方公共団体分として計上されます。

なお、国の補正予算に伴い、年度途中に公共事業や災害復旧事業を追加で実施する場合には、事業を実施するための財源として、地方債（補正予算債や災害復旧事業債）の増発が必要となります。これらの地方債の増発により年度当初の地方債計画において確保した公的資金が不足すると見込まれる場合には、地方債計画を改正（事業別と資金別の予定額をそれぞれ増額します）して、追加事業の実施に必要な公的資金を確保しています。また、民間資金については、市場公募資金が増加してきていることから、市場での地方債の消化も勘案して、地方債計画の参考資料には、借換債（満期となっても償還しないで再び借り換えるために発行される地方債のことです）を含む市場公募債の発行予定額が注記されます。

(c)　地方団体の財政運営の指針

地方債計画における普通会計分の事業別内訳の合計額は、地方財政計画に計上された地方債の総額と一致し、また、両計画に計上された臨時財政対策債の額についても双方一致します。地方債計画は、地方財政計画と同様に、地方団体の財政運営の指針となっています。また、公営企業会計等分の事業別内訳は、地方団体の各事業の実施計画を踏まえて必要な額を計上しています。

図表7-7　地方債計画と他の計画との関係（平成30年度当初）

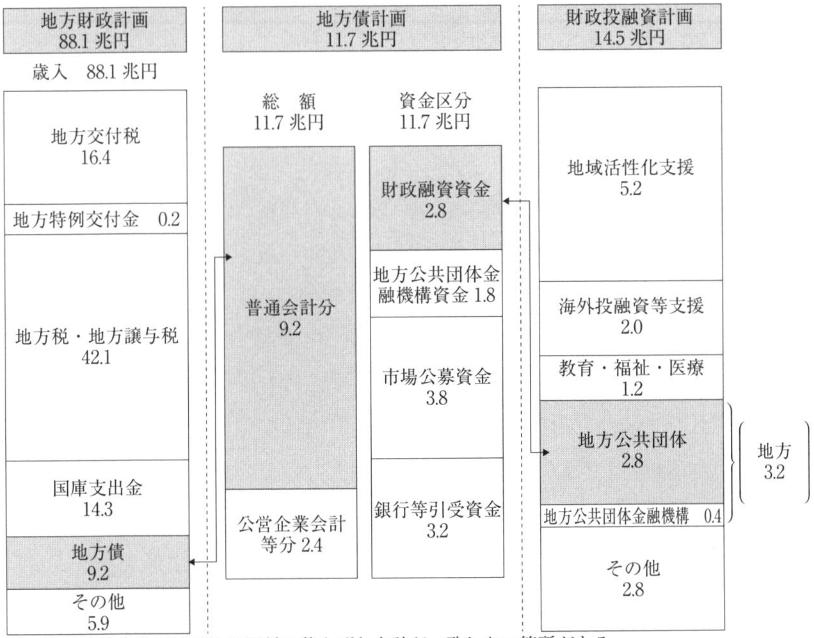

※　表示単位未満四捨五入の関係で積上げと合計が一致しない箇所がある。

(ウ)　地方債計画と関わりの深い計画

(a)　地方財政計画

地方財政計画とは、地方団体の歳入歳出総額の見込額を表した書類です。地方債計画はこの地方財政計画と密接に関連しており、地方財政計画の普通会計分の予定額の総額には、地方債の額が含まれるほか、地方財政全体の財源不足を補てんするために発行される**臨時財政対策債**の額も含まれています。また、事業別の計画額は、地方財政計画における投資的経費の見通しを踏まえて計上するとともに、公共施設の老朽化対策や防災・減災対策など、地方の喫緊の課題に対応するための地方債（公共施設等適正管理事業債や緊急防災・減災事業債など）については、地方財政計画に計上された事業費に基づき計上されています。

(b)　財政投融資計画

財政投融資計画は、国が行う長期の投融資活動である財政投融資の全体像を示すものとして、毎年度内閣が作成し、国会に提出されます。地方団体も財政投融資の対象機関の一つであり、地方債計画の財政融資資金の額が財政投融資計画の地方公共団体分として計上されています。

(3)　地方の財源不足に対する対応

(ア)　臨時財政対策債

(a)　臨時財政対策債のしくみ

地方財政は、バブル経済崩壊以降、年度当初の通常収支の財源不足額等に加え、年度途中の国税の減額補正に伴う交付税総額の減額を補てんするため、交付税及び譲与税配付金特別会計（以下、「交付税特別会計」といいます）の借入れ等の特例措置を講じることにより、交付税総額を確保してきました。この特別会計借入方式は、いわば地方の共同の借入金であるものの、個々の地方団体には交付税という現金で交付されるため、①地方団体や住民に借金の実態をわかりにくくしているのではないか、②国の予算上も、その財政実態をわかりにくくしているのではないか、③交付税特会の借入金の累増や、財政投融資制度改革に伴う借入金原資の制約が高まっているのではないかとの指摘がありました。

そこで、平成13年度からは、国の負担分は国の一般会計からの繰入れにより、地方の負担分は個々の地方団体による特例地方債の発行により、地方の財源不足を補填することとなりました。この特例地方債が**臨時財政対策債**です。このように、臨時財政対策債は、地方の財源不足について、本来は地方交付税の増額により対処すべきところ、その代替措置として特例的に発行する地方債であることから、地方交付税の代替財源としての性格を有しており、地方交付税と同じように使途の制限がなく、その元利償還金については後年度に全額交付税措置されます。

(b)　臨時財政対策債の総額

臨時財政対策債は、大きく2つに分けることができます。1つは、国と地方が折半して財源不足を補填する方式で地方の負担分として発行する折半対象分です。そしてもう1つは、過去に発行した臨時財政対策債の元利償還などの財源として発行する元利償還分です。

折半対象分は、地方の財源不足額に応じて臨時財政対策債の額が変動します。例えば、地方税や地方交付税の原資となる国税が増収となれば地方の財源不足額は減少しますので、折半対象分の臨時財政対策債の額も減少します。

一方、元利償還分は、制度が創設された平成13年度以降、毎年度発行してきた臨時財政対策債の元利償還の額の財源となるものです。リーマンショック後に生じた巨額の財源不足への対応として多額の臨時財政対策債を発行せざるをえなかった時期があったため、元利償還分の臨時財政対策債の額はしばらく増加傾向が続くものと見込まれます。臨時財政対策債によらない財務体質を目指していくことが求められています。

(c)　臨時財政対策債の資金

臨時財政対策債は、個々の地方団体の財政運営の結果として生じる財源不足を補填するためのものではなく、全国どの地域でも標準的な水準の行政サービスを提供するための財源である地方交付税の代替措置として発行するものであり、国が一定の資金を確保する責任があるとの考え方に基づいて、資金調達力が低いと考えられる一般の市町村に対しては、原則としてその全額について公的資金が配分されています。

(4)　地方債の元利償還金に対する交付税措置

地方債の協議制度では、同意・許可を得た地方債の元利償還金は、地方財政計画の歳出に計上されることにより地方財政全体の中で財源保障されるとともに、各地方団体の元利償還金は、普通交付税の算定において、事業別のメニューに応じてその一定割合が財源措置されます。

具体的には、事業を実施する年度においては、各地方団体の負担額の多くの部分に地方債を充当し、その元利償還金が発生する後年度に、地方債の発行額や元利償還金の額に応じて基準財政需要額に算入されることとなります。このように、事業を実施した地方団体に対して、その事業量（地方債の発行額や元利償還金の額）に応じて交付税措置をする方式を総称して**事業費補正**といいます。

一方、事業費補正方式に対しては、「地方の実質的負担が少ない事業にインセンティブを与え、地方が自分で効果的な事業を選択し、効率的に行っていこうという意欲を損なっている面がある」、「地方の負担意識を薄めるしくみを縮小すべき」などの指摘がなされるようになり、平成14年度以降、順次、廃止・縮減されました。

平成14年度の見直しにおいては、公共事業については、河川改修・海岸・農道・ほ場整備などに係る地方債の元利償還金に対する算入率をおおむね２分の１に引き下げる（おおむね60～70％→30％）とともに、単独事業については、地域総合整備事業債を廃止し、環境問題や少子高齢化対策などの重点分野に対象事業を限定した**地域活性化事業債**を創設しました。地域活性化事業債の元利償還金に対する算入率は30％とし、また、いわゆる「ハコもの」は原則として対象外としました。平成22年度の見直しにおいては、全国的偏在や先発・後発団体間の不均衡などの問題が生じない事業について、新規事業に係る事業費補正を行わないこととされました。

このような経緯を経て、現在、事業費補正による元利償還金に対する交付税措置は、以下のものに限定して行われています。

①　国民の生命・安全に係るもの

〈例〉災害復旧事業債、緊急防災・減災事業債、防災対策事業債

②　全国的にみて財政需要が大きく偏在しているもの

〈例〉直轄ダム、新直轄高速道路、整備新幹線、沖縄振興特別推進交付金事業

③　国と地方を挙げて取り組むべき喫緊の政策課題に対応するもの（年限などを限定して措置）

〈例〉過疎対策事業債、公共施設等適正管理推進事業債、緊急防災・減災事業債（再掲）

コラム7-2　「平成の合併」と地方債——合併特例債の発行期限

「平成の合併」は、人口減少・少子高齢化などの社会経済情勢の変化や地方分権の担い手となる基礎自治体にふさわしい行財政基盤の確立を目的として、平成11年以来、全国的に推進され、平成22年３月末をもって一区切りとされました。全国の市町村が、合併は避けて通れない課題であることを十分に理解され、合併が進みました。

「平成の合併」を推進するための財政措置の一つが合併特例債です。合併特例債は、合併した市町村が合併後の一体的なまちづくりを推進するため、市町村建設計画に基づいて実施する公共的施設の整備事業などに活用できるものです。合併特例債は、合併市町村の周辺部から中心部に至る道路の整備、小中学校の耐震化、コミュニティ施設や消防防災施設の整備など、住民生活にとって必要不可欠な基盤整備の財源に活用されています。その元利償還金の70％が普通交付税の基準財政需要額に算入され、合併市町村にとって欠かすことができない地方債となっています。

合併特例債については、旧合併特例法に基づき、合併年度及びこれに続く10年度に限り発行が認められていましたが、東日本大震災に伴い平成23年度・24年度に特例法が定められ、その発行期限が延長され、東日本大震災で被災した合併市町村については「合併年度及びこれに続く20年度」、それ以外の合併市町村については「合併年度及びこれに続く15年度」となっています。

しかしその後も、平成28年熊本地震などの相次ぐ大規模災害や、全国的な建設需要の増大、東日本大震災の被災市町村における人口動態の変化などにより、合併市町村の事業実施に支障が生じている状況にあります。合併市町村の首長の要請を受け、議員立法により、合併特例債の発行期限が５年間再延長されました。すなわち、東日本大震災で被災した合併市町村については「合併年度及びこれに続く25年度」とし、それ以外の合併市町村については「合併年度及びこれに続く20年度」とするものです。平成17年度に合併した市町については、令和７年度まで合併特例債を活用することが可能となります。

一方で、再延長することで、地方財政に悪影響を与えるのではないかとの指摘が考えられるところです。これに対しては、合併特例債は、合併市町村ごとに発行限度額が設定されており、延長された場合でも、発行限度額が繰り延べられるに過ぎません。また、合併特例債の活用に当たっては、議会における予算の審議などを通じて、財政見通しも踏まえながら、事業の必要性や効果を適切に判断することが前提となります。

また、議員立法においては、「今回の延長発行期間を更に延長することなく、合併市町村が（中略）期間内に実施・完了することができるよう、必要な助言を行うこと」との附帯決議がなされました。合併特例債をより一層有効に活用し、住民の合意形成を図りながら、合併後のまちづくりを着実に進めることが期待されます。

6　地方債資金の借入れ

(1)　地方債資金の分類

地方債は、「どこから、どのような条件（利率、償還年限、償還方法）で資金を調達するのか」によって、その後の返済の負担は大きく変わってきます。少しでも将来世代の負担を少なくするためには、低利の資金を、施設の耐用年数に見合った償還年限で、安定的に調達することが重要になります。これは、中長期的な財政運営の健全性の確保にも繋がります。

まず、地方債の資金を、「どのような借入先があるのか」という供給者の面からみると、財政融資資金、地方公共団体金融機構資金（以下、「機構資金」といいます）、市場公募資金、銀行等引受資金の4つに分類されます。このうち財政融資資金と機構資金を**公的資金**、市場公募資金と銀行等引受資金を**民間等資金**といいます。

(2)　公的資金

公的資金は、長期かつ低利な資金を安定的に調達できる資金として上下水道など耐用年数が長いインフラ整備を行う地方団体にとって重要な資金です。一方、財政投融資改革や政策金融改革に伴い、公的資金の段階的な縮減や重点化が進む中で、協議・許可手続を通じて、地方団体の資金調達能力を踏まえた配分・調整が行われています。

(ア)　財政融資資金

財政融資資金は、平成13年度から実施された財政投融資改革により創設された資金で、国が財政投融資特別会計において国債（財投債）を発行し、市場から調達した資金を原資として地方団体に融資を行うものです。国の信用力に基づく国債の発行により調達した資金を原資としていますので、資金調達コストを低く抑えることができ、地方団体に対して、長期・低利で融資することができます。

財政投融資改革とは、財政投融資をより効率的で、市場原理と調和のとれたものとするための改革でした。具体的には、まず、財政投融資の資金調達のあり方について、郵便貯金・年金積立金の資金運用部への預託義務が廃止され、全額自主運用（原則市場運用）されるしくみへと改められました。財政投融資に必要な資金は、国債（財投債）の発行により市場から調達されることとなり、これにより、地方団体向け融資は段階的に縮減されることとなりました。なお、郵便貯金と簡保資金については、地方債計画・財政投融資計画の枠内で、市場運用の例外として地方団体に対する直接融資が行われることとなり、平成15年4月の郵政公社の発足に伴い郵政公社資金となりましたが、平成19年10月の郵政民営化に伴い、平成20年度以降は廃止されることとなりました。

財政融資資金の貸付対象事業は、災害復旧事業など国が責任をもって対応すべき分野や、公共事業など国の政策と密接に関係のある分野が中心となっています。また、財政規模が小さく、資本市場へのアクセスが限られている一般市町村に優先的に資金を配分しています。

貸付利率は、貸付期間に応じ、国債の流通利回りを基準として、償還方法や据置期間を反映して定められています。一般的には、貸付期間が長いほど利率は高くなります。また、満期まで一定の利率とする固定金利方式と、10年など所定の期間ごとに市場金利に合わせて利率を見直す利率見直し方式を地方団体が選択することができます。

償還年限は、最長30年（上下水道事業などの建設改良費に係る公営企業債は最長40年）となっています。また、災害復旧事業や辺地・過疎対策事業の償還年限は他の事業に比べて短く、10年程度が基本となっています。

(イ)　地方公共団体金融機構資金

地方公共団体金融機構資金は、地方共同法人である**地方公共団体金融機構**（以下、「機構」といいます）が自ら債券を発行して資本市場から資金を調達し、地方団体に融資する長期・低利の資金です。

地方公共団体金融機構は、地方団体に対して長期・低利の資金を融通するとともに、市場からの資金調達に関して支援を行うことを目的とする地方共同法人で、前身は公営企業金融公庫です。公営企業金融公庫が政策金融改革の一環として廃止され、平成20年８月に、すべての都道府県・市町村の出資を受けて地方公営企業等金融機構が設立されました。その後平成21年６月には、一般会計への貸付けも行う地方共同の資金調達機関として現在の機構に改組されました。

機構は、地方団体への貸付金の財源を調達するために10年債を中心とした債券の発行を行い、地方団体に対しては最長30年に及ぶ長期・固定の貸付けを行っています。資金調達が貸付けよりも短期でなされていることから、借換えにより資金調達をする際に、調達金利が貸付金利よりも上昇した場合には、機構にとって逆ざやとなります。機構では、このような金利上昇リスクに備えて金利変動準備金を積み立てるとともに、低利の貸付けを実現するため、公営競技（競馬、競輪、オートレース、競艇）を行う地方団体から納付された公営競技の収益の一部を地方公共団体健全化基金に積み立て、その運用益を利下げ財源として活用しています。

機構が発行する債券（地方機構債）は、強固な財務基盤により、スケールメリットを活かして資本市場から資金を調達し、これを原資として、地方団体に対し、民間では提供が困難な長期・低利の資金を安定的に供給しています。

貸付利率は、市場からの資金調達コストを反映した基準利率と、基準利率から利下げを行った機構特別利率があります。機構特別利率は、公営競技納付金（競馬、競輪、オートレース、競艇の収益金の一部）を積み立てた地方公共団体健全化基金（平成27年度末の残高は0.9兆円です）の運用益や機構の自己財源を活用して利下げを行ったもので、財政融資資金と同等の利率となっています。また、固定金利方式と利率見直し方式の選択制となっている点は、財政融資資金と同様です。

償還年限は、最長30年（上・下水道事業などの建設改良費に係る公営企業債は最長40年）となっています。

(3)　民間等資金

(ア)　市場公募資金

市場公募資金は、地方団体が資本市場において公募により投資家から調達する資金です。

全国規模で発行する全国型市場公募地方債は、昭和27年度に東京都はじめ8都府県・指定都市で発行が始まって以来、発行団体は順次増加し、平成30年度には55団体（35都道府県、20指定都市）で発行されており、都道府県・指定都市における資金調達の大きなウェイトを占めています。

市場公募債を発行するメリットとしては、地域内の指定金融機関等からの取引関係を通じた借入れだけでなく、不特定多数の投資家から調達することが可能となり、必要な資金を安定的に確保できることなどが挙げられます。

このうち共同発行市場公募債は、発行団体が連名で連帯債務を負う方式により発行する公募債です。平成30年度においては、36団体が参加し、1.2兆円程度の発行を予定しています。参加36団体の持寄りにより発行ロットを大型化して高い流動性を確保し、発行団体に災害などの不測の事態があっても元利償還が遅れないよう、各発行団体の減債基金の一部を募集受託銀行に預け入れる形で償還確実性を確保しています。共同債は、高い流動性と償還確実性という独自の商品性を活かして、平成15年度の創設以来、地方債市場における代表的な銘柄として定着しています。

市場公募債の発行条件は、国債金利に対してある程度の金利が上乗せ（スプレッド）されて決定されます。スプレッドの幅は、発行規模や発行団体の財政力に対する市場の評価などにより多少のばらつきは生じています。過去の状況を見てみますと、平成18年6月の夕張ショック、平成20年9月のリーマン・ショック、平成23年3月の東日本大震災発生の際は、一時的に地方債の対国債スプレッドは大きく拡大しました。最近では、日銀の金融緩和政策の影響により10年国債の金利が大きく低下した結果、利回りを求める投資家の需要により、地方債の対国債スプレッドは拡大傾向にあるものの、応募者利回りは低水準で推移しており、発行団体にとっては低コストで資金調達できる環境となっています。

市場公募債の償還年限は10年が中心となっていますが、最近は20年や30年といった超長期債が増加傾向にあります。これは、日銀のマイナス金利政策の導入に伴い、債券市場全般において金利が低下する中で、借り手側の地方団体では、低金利の状況のうちに年限の長い地方債を固定金利方式で発行し、将来の金利変動リスクを低減しようという意向があり、投資家においても、比較的金利の高い超長期の債券に対する投資ニーズが高まっていることによるものと考えられます。また、市場公募債の償還方式は、流通性の向上の観点から、平成４年度発行分より満期一括償還方式が導入されていますが、最近では定時償還方式もみられます。

また、指定都市以外の市町村においても、住民の行政への参加意識を高めることなどを目的として、主に地域住民を対象とする住民参加型市場公募地方債が発行されています。近年は低金利の状態が続いていることもあり、発行実績は減少傾向にあります。特にマイナス金利政策導入後の平成28年以降は、利回りの設定が難しくなっていることなどを背景に、大幅に減少している状況ですが、様々な工夫をしながら発行を継続している地方団体もあります。

(イ)　銀行等引受資金

銀行等引受資金は、指定金融機関など発行団体と取引関係を有する地域金融機関（地方銀行、信用金庫、信用組合、農協系統金融機関など）から調達される資金です。自治体は公金の取扱いを委託する指定金融機関（地方自治法235条及び地方自治法施行令168条を参照してください）への指定を通じて、地元の地域金融機関と密接な関係にあります。銀行等引受資金は、こうした関係に基づいて地域金融機関から資金を借り入れるもので、かつては「縁故債」とよばれていました。

銀行等引受資金の貸付条件は、各発行団体が金融機関と個別に交渉して設定するため、それぞれ異なります。利率は、発行団体と金融機関との間で、長期金利の動向、市場公募債の条件改定状況や金融機関との総合的な取引関係などを勘案して、相対で定められています。発行時点の市場公募債の応募者利回りとほぼ同じ条件に設定する傾向にあるといえます。また、償還条件は、償還年限10年の元利均等償還方式が中心ですが、最近は流通性の向上の観点から、市場公募債と同様に満期一括償還方式を導入する団体が増えています。

⑷　国外資金

国外資金は、地方債の資金を海外の投資家などに求めるものです。外貨で支払われる地方債と外国を発行地とする円貨建て地方債があります。戦後しばらくは国内の資本蓄積が少なかったため、地方債の資金を国外に求めた例は少なからずあり、神戸市が臨海土地の埋立事業の財源として旧西独マルク債を発行した例などがありました。平成20年1月から海外投資家に対する地方債利子の非課税制度が導入され、海外IR活動を行っている団体もあります。

外貨地方債は、外貨を円に転換することによる有利な調達コストの実現、資金調達手段の多様化や発行団体の国際的知名度の向上などのメリットがある一方、為替リスクの発生の危険性などの課題もあります。

⑸　地方債資金の動向

㈠　地方債計画における資金区分

地方債計画額における資金別の構成比の推移をみますと、財政投融資改革が実施された直後の平成14年度には、政府資金と公庫資金を合わせた公的資金が約6割を占めていましたが、その後、公的資金の段階的な縮減が進み、平成30年度には、公的資金は約4割になっています。一方で、民間等資金の割合は、約4割から6割に拡大しています。特に市場公募資金については、平成23年度から最も高い割合を占めるようになり、平成26年度からは32.8％と過去最高のシェアを維持しています。

㈡　地方団体の資金調達の動向（図表7-8）

個々の地方団体の資金調達の動向をみますと、都道府県・指定都市は、財政規模が大きく資金調達能力が高いことから、全体として民間等資金の割合が7割強を占めており、市場公募地方債による資金調達の割合が高くなっています。一方、指定都市を除く市町村は、財政規模が小さく市場へのアクセスが限られているため、公的資金中心の資金調達となっており、公的資金の割合が7割弱を占めています。このように、都道府県・指定都市は民間資金中心の資金調達となっている一方、一般の市町村では、民間資金の補完としての公的資金が大きな役割を果たしています。

図表7-8　都道府県・指定都市・市町村別の地方債発行実績（平成28年度、資料区分別）

・都道府県及び指定都市にあっては、市場公募等の民間等資金が占める割合が高くなっている。
・市町村・特別区にあっては、財政融資等の公的資金が占める割合が高くなっている。

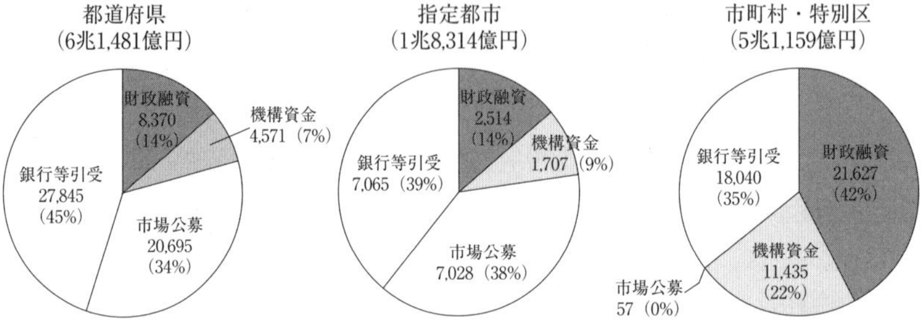

（単位：億円）

合計	うち財政融資	うち地方公共団体金融機構	うち市場公募	うち銀行等引受
130,954	32,510	17,714	27,780	52,950

（出典）総務省による平成28年度の協議・届出又は許可に係る地方債の発行状況調査
※民間等資金は、借換債を除く。

(6)　地方債の発行形態

地方債の発行形態には、証書借入方式と証券発行方式があります。

証書借入方式は、地方団体が借入先に借用証書を提出して資金の貸付けを受ける方法です。公的資金はすべて証書借入方式によっています。

証券発行方式は、地方団体が地方債証券を発行し、それを金融機関が引き受けたり市場で公募したりすることによって資金を調達する方法です。地方債証券は、当初に引き受けた金融機関や購入した投資家から他の金融機関や投資家に売却され、市場で流通するものも多くなっています。

銀行等引受債には、証書借入れと証券発行の２つの方法があります。証書借入れは、借手側の地方団体にとっては、手続が簡便でコストがかからないというメリットがある一方、貸手側の金融機関にとっては、流通市場で自由に売却ができないというデメリットがあります。このため、発行規模が小さく元来流通することがあまり期待されていない一般の市町村においては、証書借入れによる団体が多くなっています。さらに、ペイオフ（金融機関が破たんした場合、預金保険機構が預金者に一定の金額を払い戻す制度です）の対策上、地方団体が金融機関に預けた公金と相殺できるよう証書借入れによる地方債の発行を求め、一時期証書借入れによるものが増加しました。一方、貸手側の金融機関は、貸出量を増加させて預貸率を上昇させたい場合には、証書借入方式により地方団体への貸付金とすることがありますが、マイナス金利政策導入後は、流動性を重視して証券発行を増やしている傾向にあります。

7　地方債の償還と総合的な管理

(1)　償還の義務

地方債は、自治体の債務であり、後年度の債務の履行として、元金と利子を償還していかなければなりません。地方債の償還は、地方団体の歳出予算上公債費として計上されます。**公債費**は、人件費・扶助費とともに義務的経費であり、公債費が増加すれば自治体の財政を圧迫し、財政の悪化を招きます。このため、早期是正措置としての許可団体の判断基準や健全化法における健全化判断比率の１つとして、公債費負担の重さを示す実質公債費比率が用いられています。

(2)　地方債の償還方法

地方債の償還方法は、あらかじめ決まった時期（半年ごと、１年ごと）に償還する定時償還と、満期日に全額を一括償還する満期一括償還に分けられます。

定時償還には、毎期支払う元金償還額と利払額の合計額が同額となる元利均等償還と、毎期支払う元金償還額が同額となる元金均等償還があります。元金均等償還は元利均等償還よりも元金が早いペースで償還されるため、利子を含めたトータルの償還額は元利均等償還よりも小さくなるのが一般的です。従来、公的資金の償還方法は元利均等償還のみでしたが、地方団体からの要望を踏まえ、平成27年度に同意・許可を得た地方債から、元利均等償還と元金均等償還とが選択できるようになりました。

市場公募地方債については、満期一括償還が基本となっている中で、地方団体としては、公共施設の耐用年数に応じた長期の借入れをしたいところですが、投資家としては、金利リスクの大きい長期の債券投資には、慎重なリスク管理運用が求められます。そこで、地方団体は、市場ニーズを踏まえて10年以下の満期一括債を発行し、２～３回の借換えを行って長期の資金を調達することとなります。例えば、償還年限30年で同意を得た地方債については、市場公募により資金調達し、満期一括償還により償還する場合、10年満期一括償還・２回借換え（10年ごとに概ね３分の１ずつ償還し、残余は借換え）により対応することが一般的です。もっとも、ここ数年の低金利環境下においては、より高い利回りを求めて投資家の運用期間が長期化する傾向がみられます。

⑶　地方債の信用維持のしくみ

地方団体が市場や金融機関からより良い条件で安定的に資金調達（借入れ）を行うためには、地方債が確実に償還されることが不可欠です。

地方債の信用維持のしくみとしては、国における制度的な対応と、地方団体における対応という２つに整理されます。

㈠　国における制度的な対応

(a)　ミクロ・マクロ両面での財源保障

現行の地方交付税制度では、地方債の元利償還に要する財源が、地方財政計画の策定や地方交付税の算定を通じて確保されるしくみとなっています。

同意・許可を得た地方債の元利償還金は、地方財政計画の歳出に公債費として計上されます。地方財政全体で財源不足が生じると見込まれる場合には、地方財政対策により補てん措置が講じられ、公債費を含めた地方財政計画の歳出と歳入を均衡させることにより、マクロベースで財源保障が行われます。

また、各地方団体の元利償還金は、地方債のメニューに応じてその一部が交付税措置（基準財政需要額に算入）したうえで、その団体の財源不足額（基準財政需要額が基準財政収入額を超える額）に対して普通交付税を交付することにより、元利償還金を含めた財政需要について、ミクロベースで財源保障（基準財政需要額に算入されない部分は留保財源により対応）が行われます。

(b)　早期是正措置としての許可制度・財政健全化法に基づく財政健全化制度

実質公債費比率が18％以上の地方団体については、地方債の信用維持の観点から、早期是正措置として、地方債の発行に許可を要することとなっています。

また、財政健全化法において、地方団体の財政状況を健全段階・財政の早期健全化・財政の再生の３段階に分け、それぞれの段階に応じて、自主的な改善努力による財政健全化や国の関与による確実な再生を行っていくしくみとなっています。

これらの制度的な対応により、地方債の元利金は確実に償還され、BIS 規制の標準的な手法によるリスクウェイトは、国債と同じく０％とされています。

(イ)　地方団体における対応

地方債の信用は、制度的な対応だけでなく、地方債の発行や元利償還の主体である地方団体において、不断の行財政改革、地域活性化施策の推進による税源の確保などを通じて維持されています。また、地方団体の財務情報（予算・決算、実質公債費比率などの健全化判断比率、中長期的な財政収支の見通し、財政健全化に向けた取組みなど）について分かりやすく開示することも重要です。

こうした制度や取組みについて周知するための IR 活動も重要です。特に、市場公募債の発行団体においては、投資家に対して、自らの財務情報を積極的に開示するとともに、地方交付税制度による元利償還金の財源保障や地方財政健全化制度などの説明を行っています。

(4)　繰上償還

繰上償還は、償還期限の到来していない地方債について繰り上げて償還することをいいます。地方財政法上は、決算剰余金が生じた場合には繰上償還を行うことができることとなっています。

しかし、公的資金については、利ざやをとらずに貸付けを実施しているため、原則として繰上償還は認められず、繰上償還を行う場合には利払い相当額を補償金として支払わなければなりません。ただし、過去に発行した高金利の地方債の公債費負担の軽減を求める地方の声を受けて、平成19年度から平成24年までの間、法律に規定を設けて、行政改革を行う地方団体を対象に、補償金免除繰上償還を行い、その際、その財源として必要に応じ民間等資金による借換債を発行できる臨時特例措置が講じられました。また、証券発行による地方債は、その証券が市中に流通している場合には、繰上償還は困難です。さらに、市場公募債のように、流通を前提とした地方債証券については、繰上償還を行わないこととして発行する取扱いになっています。

このため、現実に繰上償還を行うことが必要となった場合でも、繰上償還しようとする額を減債基金に積み立てるか、買入償却（自らが発行した地方債証券を市場で購入し、債権債務の相殺をすることによって、償還と同様の効果を発生させること）で対応することが適当とされています。

(5)　償還財源の確保

地方債の償還年限は、公共・公用施設の耐用年数に応じて長期間にわたります。このため、各地方団体では、減債基金を設置し、将来の公債費に充てるための財源を計画的に積み立てて、後年度の公債費負担に備えることが重要です。特に、満期一括償還方式により発行している地方債については、償還時に多額の財源を要するため、減債基金への積立てを計画的に行うことが必要になります。

各地方団体における減債基金の積立方法は、実際に発行する地方債の償還条件等に応じて様々ですが、実質公債費比率の算定においては、満期一括償還地方債の元利償還に充てるための減債基金の積立てについては、毎年度の積立額を発行額の30分の１（3.3%）として設定されています。各団体の実際の積立額が、実質公債費比率における積立てルール分を下回る場合には、減債基金の積立不足額として取り扱われ、実質公債費比率が上昇（悪化）することになります。積立不足額が生じている団体では、その理由や今後の方針等について、住民や議会に分かりやすく説明をすることが重要です。

Chap. 8

財政健全化法について

1 再建法から財政健全化法へ

(1) 財政再建の枠組み

自治体は、行政サービスを継続して提供していくためには、**健全な財政運営**に努めなければなりません。収支均衡が崩れて赤字に転落しそうな場合には、速やかにその原因を突き止めて赤字の解消を図ることが求められます。

自主的な努力によって赤字の解消に努めてもなお赤字額が発生した自治体は、国と異なり法律に基づく特例的な地方債を除いて赤字地方債の発行が禁止されているため、赤字額を埋めるため次年度の歳入を「翌年度繰上充用金」として充てることになります。翌年度繰上充用金は歳入のいわば「先食い」であるため、赤字体質から脱却しなければ赤字額が累積していくこととなります。

従来は、普通会計の赤字額が一定程度に達した場合に、地方財政再建促進特別措置法（以下、「**再建法**」といいます）に基づいて財政再建に取り組むしくみが設けられていました。

再建法が施行されたのは、戦後まもなくの昭和30年です。当時は義務教育の６・３制移行や自治体警察の整備など戦後の行政体制の整備が適切な地方財源の裏付けなく実施されたことや、朝鮮戦争休戦後の不況による税収入の激減により、自治体の財政は極度に窮乏したため、再建法が制定されました。再建法に基づく財政再建は、「本再建」と「準用再建」の２種類があります。「本再建」とは、昭和29年度に赤字を生じた地方公共団体が行う財政再建であり、これに対し、「準用再建」とは、昭和30年度以降に赤字を生じた地方公共団体が行う財政再建です。本再建制度の下では、再建団体に指定された地方公共団体に対し、財政再建計画を策定し計画的な財政運営により赤字を解消することを義務付けるとともに、財政再建債の発行により歳入不足を補てんする措置などが講じられました。これに対して、準用再建制度の下では、地方財政の赤字について制度的・構造的な要因が存在していた昭和30年当時と違い、財政赤字は個別団体の不適正な財政運営に帰するところが大きいとの考えに基づいて、準用再建団体は自助努力によって赤字解消を図ることとされ、財政再建債の発行などの措置は適用されないしくみとなっていました。

本再建として財政再建に取り組んだ団体は588団体（都道府県18団体、市町村570団体）、準用再建団体として財政再建に取り組んだ団体は297団体（都道府県2団体、市町村295団体）となっています。赤字団体は昭和30年代から順次減少し、昭和50年代前半は、オイルショック等の影響もあって一時増加したものの、平成以降の準用再建団体については、福岡県の旧赤池町のみでした。

⑵　財政健全化法の制定

地方分権の推進を踏まえ、自治体の財政運営においても、できるだけ住民によるチェックという地方自治本来の機能を発揮させることが求められてきました。さらに、平成19年３月に、**北海道夕張市**が**準用財政再建団体**に指定されたことをきっかけに、従前の再建制度では財政状況の悪化が深刻化するまで状況が明らかにならないという課題が指摘されました。

そこで平成18年に、竹中総務大臣（当時）の私的諮問機関である「地方分権21世紀ビジョン懇談会」において、「いわゆる“再生型破綻法制”の整備」が提言され、「経済財政運営と構造改革に関する基本方針2006（平成18年７月７日閣議決定）」において、「再建法制等も適切に見直す」ことが政府の方針として決定されました。これらを踏まえ、総務省において「新しい地方財政再生制度研究会」（座長：宮脇淳北海道大学公共政策大学院院長）が開催され、平成18年12月に報告書が取りまとめられました。

研究会報告書は、再建法における財政再建制度の課題について、以下の指摘をしています。

①　各団体において、分かりやすい財政情報の開示がなされていないこと。また、財政指標及びその算定基礎の客観性・正確性等を担保する手段が十分でないこと。

②　再建団体の基準しかなく、早期に是正を促していく機能がないこと。この

ため、早期に財政の健全化に取り組むべきケースが、事態が深刻化し、結果的に長期間にわたる再建に陥ってしまいかねないこと。また、このことにより、最終的に住民に過大な負担を求めることになりかねないこと。

③　フロー指標である赤字比率のみを再建団体の基準に使っているため、例えば、実質公債費比率など他の指標が悪化した団体や、ストックベースの財政状況に課題がある団体が対象にならないこと。また、主として普通会計のみを対象とし、公営企業や地方公社等との関係が考慮されていないこと。

④　再建を促進するためのしくみが限定的であること。例えば、準用再建については、本再建には適用された財政再建債の規定は適用されないこと。

⑤　公営企業の財政再建制度についても、普通会計を中心とする財政再建制度とは完全に独立した制度となっている上に、財政情報の開示が不十分であること。また、早期是正の機能がないこと。

こうした指摘を踏まえ、現行の再建法を抜本的に見直し、フロー・ストック両面からの新たな財政指標の導入と情報開示の徹底、早期是正スキームと再生スキームの２段階の新たな手続を柱とした新しい財政再生制度を早期に構築すべきと提言されました。具体的には、①財政指標を整備し、財政状況が健全な段階から、その指標の状況を毎年公表するなど情報開示のしくみを設けること、②財政指標が一定程度悪化すれば、自主的な改善努力が義務付けられる財政の早期健全化の段階に移行すること、③さらに財政状況が悪化した場合には、国等の関与による確実な財政の再生を図る財政再生の段階へ移行すること、④公営企業についても、現行の制度に代え、経営の健全化のスキームを設けることが提言されました。さらに、現在の各地方団体の財政の状況等を念頭に置くと、以上の方向に沿った見直しが必要であるとされました。

この研究会報告書を受け、総務省において新しい地方財政再生制度の法案化作業が行われ、「**地方公共団体の財政の健全化に関する法律**」（短く「**財政健全化法**」あるいは「**健全化法**」といわれています）が平成19年６月に成立し、健全化判断比率等の公表に関する規定は、平成20年４月１日から施行されており、平成19年度の決算に基づく健全化判断比率等から適用されました。また、財政健全化計画等の策定義務などその他の規定は、平成21年４月１日に施行されました。

2 健全化法の枠組み

(1) 健全化法の概要

健全化法は、①地方団体は、毎年度、**健全化判断比率**（実質赤字比率、連結実質赤字比率、実質公債費比率、将来負担比率）を監査委員の審査に付した上で議会に報告・公表しなければならないこと、②健全化判断比率のいずれかが早期健全化基準以上に悪化した場合には、議会の議決を経て財政健全化計画を定めなければならないこと、③健全化判断比率のうち実質赤字比率、連結実質赤字比

図表8-1　地方公共団体の財政の健全化に関する法律の概要

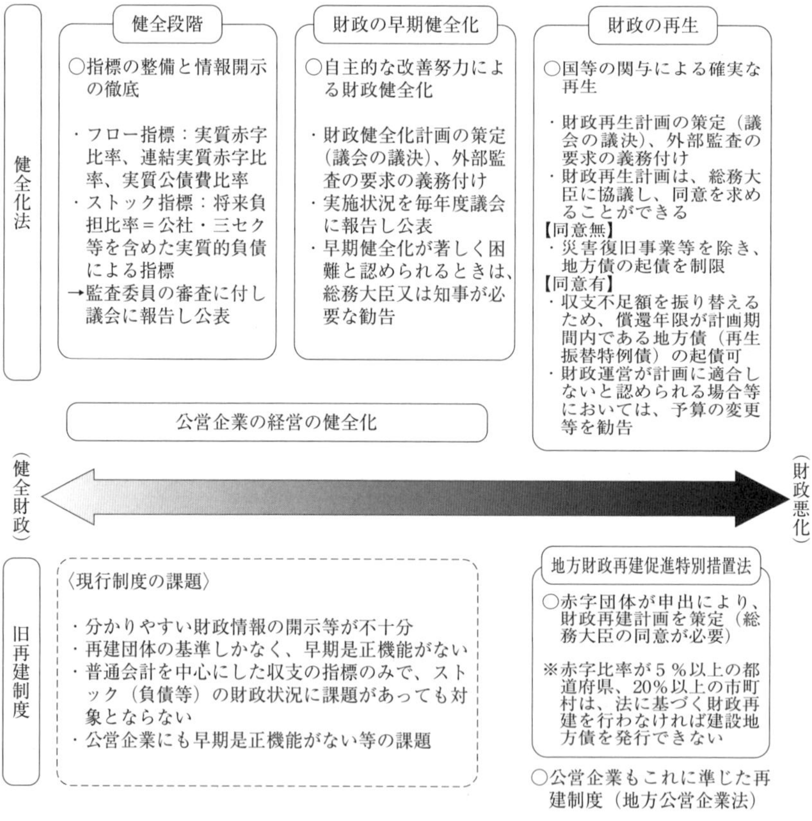

（注）指標の公表は平成19年度決算から、財政健全化計画の策定の義務付け等は平成20年度決算から適用。

率又は実質公債費比率が財政再生基準以上に悪化した場合には、議会の議決を経て財政再生計画を定めなければならず、地方債の発行が制限される（ただし、財政再生計画について総務大臣の同意を得た場合には再生振替特例債を発行できる）こと、④公営企業についても、財政の早期健全化に準じた制度を設けることなどを内容とするものです。

特に、再建法の下では、財政情報の開示を図るための規定は特に設けられていませんでしたが、健全化法では、地方団体の財政状況を客観的に表し、財政の早期健全化や再生の必要性を判断するためのものとして、実質赤字比率及び実質公債費比率をはじめ、全会計をカバーする連結実質赤字比率や、公社・第三セクター（公社の例としては「東京都住宅供給公社」などがあり、第三セクターの例としては岩手県の「三陸鉄道」などがあります）等を含めた実質的な負債を捉える将来負担比率などの指標を整備し、これを毎年度、監査委員の審査に付した上で議会に報告し、公表しなければならないとするしくみを設けていることに大きな意義があります。

⑵　健全化判断比率の公表

㋐　健全化判断比率とは

地方団体の長は、毎年度、前年度の決算の確定を受けた後、速やかに、①実質赤字比率、②連結実質赤字比率、③実質公債費比率、④将来負担比率の４つの健全化判断比率とその算定の基礎となる事項を記載した書類を、監査委員の審査に付し、その意見を付けて当該健全化判断比率を議会に報告し、かつ公表しなければなりません。

健全化判断比率として４つの指標が選定されたのは、フロー・ストックの両面にわたる財政状況の把握の観点から、また、再建法制定後の地方団体の行政活動の多様化を踏まえ、自治体全体さらには公社や第３セクターも含めた財政運営の健全化の観点からです。特に、新たな指標として、公営企業を含めた地方団体の全会計の収支を表す指標である連結実質赤字比率、公社・第３セクターを含めた実質的な将来負担を示す指標である将来負担比率が設けられたことが特徴です。健全化判断比率のうち①から③までは、決算収支を基礎としていることからフロー指標、④は年度末の残高を基礎としていることからストック指標になります。

(イ)　健全化判断比率の内容

(a)　実質赤字比率

実質赤字比率は、地方団体の一般会計等（普通会計と考えてください）を対象とした実質赤字の標準財政規模に対する比率であり、再建法における赤字比率とほぼ同じものです。

実質赤字比率を健全化法上の健全化判断比率に用いたのは、健全な財政運営のためには、収支均衡が基本であることから、地方団体の財政のうち、主に税負担によって賄われる行政サービスの基本部分の収支不足を示す指標が最も重要であるからです。

(b)　連結実質赤字比率

連結実質赤字比率は、地方団体の普通会計のみならず、公営企業や国民健康保険事業などの公営事業に係る特別会計を含めた全会計を対象とした実質赤字（法適用企業については資金不足額）の標準財政規模に対する比率であり、健全化法で新たに整備された指標です。

再建法の下では、普通会計等の実質収支の赤字を捉える一方、その他の特別会計については、地方公営企業法の全部適用事業（水道、交通事業などの7事業）と一部適用事業（病院事業）についてのみ会計別の再建制度があるだけで、地方公営企業法の適用義務がない事業（下水道事業、観光施設事業、港湾整備事業、宅地造成事業など）や国民健康保険事業、介護保険事業などは、再建制度の対象になっていませんでした。そこで、地方団体全体の赤字を把握し、これを住民に開示することが、当該地方団体の財政運営上の課題を把握し、チェック機能を働かせるためにも重要であることから、地方団体が設けている各会計をカバーする新たなフロー指標として、連結実質赤字比率が整備されました。

(c)　実質公債費比率

実質公債費比率は、一般会計等が負担する元利償還金及び準元利償還金の標準財政規模に対する比率です。

実質公債費比率は、地方債の協議制度において用いられている指標で、18%以上となると早期是正措置として許可制度が適用されます。準元利償還金には、一般会計等以外の特別会計への繰出金のうち、公営企業債の償還財源に充てたと認められるものや、一部事務組合等への負担金・補助金のうち、当該一部事務組合等が起こした地方債の償還の財源に充てたと認められるものも含まれます。公債費は借入れによって支払義務が確定するもので、削減したり先送りしたりすることのできないものです。また、ひとたび公債費が増大すると財政の弾力性が低下し、収支が悪化し実質赤字を生じる可能性が高まることから、健全化判断比率の一つとしたものです。

(d)　将来負担比率

将来負担比率は、一般会計等が将来負担すべき実質的な負債の標準財政規模に対する比率であり、公営企業、出資法人等を含めた普通会計の実質的な負債を把握しようとするものです。将来負担比率も、連結実質赤字比率とともに研究会報告書に基づき健全化法で新たに整備されることとなった指標です。

将来負担比率は、一般会計等が将来負担すべき実質的な債務を捉えるものですが、前年度末までに一般会計等の負担が確定している債務と、他会計等の債務のうち一般会計等の負担の蓋然性が高いものを合算したものです。

将来負担比率の分子である将来負担額には、一般会計等の地方債残高に加え、①債務負担行為に基づく支出予定額（PFI事業に係る将来支出見込額など地財法5条各号の経費に係るもの）、②一般会計等以外の会計の地方債の元金償還に充てる一般会計等からの繰入見込額（公営企業債残高のうち、その償還に一般会計による繰出金や負担金を予定しているもの等）、③当該団体が加入する一部事務組合等の地方債の元金償還に充てる当該団体からの負担等見込額、④退職手当支給予定額（全職員に対する期末要支給額）のうち一般会計等の負担見込額、⑤設立した一定の法人の負債の額、その者のために債務を負担している場合の当該債務の額のうち、当該法人等の財務・経営状況を勘案した一般会計等の負担見込額（土地開発公社が負っている債務や当該地方団体が損失補償を行っている第3セクターの債務のうち、その財務・経営状況を勘案して一般会計等の負担が見込まれる額）、⑥連結実質赤字額、⑦一部事務組合等の連結実質赤字額相当額のうち一般会計等の負担見込額が含まれます。一方、これらの将来負担額に充当可能な基金の額等については控除されます。また、将来負担比率の分母は、標準財政規模を基礎として、元利償還金・準元利償還金に係る基準財政需要額算入額を控除するものです。

また、⑧第三セクター等に対する一般会計等からの反復かつ継続的な短期貸付について、第三セクター等の経営が悪化した場合、地方団体の負担となるおそれがあること、⑨不動産信託について、公有地信託事業等が悪化した場合、事業に係る負債を地方団体が負担するおそれがあることから、平成28年の健全化法の改正により、将来負担額に、第三セクター等に対する短期貸付金・不動産の信託に係る負債が追加されました。

実質赤字比率、連結実質赤字比率、実質公債費比率の３つの指標は、それぞれ当該年度において解消すべき赤字の状況や公債費の負担の状況を示す指標ですが、これだけでは、地方団体の負債の状況や将来の収支見通しに係る十分な情報は得られません。このため、将来負担比率は、地方団体が発行した地方債残高のうち一般会計等が負担することになるもののみならず、例えば、公社や損失補償を付した第三セクターの負債も含め、決算年度末時点での地方団体にとっての将来負担の程度を把握するものです。将来負担比率が高い場合は、今後、実質公債費比率が増大することなどにより、財政運営上の問題が生じる可能性が高くなります。また、３つのフロー指標のみならず、ストック指標である将来負担比率を算定することにより、現在の負担と将来の負担のバランスを念頭においた財政運営が可能となります。

⑶　財政の早期健全化

㈠　財政健全化計画

地方団体は、健全化判断比率のいずれかが早期健全化基準以上である場合には、当該健全化判断比率を公表した年度の末日までに、**財政健全化計画**の策定をしなければなりません。

財政健全化計画の策定義務を課しているのは、深刻な財政悪化を未然に防止する観点から、財政状況が悪化した段階において、自主的かつ計画的にその財政の健全化を促すためです。

もっとも、早期健全化の段階においては、地方公共団体の財政自主権を尊重し、情報の開示と自己規律による自主的な改善努力を促すことが基本となります。したがって、健全化法は、健全化判断比率が早期健全化基準以上となった地方団体に対して、財政健全化計画の策定やその一般的な原則を法令で義務づけるのみとし、個別の関与については、あくまで当該団体の自主的な取組みを促すため、当該団体の財政健全化計画の実施状況を踏まえ、財政の早期健全化が著しく困難であると認められる場合に限定して国等から勧告を行うことができることとしています。

(イ)　早期健全化基準

早期健全化に取り組んでいく基準は次のとおりです。

(a)　実質赤字比率

現行の地方債協議・許可制度における許可制移行基準（市町村2.5%～10%、道府県2.5%）と財政再生基準との中間の値をとり、市町村は財政規模に応じ11.25%～15%、道府県は3.75%です。

(b)　連結実質赤字比率

実質赤字比率の早期健全化基準に、公営企業会計等における経営健全化等を踏まえ５%加算し、市町村については財政規模に応じ16.25%～20%、道府県については8.75%とされています。

(c)　実質公債費比率

都道府県・市町村とも、地方債協議・許可制度において一般単独事業の許可が制限される基準とされている25%とされています。

(d)　将来負担比率

実質公債費比率の早期健全化基準に相当する将来負担額の水準と平均的な地方債の償還年数を勘案し、市町村は350%、都道府県及び指定都市は400%とされています。

(ウ)　財政健全化計画の策定・実施

財政健全化計画は、議会の議決を経て定め、速やかに公表することとされています。また、都道府県・政令市は総務大臣に、市区町村は都道府県知事に財政健全化計画を報告しなければなりません。

財政健全化計画の内容については、財政の状況が悪化した要因の分析の結果を踏まえ、財政の早期健全化を図るため必要な最小限度の期間内に、実質赤字額がある場合にあっては一般会計等における歳入と歳出との均衡を実質的に回復することを、連結実質赤字比率、実質公債費比率又は将来負担比率が早期健全化基準以上である場合にあっては、それぞれの比率を早期健全化基準未満とすることを目標として定めるものとされています。

具体的には、①健全化判断比率が早期健全化基準以上となった要因の分析、②計画期間、③早期健全化の基本方針、④収支均衡や健全化判断比率の改善方策、⑤それらの方策に係る年次計画、⑥健全化判断比率の見通しなどを定めるものとされています。早期健全化の段階においては、地方団体にして自主的な改善努力を義務付けるものであり、財政健全化計画の内容については、なるべく当該団体自らが検討すべきであるとの考えから、健全化法上は、その枠組みのみを規定しています。

財政健全化計画を定めた地方団体（財政健全化団体）の長は、毎年、前年度における決算との関係を明らかにした財政健全化計画の実施状況を議会に報告し、かつ、これを公表するとともに、都道府県・指定都市の長にあっては総務大臣に、市区町村にあっては都道府県知事に報告しなければなりません。総務大臣・都道府県知事は、毎年度、財政健全化計画の実施状況に係る報告を取りまとめ、その概要を公表することとされています。

㈡　国等の勧告

総務大臣・都道府県知事は、財政健全化団体の財政健全化計画の実施状況を踏まえ、財政の早期健全化が著しく困難であると認められるときは、当該財政健全化団体の長に対し、必要な勧告をすることができます。勧告を受けた財政健全化団体の長は、速やかに、当該勧告の内容を当該財政健全化団体の議会に報告するとともに、監査委員（包括外部監査対象団体（包括外部監査とは、毎会計年度公認会計士などに個別のテーマについて監査をしてもらうものです）である財政健全化団体にあっては、監査委員と包括外部監査人）に通知しなければなりません。

⑷　財政の再生

㈠　健全化法の意味

地方団体は、実質赤字比率、連結実質赤字比率、実質公債費比率（以下、「再生判断比率」といいます）のいずれかが財政再生基準以上である場合には、財政再生計画を定めなければなりません。

財政再生計画の策定義務は、再建法に基づく財政再建計画の策定義務に代えて設けられたものであり、財政状況の著しい悪化により自主的な財政の健全化を図ることが困難な状況に陥った地方団体に対して、財政の再生を図るための計画策定を義務付けるとともに、国の強い関与の下で当該計画に基づく財政の再生を促進するしくみです。ただし、再建法の下では、赤字団体が申し出ることにより財政再建計画の策定の手続を開始することとされていましたが、健全化法では、財政再生計画の策定が義務付けられています。これは、再建法にはない早期健全化の段階を新たに設けたことを踏まえ、早期健全化の努力を行ったにもかかわらず財政再生の段階に至った場合には、確実に財政の再生を図るために、地方公共団体の申出の有無にかかわらず、財政再生計画の策定を義務付けたものです。

なお、将来負担比率は再生判断比率に含まれていません。これは、財政の再生は国の強い関与を伴う段階であることから、財政悪化が現実に切迫したことを示すフロー指標を基準とすることが適当であることによります。

(イ)　財政再生基準

再生判断比率ごとの財政再生基準は次のとおりです。

(a)　実質赤字比率

実質赤字比率の財政再生基準は、再建法の起債制限の基準を踏襲し、道府県は５％、市町村は20％とされています。

(b)　連結実質赤字比率

実質赤字比率の財政再生基準に10％を加算し、道府県は15％、市区町村は30％とされています。

(c)　実質公債費比率

都道府県・市町村とも、35％とされています。

(ウ)　財政再生計画の策定・実施

財政再生計画は、財政状況が著しく悪化した要因の分析の結果を踏まえ、財政の再生を図るため必要な最小限度の期間内に、実質赤字額がある場合には一般会計等における歳入と歳出との均衡を実質的に回復することを、連結実質赤字比率・実質公債費比率・将来負担比率が早期健全化基準以上である場合にはそれぞれの比率を早期健全化基準未満とすること、再生振替特例債を償還完了することを目標として定めます。

財政再生計画の内容は、自主的な改善努力を基本とする財政健全化計画の内容と比べて、より詳細な記載が義務づけられています。具体的には、①要因分析、②計画期間、③財政の再生の基本方針は、財政健全化計画と同じですが、それに加え、④事務事業の見直し、組織の合理化その他の歳出の削減を図るための措置に関する計画、⑤当該年度以降の年度分の地方税その他の収入について、その徴収成績を通常の成績以上に高めるための計画、⑥地方税その他の収入で滞納に係るものの徴収計画、⑦使用料・手数料の額の変更、財産の処分その他の歳入の増加を図るための措置に関する計画、⑧特に必要な場合には地方税の超過課税や法定外普通税による地方税の増収計画を策定し、これに伴う歳入・歳出の増減額を含む年度ごとの歳入・歳出に関する総合的な計画を策定しなければなりません。

また、財政再生計画を定めた地方公共団体（以下、「財政再生団体」といいます）の長は、財政再生計画に基づいて予算を調製する義務が課せられています。財政健全化計画についてはこのような義務は課せられていません。

㈡　財政再生計画の同意

財政再生計画は、地方団体の長が作成し、議会の議決を経て定め、速やかにこれを公表するとともに、総務大臣に報告しなければなりません。そのうえで、地方団体は、財政再生計画について、議会の議決を経て、総務大臣に協議し、その同意を求めることができます。同意を得ている財政再生計画を変更しようとする場合についても、議会の議決を経て、総務大臣へ協議し、その同意を得なければなりません。

財政再生計画について**総務大臣の同意**を求めるか否かは、団体の判断に委ねられていますが、同意を得ていない場合には、災害復旧事業費の財源とする場合などを除き、地方債をもってその歳出の財源とすることができません。後年度における公債費を累増させ、財政の再生を一層困難にすることがないよう、原則としてすべての起債を制限することとしたものです。したがって、総務大臣の同意を得ていない（得られない）場合には、起債制限を受けながら財政の再生を図ることとなります。

他方、財政再生計画について総務大臣の同意を得ている場合には、起債については総務大臣の許可制の下に置かれるとともに、収支不足額の範囲内で、償還年限が財政再生計画の計画期間内である特例地方債（再生振替特例債）を起こすことができます。再生振替特例債は、財政再生計画について総務大臣の同意を得て財政の再生に取り組むことを前提に、収支不足額を財政再生計画の期間中に計画的に解消するために必要な資金を確保する方策として認められるもので、決して赤字を先送りする手法ではありません。したがって、再生振替特例債は、財政再生計画の計画期間内に償還しなければなりません。また、財政再生計画には、再生振替特例債の年度ごとの償還額も記載しなければなりません。

財政再生計画の実施状況については、財政健全化計画と同様、毎年度、議会に報告し、かつ、これを公表するとともに、総務大臣に報告しなければなりません。総務大臣は、毎年度、財政再生計画の実施状況に係る報告を取りまとめ、その概要を公表します。

(オ)　国の勧告

財政再生段階においても、国の勧告等の手続が設けられていますが、財政再生団体は、財政健全化団体に比べ、当該団体の財政状況を改善する緊急性が高いことから、勧告を行うことができるのは総務大臣に限定するとともに、勧告を受けた後の財政再生団体における手続をより重いものとするなど、いくつかの点で異なる制度となっています。

すなわち、総務大臣は、必要に応じ、財政再生計画の実施状況について調査し、又は報告を求めることができます。その上で、財政再生団体の財政運営が財政再生計画に適合しないと認められるなど財政の再生が困難であると認められる場合には、財政再生団体の長に対し、予算の変更、財政再生計画の変更その他必要な措置を講ずることを勧告することができます。

勧告を受けた財政再生団体の長は、速やかに、勧告の内容を議会に報告するとともに、監査委員（包括外部監査対象団体である財政再生団体にあっては、監査委員と包括外部監査人）に通知しなければなりません。さらに、勧告に基づいて講じた措置について、総務大臣への報告義務が課されます。

一方、国は、再生振替特例債について、法令の範囲内において、資金事情の許す限り適切な配慮をするほか、財政再生団体が財政再生計画を円滑に実施することができるよう配慮するものとされています。

⑸　公営企業の経営の健全化

健全化法は、個々の公営企業についても、経営悪化の初期の段階から自律的な経営改善を促すため、公営企業の経営状況を捉える指標として資金不足比率を創設し、個々の公営企業について、資金不足比率が一定の基準を超えた場合には、一般会計等の財政の早期健全化に準じた形で、経営健全化計画の策定を義務づけています。

資金不足比率とは、公営企業ごとの資金の不足額の事業規模に対する比率で、公営企業会計ごとに算定します。資金不足比率は、公営企業の現金ベースでの資金不足の状況を示す指標であり、普通会計における実質赤字比率に相当するものです。

公営企業を経営する地方団体の長は、毎年度、当該公営企業の前年度の決算の提出を受けた後、速やかに、資金不足比率及びその算定の基礎となる事項を記載した書類を監査委員の審査に付し、その意見を付けて資金不足比率を議会に報告・公表しなければなりません。

その上で、資金不足比率が経営健全化基準以上である場合には、資金不足比率を公表した年度の末日までに、当該公営企業の**経営健全化計画**を定めなければなりません。公営企業ごとの資金不足比率の経営健全化基準は20％とされています。

経営健全化計画は、経営状況が悪化した要因の分析の結果を踏まえ、経営の健全化を図るため必要な最小限度の期間内に、資金不足比率を経営健全化基準未満とすることを目標として定めます。

⑹　監査

地方団体が健全化判断比率の悪化に応じて財政健全化計画等を策定することとなった場合には、執行機関内部のチェックだけでなく、外部の専門家の視点を入れることで財政の健全化や再生に向けた課題を的確に把捉することが重要になります。そこで、健全化法は、財政健全化計画、財政再生計画又は経営健全化計画を定めなければならない地方団体の長は、地方自治法に基づく個別外部監査契約に基づく監査を求めなければならないこととしています。

3　健全化法施行後の状況

(1)　健全化判断比率等の推移

各地方団体の健全化判断比率・資金不足比率は、健全化法の施行を受けて、平成19年度決算から公表されています。

平成19年度決算においては、①実質赤字比率は、2団体が早期健全化基準以上（うち1団体（北海道夕張市）が財政再生基準以上）で、実質赤字額があるのは都道府県1団体、市区町村23団体、②連結実質赤字比率は、11団体が早期健全化基準以上（うち2団体（北海道夕張市、同赤平市）が財政再生基準以上）で、連結実質赤字額があるのは市区町村71団体、③実質公債費比率は、33団体（全て市区町村）が早期健全化基準以上（うち2団体（北海道夕張市、長野県王滝村）が財政再生基準以上）、都道府県の平均値は13.5%、市区町村の平均値は12.3%、④将

図表8-2　実質公債費比率（団体区分別）の推移

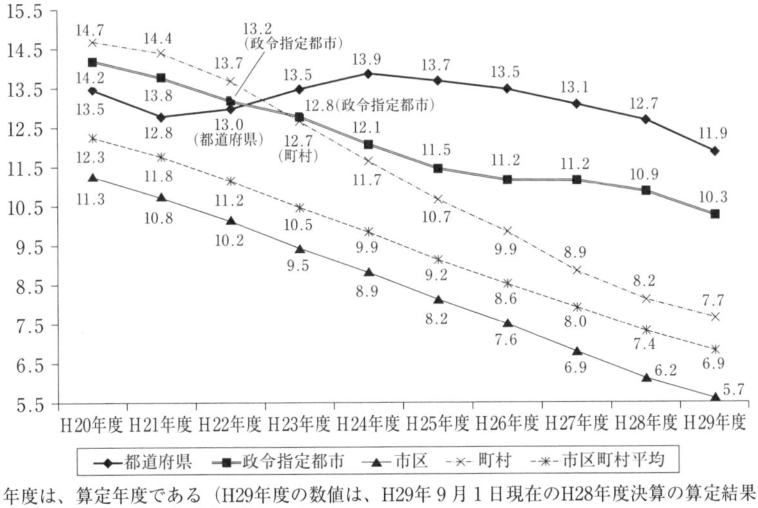

※年度は、算定年度である（H29年度の数値は、H29年9月1日現在のH28年度決算の算定結果に基づく実質公債費比率（速報値）による）。

来負担比率は、５団体（すべて市区町村）が早期健全化基準以上で、都道府県の平均値は222.3%、市区町村の平均値は110.4%でした。また、公営企業の資金不足比率は、全公営企業会計数7,448のうち、156が経営健全化基準以上で、資金不足額がある公営企業会計は257でした。

夕張市は、平成18年６月に不適正な会計処理により財政が破綻状態にあることが発覚し、翌年３月に再建法に基づく準用再建団体となり、さらに平成21年度に健全化法に基づく財政再生団体となりました。現在、財政再生計画（平成21年度～平成41年度）に基づき、財政再建を進めています。

健全化法の全面施行により、各地方団体における財政の健全化は着実に進み、健全化法が施行されて約10年を経た平成28年度決算においては、実質赤字比率・連結実質赤字比率がある団体はゼロ、実質公債費比率は夕張市のみが財政再生基準以上で、都道府県の平均値は11.9%、市区町村は6.9%、将来負担比率は、夕張市のみが早期健全化基準以上で、都道府県の平均値は173.4%、市区町村は34.5%となっています。夕張市は継続して財政再生団体ですが、財政健全化団体は平成26年度決算以降はゼロとなっています。また、公営企業の資

図表8-3　将来負担比率（団体区分別）の推移

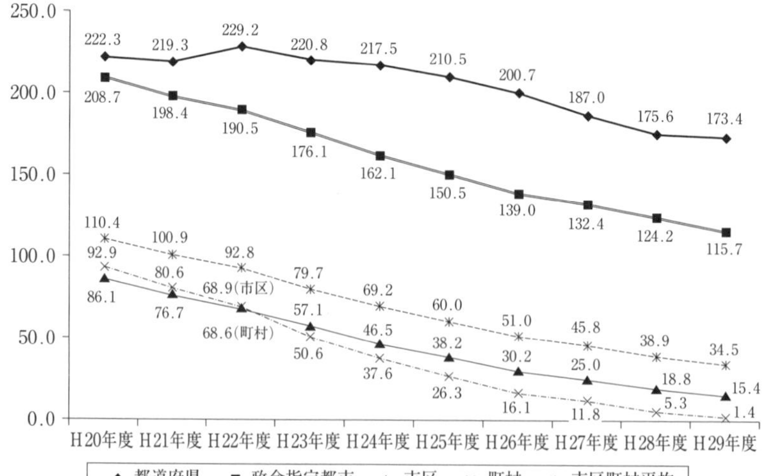

※年度は、算定年度である（H29年度の数値は、H29年９月１日現在のH28年度決算の算定結果に基づく実質公債費比率（速報値）による）。

金不足比率は、全公営企業会計数6,688のうち、９会計が経営健全化基準以上で、資金不足額がある公営企業会計は55会計となっています。

もとより健全化判断比率は、国が個別の自治体に対して一定の関与をしてまで財政の健全化や再生を促す基準となる指標であって、早期健全化基準以上の団体は、財政の自主権が制約されるほど財政が悪化した団体といえます。したがって、健全化判断比率が早期健全化基準未満であれば、健全な財政運営というわけではありません。また、自治体を取り巻く状況は、社会保障関係費の増加や公共施設の老朽化など多くの課題が生じており、引き続き厳しい状況であることに変わりはありません。各自治体においては、他の財政指標も含めえ財政状況を総合的に分析するとともに、不断の健全化努力を行っていくことが求められます。

コラム8-1　夕張市の財政再建――財政再生と地域再生の両立を目指して

北海道夕張市は、旧産炭地域にあって、炭鉱閉山に伴う人口の激減、産炭地域振興臨時措置法の失効による国からの交付金の廃止、石炭産業に代わる新たな観光施設への投資による財政負担の増加などにより、財政状況が極めて深刻な状況に至りました。さらに、一時借入金を操作した会計処理により、黒字決算を維持した形にして、多額の赤字を表面化させずに拡大させてきたことが問題となりました。

夕張市においては、平成19年２月に再建法に基づき財政再建計画（平成18年度～36年度）を策定し、健全化法が施行された平成21年には財政再生計画（平成21年度～41年度）を策定し、それぞれ総務大臣の同意を得て財政再建に取り組んできました。これまで財政再建計画及び財政再生計画に基づき、市税の引上げによる歳入の確保、職員・給与の削減、小中学校の統廃合などによる歳出削減など徹底した取組みを行ってきた結果、再建団体移行当時に約353億円あった赤字のうち116億円を返済するなど、財政再生は着実に進んでいます。また夕張市は、ふるさと納税で多くの寄附を集め、企業版ふるさと納税も多くの支援が寄せられており、地域再生に向けた希望も生まれています。

再建団体移行から10年の節目を迎えた平成28年３月、夕張市は、財政再生計画の終了後も持続的に存立・発展していけるよう、財政再建と地域再生の両立を目指す取組みを行うため、財政再生計画の大幅な見直しを行い、若者定住と子育て支援などの地域再生事業を盛り込んだ財政再生計画の変更申請を行い、総務大臣の同意を得ました。夕張市が変更計画を着実に実施し、財政再建と地域再生の両立が図られることが期待されます。

Part. V
あなたのまちの財政診断

Chap. 9 あなたのまちの財政診断

1 自治体の財政運営のしくみ

(1) 会計――自治体の「財布」の管理

自治体は、地方財政制度の枠組みの中で、行政サービスを提供するために、年度の資金計画を管理する**予算管理**、銀行からの借入れによる資金調達、支出業務などを実施します。この章では、個々の自治体の「財布」の管理と家計簿の診断について述べます。

お金の出入りを管理する単位を**会計**といいます。自治体では、何にお金を使うか（行政サービスの目的）、どこからお金が入ってくるか（収入の種類）によって、会計を分けます。家計でも、家族旅行のために貯金箱にお金を積み立てたり、副収入を別の通帳に入れておいて通帳を分けるのと同様です。

自治体の会計は、一般会計と特別会計に区分されます。**一般会計**は、自治体の基本的な行政経費を計上した会計です。**特別会計**は、自治体が特定の事業を行う場合や、特定の収入をもって特定の歳出に充てる場合など、一般会計から切り離した会計で処理する必要があるものについて、設置する会計です。特定の事業を行う場合とは、上下水道や病院など、料金収入によって運営される事業を行う場合などをいい、地方公営企業法が適用される公営企業については、特別会計の設置が義務付けられています。また、特定の歳入をもって特定の歳出に充てる場合とは、国民健康保険事業に保険料収入をもって充てる場合などをいいます。特別会計の設置は、法律で義務づけられているもののほか、条例で定める必要があります。

総務省は各自治体の決算を毎年度「**地方財政状況調査**」として調査し、その結果を取りまとめ、「**地方財政白書**」として国会に報告します。これらは自治体の歳入・歳出の分析や財政の健全性の判断において重要な役割を果たしています。**決算統計**においては、自治体の会計を、**普通会計**と**公営事業会計**の区分に分けて設定しています。

会計年度とは、収入・支出の計算を区分整理して、その関係を明確にするために設けられた期間をいいます。自治体の会計年度は、国の会計年度と同じく、毎年4月1日に始まり、翌年3月31日に終わります。公営企業の事業年度、一部事務組合や広域連合の会計年度も同様です。なお、我が国では、明治19（1886）年以来、4月から翌年3月までの会計年度が定着しています。4月からとなった理由は、当時の税収の主力であった地租を納める時期と合わせたという説があります。

各会計年度における歳出は、その年度の歳入をもってこれに充てなければなりません。これを**会計年度独立の原則**といいます。言い換えれば、ある会計年度の収入・支出は他の年度にまたがってはならないということです。会計年度独立の原則は、一定の期間を区切って自治体の収入と支出の均衡を図るとともに、金銭の経理を明確に整理するために設けられているものです。**予算の単年度主義**ともいいますが、事業が長期にわたったり、予算成立後に生じたやむを得ない事情が生じたりした場合には、例外として、継続費の逓次繰越し、繰越明許費の繰越し使用、事故繰越しなどの制度が設けられています。

⑵　予算

㋐　意義

予算は、一会計年度における収入・支出の見積もりまたは計画をいいます。自治体は、さまざまな行政サービスを提供していますが、これらの行政サービスは予算の執行を通じて実施されます。したがって、予算は自治体の行政運営の指針となるとともに、事務事業の執行に要する経費を財政的に裏付ける機能を果たします。また、予算は、自治体の長が調製し、議会の議決を経て成立するものであり、議会によって承認された予算は、自治体の長に対して、その執行を民主的に統制する手段としての機能を有します。これは**財政民主主義の原則**に基づく要請です。

自治体の予算は、①歳入歳出予算、②継続費、③繰越明許費、④債務負担行為、⑤地方債、⑥一時借入金、⑦歳出予算の各項の経費の金額の流用に関する定めで構成されます。一般的に予算というときには、歳入歳出予算を指します。

歳出歳入予算は、一会計年度の一切の収入・支出の見積もりです。歳入・歳出は「款」「項」に区分され、さらに「目」「節」という**予算科目**が設けられています。自治体の予算のうち**歳出予算**は、自治体の長に対し、予算の範囲内で支出する権限を与えるという意義を持っています。すなわち、知事や市町村長は、予算によってはじめて予算の定める目的、金額等に従って経費を支出し、債務を負担することができるようになるわけです。これに対して、**歳入予算**の意義は歳出予算の財源を明示するにとどまります。

継続費は、継続的に支出を要する経費につき、必要な経費の総額とその年度別の支出額を定めるものです。

繰越明許費は、歳出予算の経費のうち、予算成立後の事由などにより年度内にその支出を終わらない見込みのあるものについて、翌年度に繰り越して使用することができる経費を定めるものです。

債務負担行為は、年度内に契約を締結するなど債務を負担する必要があるものの、実際の支出は翌年度以降にずれ込む場合に、契約の締結などを先にできるようにするものです。

地方債は、会計年度をまたがって借り入れる資金であるため、起債の目的、限度額、起債の方法、利率、償還の方法を定めるものです。

一時借入金は、現金の不足を補うために調達される資金で、その会計年度中に償還されるために歳入歳出予算に現れてこないものですが、自治体の債務であることから、一時借入金の借入れの最高額を定めるものです。

歳出予算の各項の金額の流用は、予算の執行上必要がある場合に限り、予算の定めにより、歳出予算の「項」の間で経費を流用することを認めるものです。なお、歳出予算の「款」の間で経費を相互に流用することは許されません。

(イ)　予算の原則

(a)　総計予算主義の原則

総計予算主義の原則とは、一会計年度における一切の収入・支出は、すべてこれを歳出歳入予算に編入しなければならないとする原則です。予算の全貌を明確にし、予算に対する民主的なコントロールを確保する趣旨です。予算に計上されない資金の出入りが作り出されれば、議会は財政を有効にコントロールできないからです。

(b)　単一予算主義の原則

単一予算主義の原則とは、一会計年度における一切の収入・支出は、単一の予算に計上して一会計の下に経理しなければならないとする原則です。予算を単一の見積書に単純化し、あらゆる歳入差出を包含させ、予算の調製も一年度一回にすることにより、一覧性を確保して、財政の膨張を防止する趣旨です。ただし、自治体は様々な行政活動を行っているため、前述のとおり、特別会計が設置されており、また、会計年度途中の事情の変化に応じて、補正予算が編成されます。

(c)　予算限定の原則

予算限定の原則とは、予算は財政運営に対して拘束力を持たなければならないという原則です。具体的には、費目間の流用の禁止、超過支出の禁止、会計年度独立を意味します。ただし、例外として、予算の流用のほか、会計年度独立の原則の例外として前述した継続費や繰越しの制度があります。また、予算外の支出または予算超過の支出に充てるため、歳出歳入予算に予備費の計上をすることとされています。

(d)　予算の事前議決の原則

予算の事前議決の原則とは、自治体の予算は、毎会計年度ごとに、自治体の長が会計年度開始前に調製し、議会の議決を経なければならないという原則です。議会の議決を通じて財政の民主的コントロールを及ぼす趣旨であり、財政民主主義の根幹をなす原則です。

予算の事前議決の例外としては、予算の専決処分などがあります。予算の専決処分は、災害時に議会を招集する暇がないと認められるときなどに、自治体の長が予算を決定し、執行することをいいます。専決処分を行った場合には、次の議会において報告し、その承認を求める必要があります。

(e)　予算公開の原則

予算公開の原則とは、予算を広く住民に対し公開しなければならないとする原則です。住民に対し自治体の行政運営の方針を示すことにより、予算に対する民主的コントロールを及ぼそうとする趣旨です。具体的には、予算の成立時には、自治体の長はその要領を住民に公表するとともに、財政状況の公表を年２回以上行う必要があります。

(ウ)　予算の種類

(a)　当初予算

当初予算（本予算）は、会計年度の開始前に議会に提出される会計年度全体の予算をいいます。当初予算を議会に提出する時期は、遅くとも年度開始前、都道府県及び指定都市の場合には30日、その他の市町村の場合には20日までとされています。

(b)　補正予算

補正予算とは、予算の調製後に生じた事由に基づいて、既定の予算に追加その他の変更を加える必要が生じたときに調製される予算のことで、議会に提出することができます。

(c)　暫定予算

暫定予算は、何らかの事情により、当初予算が年度開始までに成立する見込みがないとき、必要に応じて調製され、議会に提出される一会計年度のうちの一定期間に係る予算です。長は、必要に応じて一会計年度のうちの一定期間に係る暫定予算を調製し、議会に提出することができます。

暫定予算が必要となるのは、当初予算を審議する議会において当初予算が否決、あるいは継続審査とされ、年度開始前までに議決される見込みがないとき、災害その他の理由で予算編成が年度開始前までに間に合わないとき等が考えられます。

暫定予算は、当初予算が成立するまで効力を有する「つなぎ予算」です。したがって、暫定予算は、当該会計年度の当初予算が成立したときは、その効力を失います。また、暫定予算に基づいて行った支出又は債務の負担は、当初予算成立後は当初予算に基づく支出又は債務の負担とみなされます（地方自治法218条３項、なお財政法30条２項参照）。

(d)　骨格予算と肉付け予算

当初予算の提出・審議時期と長や議会議員の改選時期とが重なる場合に、選挙後の新しい体制で政策を定めることが望ましいとの判断から、当初予算は義務的経費等を計上した予算にとどめる例がみられ、この予算を「骨格予算」と称することがあります。また、選挙後に招集される議会に提出される政策的経費を追加した補正予算を「肉付け予算」と称することがあります。

(エ)　予算の編成

予算の編成とは、地方自治法上の「**予算の調製**」のことをいい、具体的には、予算編成方針の作成から予算書の作成に至るまでの一連の行為を指します。予算は、自治体の行政運営の指針を財源的な裏付けをもって示すものであり、その編成は、財源配分を通した自治体の政策形成や政策決定のプロセスといえます。

自治体の**予算の編成権**、すなわち予算書を作成して議会に提出する権限は、自治体の長にあります。住民の負担する税金を財源にして行われる自治体の行政活動が最少の経費で最大の効果を挙げることができるかどうかは、予算の編成いかんにかかっています。このため、地方財政法は、予算を編成する際の原則として、①法令の定めるところに従い、かつ、合理的な基準によりその経費を算定して予算に計上しなければならない、②あらゆる資料に基づいて正確にその財源を捕そくし、かつ、経済の現実に即応してその収入を算定して予算に計上しなければならないと定めています。具体的には、歳出については、厳しい財政状況が続く中、組織の合理化や人員の適正化、不要不急の事務事業の見直し、補助金の整理など不断の行革努力により、経費の見直しを行う必要があります。また、歳入については、税収入について経済の動向などに留意して的確な見積もりを行うことはもちろん、地方交付税、地方債、国庫支出金などの依存財源については、過大な見積もりをしないよう特に留意する必要があります。

予算編成のプロセスは、まず、自治体の長が示す**予算編成方針**から始まります。予算編成方針は、国の政策、各自治体の長の公約や長期総合計画とともに、財政運営上の見通しを踏まえ、編成しようとする予算の基本的な考え方を明らかにするものです。また、**シーリング方式**を採用している自治体では、具体的なシーリング枠（経常経費は10％減とするなど）を示すこととなります。予算編成方針は、都道府県では10月頃、市町村では11月中下旬頃に策定されるのが通常です。

予算編成方針を受け、事業担当部局がそれぞれの部局の要求見積書を作成して、財政担当部局に予算要求書を提出します。財政担当部局が査定作業を行い、12月末から年初にかけて財政当局としての原案をまとめます。一方、歳入については、政府予算案や地方財政計画などを踏まえ、地方税や地方交付税などを客観的に見積もって計上します。そして、翌1月下旬から2月上旬にかけて、知事や市町村長の査定を受けて議会に提出する予算が確定することとなります。

予算編成のあり方については様々な課題が指摘されています。例えば、予算査定が過去の実績（前年度予算）に引きずられて、真に必要な施策に予算が配分されていないのではないか、また、積み上げ方式により予算を編成してきたため、重点課題分への集中配分など、政策主導の予算編成が弱くなっているのではないかという指摘です。また、予算（費用）と成果（効果）とが明確に対比して検証できていない、あるいは、予算編成過程における情報公開が不足しているなどの指摘もなされています。こうした課題に対応するため、様々な予算編成システムの見直しが行われています。最近では、予算の硬直化を防ぎ、時代に即応した政策展開を図るため、重点課題に対応するための特別枠を設けたり、政策評価と連携させたりする取組が進められています。

㈺　予算の提出・議決

自治体の予算を議会に提出するのは、もっぱら自治体の長の権限とされています。予算が議会に提出されると、議会がこれを審議することとなります。予算の審議の過程は、一般的には、長による提案理由説明、総括質問、委員会付託、委員会の審査報告、討論、議決の順で行われます。

予算の議決手続において、自治体の長が提出した予算に対して、議会がその内容を修正することができるでしょうか。議案に対する修正の動議には、議員定数の８分の１以上の発議を要することとなっており、**予算の減額修正**は可能と解されていますが、**増額修正**は財源の裏付けが必要となるため、自治体の長の予算提出権を侵害するような増額修正はできないと解されています。

なお、災害時の災害復旧費など、議決を要する予算が緊急を要し、議会を招集する暇がないと認めるときには、予算の専決処分が行われることがあります。長が専決処分の処置をとったときは、次の議会においてこれを議会に報告し、その承認を求めなければなりません。もっとも、専決処分の事後承認については、議会の承認が得られなくとも、法律上専決処分の効果に影響はないとされています。また、一定額以下の損害賠償額の決定など議会の議決で特に指定した案件についても、専決処分することができます。

㈪　予算の執行

予算について議会の議決が得られ、予算が成立し、予算の執行が開始されます。予算を執行する権限は、予算を編成する権限と同様、自治体の長に属しています。

予算の執行面に関する基本原則としては、地方財政法は、①自治体の経費は、その目的を達成するための必要かつ最少の限度を超えて支出してはならない、②自治体の収入は、確実かつ厳正に確保しなければならないと定めています。

予算の執行の結果、決算上**剰余金**が生じたときは、原則として翌年度の歳入に編入しなければなりません。ただし、条例の定めるところにより、または議会の議決により、剰余金の全部また一部を翌年度に繰り越さずに**基金**に編入することができます。また、実質収支の剰余金のうち２分の１を下らない金額は、剰余金の生じた翌々年度までに基金に積み立て、または地方債の繰上償還の財源に充てなければなりません。

一方、決算上赤字が生じたときは、翌年度の歳入を繰り上げてこれに充てることができます。これを翌年度歳入の繰上充用といいますが、決算上の赤字を避けるための非常手段であり、これが毎年度行われるようであれば赤字の累積につながり財政の健全性を損なうこととなるので十分に留意する必要があります。

⑶　決算

㈠　意義

自治体の**決算**は、一会計年度における歳入歳出予算に係る執行の結果の実績を表示する計算表をいいます。決算は、自治体の財政運営の中心である歳入歳出予算の執行実績を計数的に把握し、財務上の執行責任を明らかにする役割を果たします。また、決算が**監査委員の審査**に付され、議会での審議・検査を経ることによって適切な監督が行われ、財務の効率化・適正化を図るうえで重要な機能を果たしています。

(イ)　決算の作成

決算は、予算執行が完結してはじめてその内容が確定します。自治体の歳入歳出は、**会計年度独立の原則**に基づき、会計年度末までに発生した債権債務は、その年度の歳入歳出として処理しなければならないため、会計年度経過後一定期間（翌年度の４月１日から５月31日まで）を**出納整理期間**として、現実の収入・支出を完了させることとしています。

自治体の**会計管理者**は、毎会計年度、歳入歳出予算について決算を調製し、出納の閉鎖後３箇月以内（６月１日から８月31日までの間）に、附属書類とあわせて自治体の長に提出しなければなりません。

(ウ)　監査委員による審査

会計管理者から決算の提出を受けた長は、決算を監査委員の審査に付すこととなります。**監査委員の決算審査**は、決算書と証書類を確認するとともに、必要に応じて関係職員から事情を聴取し、あるいは帳簿類の提出を求めて検閲が行われます。監査委員の審査は、歳入歳出決算書の計数が関係帳簿等に照らし適正かつ正確に計算・処理されているか、歳入歳出は法令や予算に基づき適正に処理され、公正かつ能率的に執行されているか、施策や事務事業が目的を達成しているか、財政運営が全体として合理的かつ健全なものであるかなどの観点に基づいて行われます。監査委員の決算審査が終了すれば、速やかに決算審査意見を決定し、自治体の長に提出します。

(エ)　議会による認定

自治体の長は、監査委員の意見が付された決算書を、次の通常予算を審議する会期までに**議会の認定**に付さなければなりません。決算が翌年度の通常予算案の審議の参考となるものであることから、遅くとも翌年度予算を審議する議会までには議会の認定に付することを義務づけたものです。

決算の議会における審議は、通常、決算審査に係る特別委員会を設置して行われます。議会の審議は、監査委員の決算審査意見を踏まえ、提出された書類に基づき、収入支出の適否に止まらず、行財政運営の適否、施策の成果などを審議することに重点が置かれます。そのうえで、議会において決算が認定されます。もっとも、**決算の認定**は歳入歳出予算の執行の確認行為であるため、議会において決算を認定しなかったとしても、決算の効力に影響はないとされています。決算が議会で認定されると、都道府県にあっては総務大臣、市町村にあっては都道府県知事に報告し、かつ、その要領を住民に公表します。

2　財政分析

(1)　財政分析の意義

自治体の行政活動が住民福祉の向上を目的として行われ、また、その財源は基本的には住民の税負担によって賄われていることから、財政運営に当たっては、予算の効率的な執行を徹底し、財政の健全性の確保に努力しなければなりません。自治体の財政が現在のみならず将来にわたり健全性を維持できるかどうかを検証するためには、予算執行の結果である決算について、客観的な指標に基づく分析が不可欠となります。

地方財政は、社会保障関係費の増加などにより財政構造の硬直化が進み、将来にわたる財政負担が高水準となるなど極めて厳しい状況にあり、その健全化が強く求められています。そのような中、自治体がその財政状況を客観的に把握するとともに、その的確な分析を行うことの重要性は一層高まっており、決算分析の果たす役割は大きいといえます。

(2)　財政分析の着眼点

自治体は，住民福祉の向上を図ることを目的に，地域社会における総合的な行政主体として多岐にわたる行政活動を展開しています。自治体の財政は、こうした自治体の行政活動を支えるために必要とされる財源の調達と、これを支出していく営みにほかなりません。自治体の行政サービスは財政の裏付けによってはじめて可能となることから、自治体の財政運営の良し悪しは住民の生活に大きく影響を及ぼします。したがって、自治体の財政を運営するに当たっては、常にその健全性の確保に努めなければなりません。

地方財政法は、第２条第１項において、「地方公共団体は，その財政の健全な運営に努め，いやしくも国の政策に反し、又は国の財政若しくは他の地方公共団体の財政に累を及ぼすような施策を行ってはならない」と規定するとともに、第２項において、「国は、地方財政の自主的な且つ健全な運営を助長することに努め、いやしくもその自律性をそこない、又は地方公共団体に負担を転嫁するような施策を行ってはならない」と規定し、自治体の財政運営の自主性、自律性、健全性の確保を要請しています。さらに第４条の２において、「地方公共団体は、予算を編成し、若しくは執行し、又は支出の増加若しくは収入の減少の原因となる行為をしようとする場合においては、当該年度のみならず、翌年度以降における財政の状況をも考慮して、その健全な運営をそこなうことがないようにしなければならない」と規定し、長期的な健全性の確保を要請しています。

自治体の財政運営の健全性を確保するためには、まずは収支の均衡が図られることが大原則となります（収支均衡の原則）。また、収支の均衡が図られていたとしても、歳入面では、自主財源や自由に使える一般財源を確保するなど、自主的・自律的な財政運営を確保するとともに、歳出面では、義務的経費を一定水準に抑えるなど、歳出構造が社会経済情勢の変化に対応しうるような弾力性を有するものにしなければなりません（弾力性確保の原則）。さらに、自治体の将来的な負担を適正な水準にとどめるとともに、年度間の財源調整のために必要な基金残高を確保するなど、長期的な視点に立って健全性を確保する必要があります（長期財政安定の原則）。こうした基本原則を踏まえた財政運営を行いつつ、行政水準を適正に確保していくことが求められます。

⑶　財政分析に用いる指標

㋐　収支に関する指標

(a)　形式収支

形式収支は、歳入決算総額から歳出総額を単純に差し引いた額をいいます。

形式収支＝歳入決算総額－歳出決算総額

形式収支は、**現金主義**による会計経理における現金尻であり、自治体の基本的な収支です。

(b)　実質収支

実質収支は、形式収支から翌年度に繰り越すべき財源を差し引いた額をいいます。

実質収支＝形式収支－翌年度に繰り越すべき財源（継続費逓次繰越、繰越明許費繰越、事故繰越、支払繰延に伴い翌年度に繰り越すべき財源）

実質収支は、その年度に属すべき収入と支出の実質的な差額を見るものであり、財政収支の判断においては、実質収支がまず基本となります。実質収支は通常黒字となるものであり、黒字に相当する額を**歳計剰余金**といいます。一方、実質収支が赤字である場合には、翌年度の歳入の繰上充用を行う必要があります。

また、実質収支が黒字の場合、前述のとおり、その２分の１を下らない金額を、翌翌年度までに積み立て又は起債の繰上償還に充てなければなりません。他方、実質赤字が一定規模以上である場合には、**早期健全化団体**（市町村は財政規模に応じ11.25％～15％、道府県は3.75％）や**財政再生団体**（都道府県は５％、市町村は20％）となります。

もっとも、自治体は住民生活を支える基盤整備や住民福祉の向上を図るべき責務を負っており、実質収支の黒字が多ければ多いほど財政運営が適切というものでもありません。実質収支の黒字は、後年度に見込まれる財政需要に対応するために必要な規模を確保しつつ、それ以上は財政構造の健全化なり行政水準の向上なりに充てることが望ましいと考えられます。

(c)　単年度収支

単年度収支は、実質収支から前年度の実質収支を差し引いた額をいいます。

単年度収支＝実質収支－前年度実質収支

単年度収支は、実質収支から過去の収支の繰越による影響を除去し、その年度のみの収支状況をみるものです。例えば、実質収支が10億円の黒字だったとしても、前年度の実質収支が15億円だった場合には、単年度収支は５億円の赤字になります。

(d)　実質単年度収支

実質単年度収支は、単年度収支から財政調整基金への積立て・取崩し、地方債の繰上償還などの実質的な黒字要素・赤字要素を調整した後の額をいいます。

実質単年度収支＝単年度収支＋実質的な黒字要素（財政調整基金への積立額、地方債の繰上償還額）－実質的な赤字要素（財政調整基金の取崩額）

実質単年度収支は、その年度の実態により一層即した収支を明らかにするものです。すなわち、財政調整基金からの取崩しがある場合には、取り崩し額は実質的な収支の不足であり、逆に財政調整基金への積立てや繰上償還を行った場合には、その額は実質的な剰余であると考えられます。このため、財政調整基金への積立額、地方債の繰上償還額を黒字要素として、財政調整基金の取崩額を赤字要素として、それぞれ調整を行います。

(イ)　財政力に関する指標

(a)　財政力指数

財政力指数は、基準財政収入額を基準財政需要額で除して得た数値の過去３年間の平均値をいいます。

財政力指数＝(基準財政収入額／基準財政需要額の過去３年分の合計)
×１／３

財政力指標は、自治体の自主的な財政運営を確保する上で最も重要となります。すなわち、標準的な行政活動を行うために必要な一般財源を、いかに地方交付税などの依存財源に頼らず、地方税で確保できるかという観点から算出される数値です。

(b)　標準財政規模

標準財政規模とは、標準税収入額などに普通交付税を加算した額をいい、自治体の標準的な状態で通常収入されるであろう経常一般財源の規模を示すものです。

標準財政規模＝標準税収入額等＋普通交付税額

「**標準税収入額等**」とは、地方税法に定める法定普通税を標準税率をもって地方交付税法で定める方法により算定した収入見込み額に地方譲与税及び各種交付金を加えたものです。具体的には、基準財政収入額から各種譲与税、各種交付金を除いた上、100／75を乗じた額に譲与税や各種税交付金を合算したものです。標準財政規模が大きい地方公共団体ほど、自主的・主体的な事業を実施するための量的財政力を有しているといえます。

(c)　地方税収比率・自主財源比率・一般財源比率

地方税収比率は、地方税の収入総額に占める割合、**自主財源比率**は、自治体が自主的に収入しうる財源（地方税、分担金・負担金、使用料・手数料、財産収入、寄附金、繰越金、諸収入）の収入総額に占める割合、**一般財源比率**は、一般財源（地方税、地方譲与税、地方交付税の合計額。市町村にあっては都道府県から交付される税交付金を含む）の収入総額に占める割合をいいます。

地方税収比率＝地方税／収入総額×100（％）

自主財源比率＝自主財源総額／収入総額×100（％）

一般財源比率＝一般財源総額／収入総額×100（％）

地方税は自治体の最も基礎的かつ重要な**自主財源**であるため、地方税比率が高ければ高いほど、財政運営の自立性も高いこととなります。一般財源比率は、地方税のほかに、地方譲与税・地方交付税を合わせ、自治体がどの程度自由に使える財源で事業を実施できるかを示す指標であり、この比率が高いほど地域の実情に即した施策を講じることができることとなります。

(ウ)　財政構造の弾力性に関する指標

(a)　経常収支比率

経常収支比率は、経常的経費に充当された一般財源の経常一般財源に対する比率をいいます。

経常収支比率＝経常的経費充当一般財源等／経常一般財源等×100（％）

「**経常一般財源等**」とは、毎年度経常的に収入され、自由に使用できる財源をいい、普通税、地方交付税、地方譲与税などのほか、使用料、手数料、財産収入などのうち経常的に収入され、自由に使用される財源が該当します。また、「**経常的経費**」とは、毎年度経常的に支出する経費をいい、人件費、物件費、維持補修費、扶助費、公債費（繰上償還に係るものを除く）などが該当します。

経常収支比率は、人件費、扶助費、公債費などの義務的性格の経常経費に、地方税、地方交付税、地方譲与税を中心とする経常一般財源がどの程度充当されているかをみることにより、自治体の財政構造の弾力性を判断する指標です。経常収支比率が高いほど自治体の政策的・臨時的な支出に対する適応能力は低くなり、財政構造の硬直化が進んでいるといえます。特に、経常収支比率が

100％を超えるような自治体は、義務的な経費にも臨時的な収入を充てなければならない事態になっていると考えられます。

経常収支比率は、従来は経験的にみて、都市にあっては75％、町村にあっては70％程度が妥当と考えられていましたが、近年では悪化しており、平成29年度決算では都市は92％、町村は89％となっています。

(b)　公債費負担比率

公債費負担比率は、公債費に充当された一般財源等の一般財源等総額に対する割合である。

公債費負担比率＝公債費充当一般財源等／一般財源等総額×100（％）

公債費負担比率は、一般財源等の総額のうち、公債費に充てられた一般財源等がどの程度の割合となっているかを示すもので、裏返せば、公債費が一般財源等の使途の自由度をどの程度制約しているかをみるものです。

(c)　実質公債費比率

実質公債費比率は、一般会計等が負担する元利償還金及び準元利償還金の標準財政規模に対する比率です。

「準元利償還金」には、一部事務組合などへの負担金・補助金のうち、一部事務組合などが起こした地方債の償還の財源に充てたと認められるものも含まれます。公債費は借入れによって支払義務が確定するもので、削減したり先送りしたりすることのできないものです。また、ひとたび公債費が増大すると財政の弾力性が低下し、収支が悪化し実質赤字が生じる可能性が高まることから、地方債の許可制に移行する基準（18％以上）とされるとともに健全化法に基づく**健全化判断比率**（25％以上で早期健全化団体、35％以上で財政再生団体）の一つとなっています。

(エ)　長期的な財政安定に関する指標

(a)　将来負担比率

一般会計等が将来負担すべき実質的な債務の標準財政規模に対する比率であり、公営企業、出資法人等を含めた普通会計の実質的な債務を把握しようとするものです。

将来負担比率は、一般会計等が将来負担すべき実質的な債務として、前年度末までに一般会計等の負担が確定している債務と、他会計等の債務のうち一般会計等の負担の蓋然性が高いものを合算します。

将来負担比率は、自治体が発行した地方債残高のうち一般会計等が負担することになるもののみならず、公社や損失補償を付した第3セクターの負債も含め、自治体における将来負担の程度を把握するものと言えます。将来負担比率が高い場合は、地方債の償還などが進むことに伴い実質公債費比率が増大し、財政の弾力性が損なわれる可能性が高くなります。このため、将来負担比率も、健全化法に基づく健全化判断比率（都道府県は400％以上、市町村は350％以上で早期健全化団体）の一つとなっています。

(b)　基金残高

自治体の**基金**は、特定の目的のために資金を積み立て、または定額の資金を運用するために設置するものです。具体的には、①年度間の財源調整のための財源を積み立てる財政調整基金、②地方債の償還に必要な財源を積み立てる減債基金、③大規模な公共施設の整備など特定の目的のために財源を積み立てる特定目的基金があります。

自治体は、例外的に認められている範囲内でしか赤字地方債を発行することができないため、歳入・歳出の変動は、基金の積立て・取崩しで対応することが財政運営上の前提となり、一定水準の基金の確保は当然に必要となります。各自治体においては、長期的な視野を持って財政運営を行う中で、税収の変動などに備えて財政調整基金を積み立てています。また、それぞれの地域の実情も踏まえ、公共施設の老朽化対策や災害対応などさまざまな将来への備えとして特定目的基金の積立てを行っています。このため、基金については、各自治体において、議会、住民などに対して説明責任をより適切に果たしていく観点から、基金の考え方、基金残高の増減の理由、今後の方針などについて分かりやすく公表することが重要になります。

3　自治体の財政分析

(1)　比較可能な財政情報の開示

厳しい財政状況が続く中、自治体が財政運営の健全性を確保していくためには、議会や住民の理解と協力が不可欠であり、そのためには各自治体の財政状況についてより積極的に情報を開示していく努力が必要です。その際、他団体と比較可能な指標をもってできる限り分かりやすく情報を開示することによって財政運営上の課題をより明確にし、財政運営の見直しに反映させていくことが重要となります。

総務省では、地方財政の状況を把握するため、毎年度「**地方財政状況調査**」を実施し、その結果を「**地方財政の状況（地方財政白書）**」として国会に提出するとともに、各自治体の財政情報が一覧できるよう各種調査・統計データをホームページに掲載しています。まず、全都道府県・市町村の決算データを個別の団体ごとにまとめた「**決算カード**」を平成14年度から総務省ホームページに掲載しています。「決算カード」は、自治体の財政のいわばカルテに当たるもので、誰でも自分の住む自治体の財政状況がわかるようになっています。

また、自治体を一定の基準（都道府県については財政力指数、市町村については人口及び産業構造）によりグルーピングしたうえで、グループごとの決算額の平均値を算出した「都道府県財政指数表」及び「類似団体別市町村財政指数表」を取りまとめ、類似した団体間の比較を可能としています。また、経常収支比率、起債制限比率（現在は実質公債費比率、将来負担比率）、財政力指数及びラスパイレス指数を個別の団体ごとに一覧にした「主要財政指標一覧」を総務省ホームページに掲載しています。

さらに、平成17年度からは、類似する自治体間で主要な財政指標を容易に比較できる「財政比較分析表」を公表するとともに、平成18年度からは、普通会計に加え、企業会計などの特別会計の状況や、第三セクターなどの経営状況や財政援助の状況も含めた総合的な財政情報について、一覧性をもって開示する「財政状況等一覧表」を公表しました。さらに、平成19年度からは、経常収支比率の主な構成要素である人件費、扶助費、公債費などの状況を類似団体と比較する「歳出比較分析表」を公表するとともに、健全化法に基づく「健全化判断比率・資金不足比率カード」を公表しました。そして、平成23年度からは、これらの財政情報を統合した「財政状況資料集」として公表を行っています。

(2) 財政状況資料集の読み方

財政状況資料集は、普通会計の歳入・歳出決算額や各種財政指標、一人当たり行政コストやストックに関する情報に加え、決算額や各種財政指標などについての各団体による経年比較や類似団体間比較などの分析を、都道府県・市町村ごとにまとめたものです。財政状況資料集は総務省ホームページからすぐに入手でき、各自治体の財政データを経年で比較したり類似団体と比較したりすることによって財政状況を詳細に分析することが可能になっています。さらに、各自治体の自己分析として、指標の数値が高いまたは低い要因の分析や指標の改善に向けた取組方針が記載されています。財政状況資料集の構成は以下のとおりとなっています。

(総括表)

自治体の人口、面積、世帯数、産業構造、職員数などの基礎的なデータが掲載されています。

(1表) 普通会計の状況

普通会計における歳入の状況（区分別の状況、地方税の状況）と歳出の状況（目的別歳出の状況、性質別歳出の状況）が掲載されています。

(2表) 各会計・関係団体の財政状況及び健全化判断比率

一般会計等・公営企業会計等の財政状況、関係する一部事務組合の財政状況、地方公社・第三セクターの経営状況・財政援助の状況、健全化判断比率の状況が掲載されています。

(3表) 財政比較分析表

各自治体の財政状況を比較可能な形でわかりやすく開示するため、①財政力（財政力指数）、②財政構造の弾力性（経常収支比率）、③人件費・物件費等の状況（人口１人当たり人件費・物件費等決算額）、④将来負担の状況（将来負担比率）、⑤公債費負担の状況（実質公債費比率）、⑥定員管理の状況（人口10万人当たり職員数）、⑦給与水準（ラスパイレス指数）の７指標を５年間の数値とともに類似団体との比較を示しています。

(4表) 経常経費分析表

経常収支比率の分析を行うため、人件費、扶助費、公債費、物件費、補助費等について、５年間の数値とともに類似団体との比較を示しています。

経常収支比率に占める各経費の割合を経年比較や類似団体と比較してみることによって、経常収支比率が高い・低い要因の分析が可能となります。加えて、投資的経費のうち普通建設事業費について、５年間の数値とともに類似団体との比較も示しています。

（５表）性質別歳出決算分析表（住民一人当たりのコスト）

住民一人当たりのコストを性質別（人件費、物件費、維持補修費、扶助費、補助費等、普通建設事業費（新規整備・更新整備）、災害復旧事業費、失業対策事業費、公債費、積立金、投資及び出資金、貸付金、繰出金、前年度繰上充用金）に５年間の決算数値とともに類似団体との比較を示したものです。

（６表）性質別歳出決算分析表（住民一人当たりのコスト）

住民一人当たりのコストを目的別（議会費、総務費、民生費、衛生費、労働費、農林水産業費、商工費、土木費、警察費、教育費、災害復旧費、公債費、諸支出金、前年度繰上充用金）に５年間の決算数値とともに類似団体との比較を示したものです。

（７表）実質収支比率に係る経年分析

財政収支の健全性が確保されているかをみるため、財政調整基金残高と実質収支額の標準財政規模に対する比率について、５年間の決算数値をグラフと表で示したものです。

（８表）連結実質赤字比率に係る赤字・黒字の構成分析

連結実質赤字比率の会計ごとの影響度をみるため、各会計における赤字額または黒字額の標準財政規模に対する比率について、５年間の決算数値をグラフと表で示したものです。

（９表）実質公債費比率（分子）の構造

実質公債費の分子の構造をみるため、元利償還金等と算入公債費等の額及び内訳について、５年間の決算数値をグラフと表で示したものです。

（10表）将来負担比率（分子）の構造

将来負担比率の分子の構造をみるため、将来負担額と充当可能財源等の額及び内訳について、５年間の決算数値をグラフと表で示したものです。

（11表）基金残高（東日本大震災分を含む）に係る経年分析

基金残高の増減理由、今後の方針などをみるため、3年間の決算数値をグラフと表で示したものです。

（12表）公会計指標分析／財政指標組合せ分析表

公会計から得られるデータ（有形固定資産原価償却率）と決算統計データ（将来負担比率）を組み合わせて分析するため、有形固定資産償却率について、5年間の決算数値と類似団体との比較を示すとともに、将来負担比率と組み合わせた推移を示しています。例えば、将来負担比率が低下している一方、有形固定資産減価償却率が上昇している一方、将来負担比率が低下している場合には、公共施設の老朽化対策が先送りされている可能性や施設の建替えを行うのではなく、既存の施設を活用して財政負担を抑えている可能性などが考えられます。

（13表）施設類型別ストック情報分析表

公共施設の老朽化の度合いなどをみるため、施設類型別の有形固定資産減価償却率と住民1人当たりの施設規模などについて、5年間の決算数値とともに類似団体との比較を示しています。ただし、有形固定資産減価償却率は、公共施設の老朽化の大まかな傾向を把握するのに有効ですが、公共施設の長寿命化の対策を精緻に反映するものではないため、比率が高いからといって、直ちに公共施設の建替えの必要性や将来の追加的な財政負担の発生を意味するものではないことに留意が必要です。

⑶　公会計の活用

自治体における予算・決算に係る会計制度（官庁会計）は、現金収支を議会の民主的統制下に置くことで、予算の適正・確実な執行を図るという観点から、確定性、客観性、透明性に優れた**単式簿記**による**現金主義会計**を採用しています。

一方、自治体の厳しい財政状況の中で、財政の透明性を高め、住民に対する説明責任をより適切に果たすとともに、財政の効率化・適正化を図るため、現金主義・単式簿記による予算・決算制度を補完するものとして、**財務書類**（**貸借対照表、行政コスト計算書、純資産変動計算書、資金収支計算書**など）の開示が推進されています。

コラム9-1　公共施設の老朽化対策

我が国においては、高度経済成長期に大量の公共施設等が建設されており、半世紀を経た今、それらの公共施設等が一斉に更新時期を迎えつつあります。依然として厳しい財政状況の中で、人口減少等を見据えながら、公共施設等の老朽化対策をいかに進めていくかが大きな課題となっています。

公共施設等の老朽化対策については、平成24年12月の中央高速道路・笹子トンネル事故を教訓に、国・自治体・民間事業者を挙げて取り組むべき課題として認識されるようになり、平成25年11月に「インフラ長寿命化基本計画」が策定されました。

基本計画では、国や自治体等のインフラの管理者は、インフラの維持管理・更新などを着実に推進するための中期的な取組の方向性を明らかにする計画として、「行動計画」を策定すること、さらに、各インフラの管理者は、行動計画に基づき個別施設ごとの具体的な対応方針を定める「個別施設計画」を策定することとされました。

自治体は、住民の生活に密着したインフラや公共施設を数多く整備・管理しており、その老朽化対策は極めて重要な課題です。このため総務省は、平成26年４月に各自治体に対し、行動計画に相当するものとして「公共施設等総合管理計画」（以下「総合管理計画」という）を平成28年度末までに策定するよう要請しました。

総合管理計画は、各自治体における所有施設の現状や公共施設全体の管理に関する基本的な方針を定めるものです。総合管理計画の目指すところは、中長期的な視点をもって、公共施設等の計画的な集約化・複合化や立地適正化、長寿命化対策などを推進することにより、トータルコストを縮減し、維持管理・更新等にかかる財政負担の軽減・平準化を図るとともに、最適な配置を実現することにあります。

各自治体における総合管理計画の策定状況をみると、平成30年９月末時点の調査結果では、全団体の99.7％にあたる1,783団体において策定済みとなっています。各自治体においては、総合管理計画に基づき、個別施設計画の策定と、それに基づく具体的な取組を進めていく段階に入っています。

総務省では、各自治体において、総合管理計画・個別施設計画に基づいて推進する公共施設等の適正管理の取組に対する地方財政措置として、公共施設の集約化・複合化事業や転用事業、長寿命化事業などを対象とした「公共施設等適正管理推進事業債」を平成29年度に創設しました。公共施設等適正管理推進事業債を活用して、例えば、老朽化した小中学校のプールを集約し、市民が幅広く利用できる温水プールを整備した事例などが展開されています。各自治体においては、予防保全の観点も含めて、老朽化対策のための基金も活用しながら、公共施設などの統廃合、長寿命化、転用等の具体的な対策に着実に取り組むことが求められています。

発生主義・複式簿記を採用することで、現金主義・単式簿記だけでは見えにくい減価償却費、退職手当引当金といったコスト情報、資産・負債といったストック情報の把握が可能になります。また、発生主義・複式簿記による財務書類を作成し、開示することにより、減価償却費等を含むコスト情報・ストック情報が「見える化」され、住民や議会への説明責任をより適切に果たすとともに、公共施設の適正な管理などへ活用していくことが期待されます（**図表9-1**）。

公会計の整備については、平成12年及び平成13年に、決算統計データを活用した普通会計のバランスシート、行政コスト計算書等のモデル（総務省方式）が総務省から示され、本格的な取組みが始まりました。平成18年には、複式簿記の導入と固定資産台帳の整備を前提とした「**基準モデル**」と、総務省方式に固定資産台帳の段階的整備を盛り込んだ「**総務省方式改訂モデル**」が総務省から示されるとともに、「行政改革の重要方針」（平成17年12月24日閣議決定）及び平成18年に施行された行政改革推進法（平成18年法律第47号）において、資産・債務改革の推進を図る観点等から、自治体に対して、財務書類等の作成が要請されました。

図表9-1　地方公会計の意義

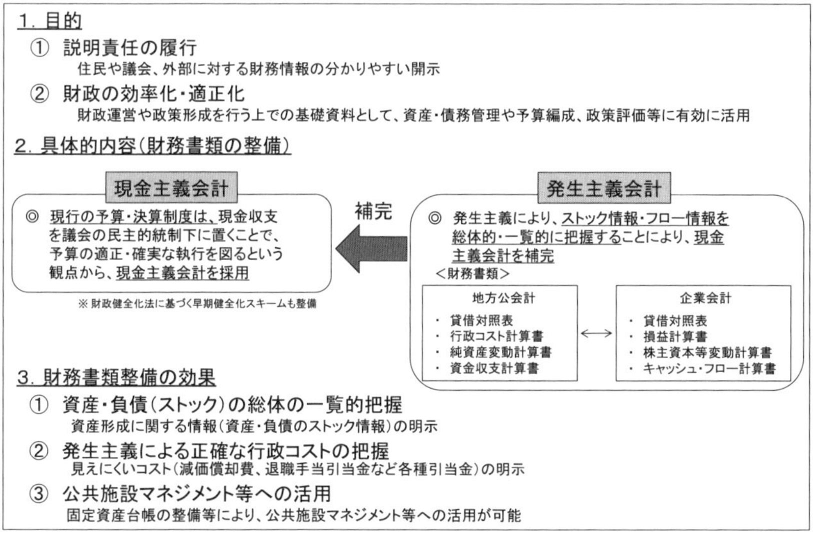
1. 目的
① 説明責任の履行
住民や議会、外部に対する財務情報の分かりやすい開示
② 財政の効率化・適正化
財政運営や政策形成を行う上での基礎資料として、資産・債務管理や予算編成、政策評価等に有効に活用
2. 具体的内容（財務書類の整備）
現金主義会計
◎ 現行の予算・決算制度は、現金収支を議会の民主的統制下に置くことで、予算の適正・確実な執行を図るという観点から、現金主義会計を採用
※財政健全化法に基づく早期健全化スキームも整備
補完
発生主義会計
◎ 発生主義により、ストック情報・フロー情報を総体的・一覧的に把握することにより、現金主義会計を補完
＜財務書類＞
地方公会計
・ 貸借対照表
・ 行政コスト計算書
・ 純資産変動計算書
・ 資金収支計算書
企業会計
・ 貸借対照表
・ 損益計算書
・ 株主資本等変動計算書
・ キャッシュ・フロー計算書
3. 財務書類整備の効果
① 資産・負債（ストック）の総体の一覧的把握
資産形成に関する情報（資産・負債のストック情報）の明示
② 発生主義による正確な行政コストの把握
見えにくいコスト（減価償却費、退職手当引当金など各種引当金）の明示
③ 公共施設マネジメント等への活用
固定資産台帳の整備等により、公共施設マネジメント等への活用が可能

自治体においては、各団体の財政運営上の必要に応じて基準モデル又は総務省方式改訂モデルによる財務書類等の作成が進められ、地方公会計の整備は着実に推進されてきましたが、一方で、財務書類の作成方式が選択方式であり、かつ、独自の基準により財務書類を作成する地方公共団体もあったことから、比較可能性を確保するため、作成基準の統一が課題となりました。また、地方公共団体における公共施設等の老朽化対策が喫緊の課題となる中で、どの団体においても固定資産台帳を整備し、資産を網羅的に把握することが求められるようになりました。

このため総務省は平成26年４月に、固定資産台帳の整備と複式簿記の導入を前提とした財務書類の作成に関する統一的な基準を示しました（**図表9-2**）。統一的な基準による**財務書類**は、「**貸借対照表**」、「**行政コスト計算書**」、「**純資産変動計算書**」及び「**資金収支計算書**」の財務書類４表とこれらに関する事項の附属明細書、注記となっています。

平成29年度末までに、ほぼ全ての地方公共団体において、統一的な基準による財務書類の作成及び固定資産台帳の整備が完了し、地方公会計の整備につい

図表9-2　地方公会計の整備

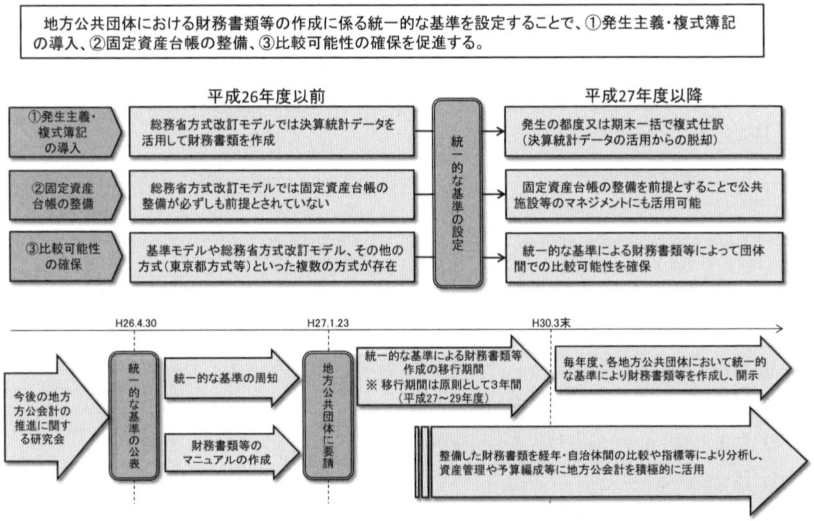

ては一定の進展が見られたところです。今後は、固定資産台帳及び財務書類が適切に作成・更新され、わかりやすく開示されるとともに、経年比較や類似団体間比較、財務書類の数値から得られる指標を用いた分析等を行い、資産管理や予算編成、行政評価等に活用されることが期待されます。

統一的な基準による財務書類及び固定資産台帳の更新・開示を日々の財務活動に組み込み、住民や議会にわかりやすく開示した上で、現金主義による決算統計データに加えて、固定資産台帳から得られるストック情報や発生主義に基づくコスト情報など、現金主義では見えにくい情報も用いて分析を行い、その分析を用いて予算編成や資産管理、行政評価等を実施するなど、自治体の財政運営におけるプロセスに組み込んでいくことが必要です。先進的な自治体においては、施設別の行政コスト計算書を作成することにより、施設の統廃合に活用した事例があります。新たな展開を迎えた地方公会計の更なる活用は、財務書類等を特別扱いとせず、日々の財務活動や財政運営に組み込んでいくことにあります。

⑷　財政分析の実際

それでは、実際に自治体の財政分析を行ってみましょう。

図表9-3は、A県の主な財政指標とその推移を財政状況資料集などから抽出してまとめたものです。A県は、財政力指数は全国中位の水準で推移していますが、経常収支比率は全国平均よりやや悪く、実質公債費比率と将来負担比率はかなり悪い指標となっています。さらに、基金残高をみると、財政調整基金は一定の規模を維持していますが、減債基金が平成28年度以降、減少し続けています。

A県の財政状況資料集の「財政比較分析表」と「経常経費分析表」をみると、経常収支比率がやや悪いのは、経済対策や災害復旧に係る県債の元利償還が高止まっていること、積雪地帯を抱えるため道路除雪費がかかることなどが要因であることがわかります。また、「実質収支比率（分子）の構造」をみると、元利償還金等の額は横ばいとなっているものの、公債費のうち交付税で措置される部分が減少していることが実質収支比率の悪化の要因であることがわかります。さらに、「財政比較分析表」や「将来負担比率（分子）の構造」をみると、

図表9-3　A県の財政状況

主な財政指標等（H29決算ベース）

・財政力指数 ········ 0.46　（第25位／47都道府県中）
・経常収支比率 ····· 96.4%（第30位／47都道府県中）
・実質公債費比率 ··· 14.9%（第42位／47都道府県中）
・将来負担比率 ···· 315.0%（第45位／47都道府県中）

ラスパイレス指数※H29.4.1現在 ··· 100.8（第31位／47都道府県中）
人口※H30.1.1現在 ············· 2,265,730人

※数字が良好なものから順位付けしている。

【主な財政指標等の推移】　（単位：百万円）

区分	H19	H20	H21	H22	H23	H24	H25	H26	H27	H28	H29
主な財政指標等											
財政力指数	0.43	0.44	0.43	0.40	0.39	0.39	0.40	0.41	0.44	0.45	0.46
経常収支比率	99.5	93.7	93.8	92.4	93.7	93.8	95.3	94.0	92.7	94.6	96.4
実質公債費比率	16.0	16.8	16.8	17.1	17.2	17.4	17.5	16.8	15.8	14.6	14.9
将来負担比率	276.6	281.0	280.3	274.6	281.5	284.9	282.9	288.6	286.5	298.1	315.0
基金残高	51,827	66,970	128,093	120,401	115,547	114,428	142,514	105,123	116,640	109,381	104,882
うち財政調整基金	3,631	3,997	4,340	4,693	4,699	5,047	5,405	5,818	6,285	6,398	6,880
うち減債基金	14,131	7,696	29,861	30,399	37,575	35,493	79,748	47,788	57,656	51,330	43,581
うち特目基金	34,065	55,277	93,892	85,309	73,273	73,888	57,361	51,517	52,699	51,653	54,421

将来負担比率が悪化しているのは、県立病院建設に係る繰出金の見込額や県立施設のPFI事業開始に伴う債務負担行為に基づく支出予定額などが増加したことが要因であることがわかります。加えて、「基金残高（東日本大震災分を含む）に係る経年分析」をみると、減債基金が減少したのは、公債費負担の平準化や収支不足に対応するための財源対策として取崩しを行ったことが要因であることがわかります。

図表9-4は、B市の主な財政指標としの推移を財政状況資料集などから抽出してまとめたものです。B市は、財政力指数は類似団体平均をやや下回り、経常収支比率は類似団体平均よりやや良好となっていますが、実質公債費比率は類似団体平均より悪く、将来負担比率は類似団体の中でかなり悪い状況にあります。さらに、基金残高は、ここ3年間は一定規模を維持しています。

B市の財政状況資料集の「財政比較分析表」や「経常経費分析表」をみると、経常収支比率が高いのは、下水道事業への繰出金や、消防やごみ処理などの業務を周辺町村と共同処理している一部事務組合への負担金が高い水準であることが要因であることがわかります。また、「財政比較分析表」や「実質公債費比率（分子）の構造」をみると、実質公債費比率が低下傾向にあるものの類似

図表9-4　Ｂ市の財政状況について

主な財政指標等（H29決算ベース）

・財政力指数 ・・・・・・・ 0.67　（第37位／48中核市中）
・経常収支比率 ・・・・・ 91.9%　（第22位／48中核市中）
・実質公債費比率 ・・・ 9.6%　（第38位／48中核市中）
・将来負担比率 ・・・・ 124.9%　（第46位／48中核市中）

ラスパイレス指数※H29.4.1現在 ・・・ 98.8（第6位／48中核市中）
人口千人当たり職員数※H29.4.1現在・・・・・・ 5.08人
人口※H30.1.1現在 ・・・・・・・・・・・・・ 232,361人

※数字が良好なものから順位付けしている。

【基金残高等の推移】

（単位：百万円）

区分	H19	H20	H21	H22	H23	H24	H25	H26	H27	H28	H29
主な財政指標等											
財政力指数	0.66	0.68	0.69	0.67	0.65	0.64	0.64	0.65	0.65	0.66	0.67
経常収支比率	88.5	89.8	89.8	86.2	88.8	87.9	88.0	89.7	87.7	90.6	91.9
実質公債費比率	17.4	17.2	16.9	16.4	15.6	15.1	14.2	13.2	12.1	10.7	9.6
将来負担比率	191.9	187.5	170.4	157.0	139.4	129.5	118.9	111.9	117.7	126.7	124.9
基金残高	4,522	4,952	6,537	6,302	11,334	12,699	14,698	13,661	15,026	14,023	14,775
うち財調基金	1,332	1,435	1,438	1,739	2,536	3,138	3,589	3,741	3,736	3,387	3,341
うち減債基金	1,751	1,862	1,755	1,909	2,636	3,276	3,877	3,962	3,896	4,155	4,117
うち特目基金	1,439	1,655	3,344	2,654	6,162	6,286	7,232	5,958	7,394	6,481	7,317

団体よりも高い要因として、償還財源として都市計画税を徴収していないことを指摘しています。さらに、「財政比較分析表」や「将来負担比率（分子）の構造」をみると、将来負担比率が悪化しているのは、大規模な公共施設を整備したことによる市債残高の増加が要因であることがわかります。加えて、「基金残高（東日本大震災分を含む）に係る経年分析」をみると、市税の減少により財政調整期金と減債基金からの取崩しが増加したものの、特定目的基金への積立てにより、基金全体としては一定規模を確保していることがわかります。

図表9-5は、Ｃ町の主な財政指標とその推移を財政状況資料集などから抽出してまとめたものです。Ｃ町は、財政力指数は類似団体の中でかなり低くなっており、経常収支比率は類似団体の中でも良好な数値となっていますが、将来負担比率や実質公債費比率は類似団体平均よりも悪い数値となっています。さらに、基金残高は、ここ３年間は減少傾向にあります。

Ｃ町の財政状況資料集の「財政比較分析表」や「経常経費分析表」をみると、経常収支比率が良好なのは、人件費、公債費や物件費の水準が低いことが要因であることがわかります。また、「財政比較分析表」や「実質公債費比率（分子）の構造」をみると、実質公債費比率が悪化しているのは、過年度に実施し

図表9-5　C町の財政状況について

主な財政指標等（H29決算ベース）

- ・財政力指数 ……… 0.15（第87位／96類似団体中）
- ・経常収支比率 …… 81.7%（第22位／96類似団体中）
- ・実質公債費比率 … 8.7%（第54位／96類似団体中）
- ・将来負担比率 …… 20.0%（第65位／96類似団体中）

ラスパイレス指数※H29.4.1現在 … 96.7（第50位／96類似団体中）
人口千人当たり職員数※H29.4.1現在……
17.58人（第64位／96類似団体中）
人口※H30.1.1現在 …………… 9,613人

※数字が良好なものから順位付けしている。

【主な財政指標等の推移】　（単位：百万円）

区分	H19	H20	H21	H22	H23	H24	H25	H26	H27	H28	H29
主な財政指標等											
財政力指数	0.15	0.15	0.15	0.15	0.14	0.14	0.14	0.14	0.15	0.15	0.15
経常収支比率	89.3	87.3	82.6	79.7	79.5	75.4	75.3	80.6	79.4	77.7	81.7
実質公債費比率	14.0	13.4	13.0	11.6	11.2	9.4	8.2	6.8	6.3	6.7	8.7
将来負担比率	31.1	37.2	38.9	38.6	-	-	-	-	-	-	20.0
ラスパイレス指数	91.1	91.7	92.8	93.6	94.4	94.4	94.7	94.6	96.5	96.7	96.7
基金残高	3,917	4,004	4,189	4,729	6,261	9,085	8,488	8,879	7,305	5,730	5,487
うち財政調整基金	1,448	1,349	1,443	1,709	1,698	1,905	1,705	2,550	2,031	841	1,197
うち減債基金	1,044	1,250	1,356	1,563	1,564	1,974	1,975	2,077	2,094	2,956	2,957
うち特目基金	1,425	1,405	1,390	1,457	2,999	5,206	4,808	4,252	3,180	1,933	1,333

（注）　特定目的基金の主なものは、「復興交付金基金（㉙574百万円）」、「公共施設等整備基金（㉙420百万円）」、「高齢者福祉基金㉙158百万円」である。

た事業の財源として発行した地方債の償還が始まったことが要因であることがわかります。さらに、「財政比較分析表」や「将来負担比率（分子）の構造」をみると、将来負担比率が悪化しているのは、公営住宅のPFI事業開始に伴う債務負担行為に基づく支出予定額などが増加していることが要因であることがわかります。加えて、「基金残高（東日本大震災分を含む）に係る経年分析」をみると、台風災害からの復旧事業の財源として財政調整基金や特定目的基金を取り崩したため、基金全体としては残高は減少していますが、台風災害からの復旧・復興事業の財源として発行した町債の償還に備えて減債基金を積み増していることがわかります。

このように、財政状況資料集は、自治体の財政状況を比較可能な形でわかりやすく示すとともに、財政の健全性の確保のために取り組むべき方向性を示唆してくれます。

我が国の財政は国・地方ともになお極めて厳しい状況にあり、今後、さらなる**少子化・高齢化の進展**が見込まれる中で、次世代に負担を先送りすることのないよう、国と地方が歩調を合わせて**財政健全化**に向けた努力を継続していく

ことが求められています。自治体においては、現下の極めて厳しい地方財政の状況を踏まえ、歳出の見直しによる抑制と重点化を進め、また、歳入面でも自主財源について積極的な確保策を講じるなど、効率的で持続可能な財政への転換を図ることが必要です。そして、財政の健全性の確保に留意しつつ、知恵と工夫を活かした産業振興、地域活性化や安全安心の確保などの重要施策の展開に積極的に取り組んでいくことが期待されています。国においては、自治体が健全財政を確保しつつ持続可能な地域社会に向けて必要な施策を展開できるよう、地方税、地方交付税などの一般財源の確保と財政力格差の是正にきめ細かく対処することが求められています。

著者紹介

長谷川淳二（はせがわ　じゅんじ）

1969年岐阜県生まれ。1991年東京大学法学部卒業、同年自治省入省。自治省公務員課、姫路市総合政策室長、新潟県労政課長・財政課長、総務省財務調査課課長補佐・調整課理事官・財政企画官、愛媛県総務部長・副知事、総務省財務調査課長・地方債課長・地域政策課長等を歴任。2019年総務省を退職。

サービス・インフォメーション

通話無料

①商品に関するご照会・お申込みのご依頼
TEL 0120(203)694／FAX 0120(302)640

②ご住所・ご名義等各種変更のご連絡
TEL 0120(203)696／FAX 0120(202)974

③請求・お支払いに関するご照会・ご要望
TEL 0120(203)695／FAX 0120(202)973

●フリーダイヤル(TEL)の受付時間は、土・日・祝日を除く9:00～17:30です。

●FAXは24時間受け付けておりますので、あわせてご利用ください。

ようこそ地方財政

―日々の仕事に役立つ地方財政入門

2020年3月20日　初版第1刷発行

著　者　長谷川　淳　二

発行者　田　中　英　弥

発行所　第一法規株式会社
〒107-8560　東京都港区南青山2-11-17
ホームページ　https://www.daiichihoki.co.jp/

ようこそ地財　ISBN978-4-474-06209-2　C0033　(1)